遠野物語

全訳注

柳田國男
新谷尚紀 訳

講談社学術文庫

はじめに

『遠野物語』は、現在ではたいへん有名な本になっています。一つには、日本民俗学を創始した柳田國男（明治八年［一八七五］―昭和三十七年［一九六二］）の代表的な著作としてです。もう一つには、遠野の人佐々木喜善《きぜん》が語った東北の村の古く豊かな生活の世界を語っている著作としてです。ザシキワラシやオシラサマや河童たち、その不思議な世界が語られており、あたかも日本の近代化の中で失われていった叙情豊かな日本人の原風景を語ってくれているもののように思われているからです。

しかし、そのようなイメージは、実はこれまで『遠野物語』を紹介してきた数多くの著作物の文章の受け売りの積み重ねの中で作られたものではないかと思われます。やはり、自分で直接、『遠野物語』の本文を読んでごらんになるのがよいと思います。すると、柳田があらたに日本民俗学という学問を創始していくその原点がわかり、そこから民俗学とはどのような視点と方法を特徴とする学問か、その独創的な面がわかってきます。そして、佐々木喜善が語った遠野に伝えられていた物語がどのようなものであり、柳田はそれにどのような価値を見出したのか、がわかります。

本書は、その『遠野物語』の原典に直接触れていただくためのものです。底本は、明治四十三年（一九一〇）六月に聚精堂から刊行された初版本を用いました。ただし、明らかな誤記と思われる箇所については、増補版（一九三五）を参考に表記を変えたところがあります。また、文字についいては、旧字から新字にかえてあります。そして、地名の表記については、原文・訳文は底本のままにして、注釈の部分では現在の表記にしてあります。

この『遠野物語』の文章はすでに古典の域に至っており、現在の中学生や高校生にとっては難しい文章ともなっています。そこで、柳田國男のもとの文章をそこなうことのないように気をつけながら、現代口語訳の文章をそえておくことにします。そして、それぞれの話のまとまりごとに、そこでの内容をよくあらわすような本文中の一節を、最初の「平地人を戦慄せしめよ」から、最後の「遠野郷の獅子踊に古くより用ゐたる歌の曲あり」まで、計四十五項目を見出しとして、目次に立てて整理しておきました。

訳　者

目次

遠野物語　全訳注

はじめに……3
1 平地人を戦慄せしめよ……19
『遠野物語』序
題目……33
2 遠野郷は山々にて取囲まれたる平地なり……38
本文 一・二
3 山々の奥には山人住めり……44
本文 三・四・五・六・七・八・九
4 奥山に入り 茸を採るとて 小屋を掛け宿りてありしに……61
本文 一〇・一一・一二・一三

5 部落には必ず一戸の旧家ありて オクナイサマと云ふ神を祀る……67
本文 一四・一五・一六
6 旧家にはザシキワラシと云ふ神の住みたまふ家少なからず……73
本文 一七・一八・一九・二〇・二一
7 ふと裏口の方より足音して来る者あるを見れば亡くなりし老女なり……91
本文 二二・二三
8 村々の旧家を大同と云ふは 大同元年に甲斐国より移り来たる家なればかく云ふ……94
本文 二四・二五・二六

9 早地峯より出でて東北の方
宮古の海に流れ入る川を閉伊川と云ふ……96
本文 二七・二八・二九・三〇

10 遠野郷の民家の子女にして
異人にさらはれて行く者年々多くあり……103
本文 三一・三二・三三・三四・三五

11 猿の経立 御犬の経立は恐ろしきものなり……107
本文 三六・三七・三八・三九・四〇・四一・四二・四三

12 驚きて見れば猿の経立なり……123
本文 四四・四五・四六・四七・四八・四九

13 死助の山にカツコ花あり 遠野郷にても珍しと云ふ花なり…129
本文 五〇・五一・五二・五三
14 閉伊川の流には淵多く恐ろしき伝説少なからず………133
本文 五四
15 川には河童多く住めり 猿ケ石川殊に多し………136
本文 五五・五六・五七・五八・五九
16 和野村の嘉兵衛爺 雉子小屋に入りて雉子を待ちしに………154
本文 六〇・六一・六二
17 山中の不思議なる家をマヨヒガと云ふ………157
本文 六三・六四

18 阿倍貞任に関する伝説は此外にも多し……162
本文 六五・六六・六七・六八
19 娘此馬を愛して夜になれば厩舎に行きて寝ね終に馬と夫婦に成れり……167
本文 六九・七〇・七一
20 カクラサマの木像は遠野郷のうちに数多あり……184
本文 七二・七三・七四
21 女が来て何処へか連れ出すなり……187
本文 七五

22 長者屋敷は昔時長者の住みたりし址なりとて……189
本文 七六
23 山口の田尻長三郎と云ふは土淵村一番の物持なり……191
本文 七七・七八・七九・八〇・八一・八二・八三
24 海岸の地には西洋人あまた来住してありき……200
本文 八四・八五
25 後に聞けば其日亡くなりたりとのことなり……202
本文 八六・八七・八八
26 昔より山の神出づと言伝ふる所なり……206
本文 八九

27 松崎村に天狗森と云ふ山あり …… 208
本文 九〇
28 遠野の町に山々の事に明るき人あり …… 210
本文 九一
29 丈の高き男の下より急ぎ足に昇り来るに逢へり …… 213
本文 九二
30 崖の上より下を覗くものあり
顔は赭く眼の光りかがやけること前の話の如し …… 215
本文 九三
31 藤七が曰く 今日はとてもかなはず
さあ行くべしとて別れたり …… 217

本文　九四
32 見たることなき美しき大岩を見付けたり……220

本文　九五
33 物を投げ付けられたる家　火を発せざることなし……222

本文　九六
34 門の辺にて騒しく我名を喚ぶ者ありて
うるさきこと限なければど……224

本文　九七
35 路の傍に山の神　田の神　塞の神
の名を彫りたる石を立つるは常のことなり……226

本文　九八

36
先年の大海嘯に遭ひて妻と子とを失ひ
生き残りたる二人の子と共に……228
本文　九九

37
吉利吉里より帰るとて
夜深く四十八坂のあたりを通りしに……231
本文　一〇〇・一〇一

38
正月十五日の晩を小正月と云ふ……234
本文　一〇二・一〇三・一〇四・一〇五

39
海岸の山田にては蜃気楼　年々見ゆ
常に外国の景色なりと云ふ……239
本文　一〇六

40
娘は此日より占の術を得たり……240
本文　一〇七・一〇八

41
盆の頃には雨風祭とて藁にて人よりも大なる人形を作り……243
本文　一〇九

42
ゴンゲサマの霊験は殊に火伏に在り……262
本文　一一〇

43
ダンノハナと云ふ地名あり
その近傍に之と相対して必ず蓮台野と云ふ地あり……264
本文　一一一・一一二・一一三・一一四

44 御伽話のことを昔々と云ふ……271
本文 一一五・一一六・一一七・一一八

45 遠野郷の獅子踊に古くより用ゐたる歌の曲あり……283
本文 一一九

付録……296
Ⅰ 『遠野物語 増補版』(昭和十年［一九三五］)について
Ⅱ 折口信夫の和歌「遠野物語」(昭和十四年［一九三九］『ドルメン』第五巻第一号所収)
Ⅲ 『遠野物語』研究史

訳文中の( )付き部分は訳者による注釈、補足です。
原文に付された頭注は、訳文・原文それぞれの末尾に○印を付けて付記します。

遠野物語　全訳注

1　平地人を戦慄せしめよ

――序

まずは、序文です。作家の三島由紀夫が、昭和四十五年（一九七〇）六月十二日の読売新聞掲載の「名著再発見『遠野物語』」という文章で、「日本民俗学の発祥の記念塔ともいうべき名高い名著であるが、私は永年《ながねん》これを文学として読んできた。殊《こと》に何回よみ返したかわからないのは、その序文である。名文であるのみではなく、氏の若き日の抒情《じょじょう》と哀傷がにじんでいる。魂の故郷へ人々の心を埒《らっ》し去る詩的な力にあふれている」と評している文章です。

■訳文

この書を外国に在る人々に呈します

この話はすべて遠野の人、佐々木鏡石君（佐々木喜善の雅号）から聞きました。昨年、明治四十二年（一九〇九）二月頃から始めて夜分にときどき訪ねて来て話をされたのを私が筆記したものです。鏡石君は話し上手ではありませんが、誠実な人です。自分もまた一字一句をも加減せずに感じたままを書きました。思うに、遠野郷にはこのたぐいの物語がまだ数百件はあるでしょう。私たちはもっと多くを聞きたいと切望します。国内の山村でこの遠野よりさらに奥深いところにはまた無数の山神や山人の伝説があるにちがいありません。願いが叶うならそれを語って平地人を戦慄させましょう。この本のごときはまだ陳勝呉広《ちんしょうごこう》のようなものに過ぎませんが。

昨年八月の末に私は自分で遠野郷を自由に散策してみました。花巻から十余里（四、五十キロメートル）の路上には町場が三ヵ所ありました。その他は、ただ青い山と原野でした。人家の煙がほとんど見えないのは北海道の石狩の平野よりも甚だしいほどでした。あるいは新しくできた道路だからまだこの地に住み着いている民家が少ないからかも知れません。遠野の城下は霞に浮かぶような美しい街でした。馬を旅館の主人に借りて独り郊外の村々を巡りました。その馬は黒い海草を寄せて作った厚総《あつぶさ》という掛け物を頭部や胸や尻へかけていました。虻《あぶ》が多いためです。猿《さる》ケ石《いし》の渓谷は土が肥えてよく田畑が拓けていました。路傍に石塔が多いこと、それは諸国に比べられる例を知らないほどです。高い場所から展望してみると早稲《わせ》の穂がいままさに熟しており、晩稲《おくて》は稲の花の盛りで、田を潤す水は川に順調に流れ落ちています。田の稲の色合いはその種類によってさまざまです。三つ、四つ、五つの田が続いて稲の色が同じなのは一つの家に所属する田で、名処《みょうしょ》が同じ、耕作の由緒が同じ家の田なのでしょう。小字《こあざ》よりもさらに小さい区域の地名は持ち主でなければ誰も知りません。古い売買譲与の証文には正確な地名は常に書かれているものです。

北方の附馬牛《つくもうし》の谷へ越えて行けば、早地峯《はやちね》の山は淡く霞み山の形は菅笠のようにまた片仮名のへの字に似ています。この谷は稲の熟するのがさらに遅く広い田園地帯がすべてまだ緑一色に青い状態です。田んぼの中の細い道を歩いて行くと、名前を知らない鳥が出てきて雛《ひな》を連れて私の前を横ぎりました。雛の色は黒色に白い羽がまじっていました。はじめは小さい鶏かと思ったのですが、溝の草に隠れて見えなくなったので、あれは野鳥だったことを知りました。

天神をまつる山の神社には祭りがあり獅子踊りがあります。ここにだけは軽く塵が立ち紅《あか》い色の物が少しひらめき、村中一面の山や田の緑色の中に映えていました。獅子踊りというのは鹿の舞です。鹿の角をつけた面を被り、童子が五、六人、剣を抜いてそれといっしょに舞うのです。笛の調子は高く歌声は低くすぐ側にいても聞きにくいほどでした。陽光は西の空に傾き風が吹き、祭りの酒に酔って人を呼ぶ者の声も淋しくひびき、女たちは笑い小児たちは走ったりしているけれども、私は胸に湧きあがる旅愁を奈何《いかん》ともすることができませんでした。

盂蘭盆《うらぼん》に新しい仏のある家では、紅白の旗を高く揚げて亡くなった者の魂を招く風があります。峠で馬に乗って東西を指さしながら見わたすと、その紅白の旗が十数ヵ所あり、この永住の地を去ろうとする村人と、かりそめにこの遠野郷に入り込んできた旅人と、またあの悠々たる早地峯などの霊山を、ゆっくりと黄昏が迫ってきてそれらをすべて包み込んでいきました。

遠野郷には、八ヵ所の観音堂があります。その本尊の観音像は一木《いちぼく》をもって作られています。この盂蘭盆の日には、祈願成就への感謝の気持ちで参拝する人たちが多く、丘の上には焚かれている灯火が見え、念仏の鉦の音が聞こえていました。道ちがえの岐《ちまた》の叢《くさむら》の中には、雨風祭りの藁《わら》人形がありました。それはちょうどくたびれた人間のように仰向けになっていました。

以上は、自分が遠野郷において得た印象です。

思うに、このような本は少なくとも現代の流行ではありません。どんなに印刷が容易だからといって、こんな本を出版して、自分の狭隘な趣味を他の人に強制しようとするのは無作法なしわざだという人もあるでしょう。しかし、それには敢えて答えます。このような話を聞き、このような処を見て来て、これを他の人に語りたがらない者がはたしてあるでしょうか。そのように沈黙しかつ慎み深い人は少なくとも私の友人の中にはおりません。いわんや、私たちの九百年前の先輩『今昔物語集』などはすでにその当時、今は昔の話であったのに対して、これは今の目前の出来事なのです。

仮にも、敬虔な気持ちと誠実な態度という点においては、あの『今昔物語集』の筆者と比べてあるいはひけを取るかもしれませんが、この遠野の話はまだあまり誰も聞いたことがなく、語られることも文字に書かれることもほとんどないような話なのです。その点からいえば、あの淡泊で邪気のない『今昔物語集』の作者、宇治大納言源隆国殿も、この遠野の話をむしろ聴いてみる価値があるだろうと思います（柳田國男の時代には『今昔物語集』の作者はその源隆国というのが定説でした。しかし、その後の研究で現在では他の人物というのが定説です。ただその作者が誰かはまだ特定されていません）。江戸時代の『御伽百物語』（宝永三年［一七〇六］刊行）などはその志もせせこましくかつ卑しくてその内容がうそ偽りでないとはとても言えないものです。それと比べられるなど、私には恥です。要するにこの本は現在の事実なのです。単にこのことだけでも立派に存在理由があるものと信じます。

ただ、佐々木鏡石君は年齢がまだ若く二十四、五歳で、私もそれに十歳ばかりの年長にすぎません。現在のように、社会的にも必要とされる事業が多くある時代に生まれながら、問題の大小も弁《わきま》えず、自分の能力を用いるところが当を得ていないと非難する人がいるならば、さて何と説明しましょうか。明神の山に棲む木兎《みみずく》のように、あまりにも高く耳をとがらせあまりにも目を丸く開けて、わずかな小さな事実の情報にまで注意を向けすぎるといって責める人がいるならば、さてどう答えましょうか。さてさてそれならば仕方ありません。この責任は私が一人で一身に背負わなければならないでしょう。

おきなさび　飛ばず鳴かざる　をちかたの　森のふくろふ　笑ふらんかも

（年老いた翁のように　飛ばず鳴かずに　遠くの山の中からじっと世の中のことを見聞きしていて　何でも知っている森のふくろうが　このような本を出す私のことを　笑っているかもしれませんね）

柳田國男

■原文

此書を外国に在る人々に呈す

此話はすべて遠野の人佐々木鏡石君より聞きたり。昨明治四十二年の二月頃より始めて夜分折々訪ね来り此話をせられしを筆記せしなり。鏡石君は話上手には非ざれども誠実なる人なり。自分も亦一字一句をも加減せず感じたるままを書きたり。思ふに遠野郷には此類の物語猶数百件あるならん。我々はより多くを聞かんことを切望す。国内の山村にして遠野より更に物深き所には又無数の山神山人の伝説あるべし。願はくは之を語りて平地人を戦慄せしめよ。此書の如きは陳勝呉広のみ。

昨年八月の末自分は遠野郷に遊びたり。花巻より十余里の路上には町場三ケ所あり。其他は唯青き山と原野なり。人煙の稀少なること北海道石狩の平野よりも甚だし。或は新道なるが故に民居の来り就ける者少なきか。遠野の城下は則ち煙花の街なり。馬を駅亭の主人に借りて独り郊外の村々を巡りたり。其馬は黝き海草を以て作りたる厚総を掛けたり。虻多き為なり。猿ケ石の渓谷は土肥えてよく拓けたり。路傍に石塔の多きこと諸国其比を知らず。高処より展望すれば早稲正に熟し晩稲は花盛にて水は悉く落ちて川に在り。稲の色合は種類によりて様々なり。三つ四つ五つの田を続けて稲の色の同じきは即ち一家に属する田にして所謂名処《ミヤウシヨ》の同じきなるべし。小字より更に小さき区域の地名は持主に非ざれば之を知らず。古き売買譲与の証文には常に見ゆる所なり。附馬牛の谷へ越ゆれば早地峯の山は淡く霞み山の形は菅笠の如く又片仮名のへの字に似たり。此谷は稲熟すること更に遅く満目一色に青し。細き田中の道を行けば名を知らぬ鳥ありて雛を連れて横ぎりたり。雛の色は黒に白き羽まじりたり。始は小さき雞かと思ひしが溝の草に隠れて見えざれば乃ち野鳥なることを知れり。天神の山には祭ありて獅子踊あり。茲にのみは軽く塵たち紅き物聊かひらめきて一村の緑に映じたり。獅子踊と云ふは鹿の舞なり。鹿の角を附けたる面を被り童子五六人剣を抜きて之と共に舞ふなり。笛の調子高く歌は低くして側にあれども聞き難し。日は傾きて風吹き酔ひて人呼ぶ者の声も淋しく女は笑ひ児は走れども猶旅愁を奈何ともする能はざりき。盂蘭盆に新しき仏ある家は紅白の旗を高く揚げて魂を招く風あり。峠の馬上に於て東西を指点するに此旗十数所あり村人の永住の地を去らんとする者とかりそめに入り込みたる旅人と又かの悠々たる霊山とを黄昏は徐に来りて包容し尽したり。遠野郷には八ケ所の観音堂あり。一木を以て作りしなり。此日報賽の徒多く岡の上に灯火見え伏鉦の音聞えたり。道ちがへの叢の中には雨風祭の藁人形あり。恰もくたびれたる人の如く仰臥してありたり。以上は自分が遠野郷にて得たる印象なり。

思ふに此類の書物は少なくも現代の流行に非ず。如何に印刷が容易なればとてこんな本を出版し自己の狭隘なる趣味を以て他人に強ひんとするは無作法の仕業なりと云ふ人あらん。されど敢て答ふ。斯る話を聞き斯る処を見て来て後之を人に語りたがらざる者果してありや。其様な沈黙にして且つ慎深き人は少なくも自分の友人の中にはある事なし。況や我が九百年前の先輩今昔物語の如きは其当時に在りて既に今は昔の話なりしに反し此は是目前の出来事なり。仮令敬虔の意と誠実の態度とに於ては敢て彼を凌ぐことを得と言ふ能はざらんも人の耳を経ること多からず人の口と筆とを倩ひたること甚だ僅かなりし点に於ては彼の淡泊無邪気なる大納言殿却つて来り聴くに値せり。近代の御伽百物語の徒に至りては其志や既に陋且つ決して其談の妄誕に非ざることを誓ひ得ず。窃に以て之と隣を比するを恥とせり。要するに此書は現在の事実なり。単に此のみを以てするも立派なる存在理由ありと信ず。唯鏡石子は年僅に二十四五自分も之に十歳長ずるのみ。今の事業多き時代に生れながら問題の大小をも弁へず。其力を用ゐる所当を失へりと言ふ人あらば如何。明神の山の木兎の如くあまりに其耳を尖らしあまりに其眼を丸くし過ぎたりと責むる人あらば如何。はて是非も無し。此責任のみは自分が負はねばならぬなり。

おきなさび飛ばず鳴かざるをちかたの森のふくろふ笑ふらんかも

柳田國男

■注釈

此書を外国に在る人々に呈す　これが『遠野物語』の最初の部分です。目次はなく、見開きに、「此書を外国に在る人々に呈す」という献辞があります。それについては、昭和十年（一九三五）に柳田が還暦を迎えるのを記念して、折口信夫や金田一京助たちの働きかけで計画された民俗学徒の講習会の開催と『遠野物語　増補版』の出版に際して、柳田自身がその「再版覚書」の中で、「其頃友人の西洋に行つて居る者、又是から出かけようとして居る者が妙に多かつたので、其人たちに送らうと思つて、あの様な扉の文字を掲げた。石黒忠篤君が船中で此書を読んで、詳しい評をしておこされた手紙などは、たしかまだどこにか保存してある」と書いているような意図があったことがわかります。「外国人の所蔵に属したものも、少なくとも七八部はある」と書いていますが、とくに外国に向けて日本の紹介をしようとしたものではなかったと思われます。

此書の如きは陳勝呉広のみ　つづくのが序文にあたる文章です。とくに見出しに序文とは書いていません。内容は序文にあたるものです。この『遠野物語』は、柳田の初期の著作としてよく知られている本です。刊行されたのは明治四十三年（一九一〇）、柳田三十六歳のときです。当時の柳田は内閣法制局参事官であり、宮内書記官をも兼任していました。大学の教授などという専門の研究者ではなく政府の官僚という立場でした。

佐々木喜善　明治42年頃：24歳頃（遠野市立博物館）

柳田國男　明治44年頃：37歳頃（同）

　この『遠野物語』は一般的には遠野という東北地方の農村を舞台にして古い日本の村の姿を語る抒情豊かな物語として理解されています。たとえば、大きな屋敷の旧家の薄暗い座敷に出没するというザシキワラシの話や村の中を流れる川の淵から出没して馬を引きずり込もうとするなどいたずらをする河童の話など、ふしぎな話がたくさん紹介されています。それらはいまでは失われてしまった日本のむかしへの郷愁をそそるものとして多

くの人たちの共感を誘っています。しかし、実はこの冒頭の序文にあたる文章では、そのようなメルヘン的な空想的なおとぎ話や童話のような雰囲気とはまったく異なる言葉が宣言されています。それは次のような言葉です。

「国内の山村にして遠野より更に物深き所には又無数の山神山人の伝説あるべし。願はくは之を語りて平地人を戦慄せしめよ。此書の如きは陳勝呉広のみ」

この山神や山人の伝説を語って「平地人を戦慄せしめよ」という強い言葉が意味しているのは、いったいどのようなことなのでしょうか。また、「此書の如きは陳勝呉広のみ」というのは、どういう意味なのでしょうか。

まず、「平地人を戦慄せしめよ」というのは、ふつうの平地人である農民や漁民や町に住む都市民たちの知らない、それとは別の山神や山人の住む山の独特の世界がある、それを語って平地人を戦慄させよう、驚かせ緊張させ恐ろしがらせてやりましょう、という意味です。つまり、日本列島の中には、平地民の世界とは異なるもう一つの山の民の世界がある、というのです。

そして、「陳勝呉広のみ」というのは、陳勝・呉広の乱という、中国古代の秦帝国を滅亡させるきっかけとなった農民反乱に由来します。紀元前二一〇年に始皇帝が亡くなったあと前二〇九年に陳勝と呉広という二人の兵士が、秦帝国に叛旗を翻したことをきっかけとして起こった農民反乱で、やがて秦は前二〇六年に滅亡してしまいます。そうした故事から、物ごとの先駆けをすることや、その人のことをあらわす言葉として陳勝呉広という言葉が使われるようになったのです。

ここで、巨大な秦帝国に例えられているのは、東京帝国大学の国史学、つまり文献中心の歴史学の世界のことです。古代中国の『史記』や『漢書』をはじめ、日本でも『古事記』や『日本書紀』など、歴史はすべて文字記録で記されたものを基本的な史料としています。それに絶大な価値を見出して研究されてきたのが、歴史学です。それ以外の歴史を研究する科学というのは、古代から近代までありませんでした。しかし、近代の明治期になると、欧米から輸入された考古学・アルケオロジーが日本では成長してきました。そして、文字記録がまだない時代の歴史は、その考古学が明らかにできることがわかってきました。しかし、柳田はそれとはまた別にもう一つの歴史科学があるというのです。その新しい学問が日本民俗学（民間伝承学・民俗伝承学）であり、その世界を切り開いていくのがこの『遠野物語』からだというのです。

つまり、絶対的な権威の文献歴史学に対して、それに向かっていまこの『遠野物語』は小さな反乱を企てるような本だというのです。文献記録でもなく考古遺物でもなく、もう一つあるその歴史情報とは何か。それが、この本で語られるような目の前に伝えられている慣習や現実の体験談です。『遠野物語』は、柳田がこれから作り上げていこうとしている日本民俗学という学問、つまり民間伝承を生活文化史の歴史情報として読み解いていく新しい歴史科学、その誕生へ向けての出発点にあった著作だという意味なのです。

昨年八月の末自分は遠野郷に遊びたり　つづくのが、柳田が自分の足で遠野を訪れたとき

一日市通り　明治44年頃。現在の中央通り（同）

遠野町全景　明治44年（遠野市立博物館）

の自分の目で見た印象を記した部分です。その柳田が見たころの遠野の町の様子を撮影した写真と、近年撮影されたものですが遠望される山々とお盆の行事に関係する写真を、それぞれ掲載しておきます。

要するに此書は現在の事実なり　この序文の最後に、柳田が明言しているのは、いろいろと不思議な話だと思う読者もいるかもしれないが、この『遠野物語』に書いてあるのはすべて現在の事実なのだということです。作り話やおとぎ話の類ではない、これらがすべて事実であるというところに価値があるというのです。では、それらの事実が何を意味しているのか、その知識の世界を探検してみよう、というわけです。

柳田國男の著書を読むとき注意するとよいのは、その特徴の一つとして序文の部分にもっともだいじなことが書かれているという点です。それは柳田のほかの著作を見ても多くの読者は気づくはずです。後の有名な著作である『先祖の話』も同じです。柳田はだいじなことは序文にまず書いているのです。

おそらくは、という私の推察なのですが、それは柳田がす

佐々木喜善の生家　遠野郊外の土淵町山口（同）

高善旅館　一日市通りにあった、柳田が宿泊した旅館（同）

べての本文を書き終わったあとに、最後にまとめのような意味で序文を書いているからではないかと思われます。『遠野物語』の稿本を見ても、やはり本文から書き始められています。本文をすべて書き終えたあとで、あらためてこの序文は書かれたものと思われます。

初稿本一、二と再稿本と校正刷りと、刊行本が、遠野市立博物館に収蔵されています。折口信夫は、後掲の『遠野物語　増補版』の後記で、「蟻地獄の様な書痴の人々の為に、書いて置く事は、其初・再両稿本の外に、遠野物語の最整うた校正刷り一揃ひ、すべて三部、嘗て先生の手もとに保存せられて居た。其が、悉く譲られて、池上隆祐さんの蔵書となつて居る事である」と強調しています。池上夫人の厚意で、遠野市立博物館の所蔵に帰しているということ自体がたいへん意義あることでした。この『遠野物語』の稿本については石井正己の研究があり、ぜひ参考にされるとよいと思います。

さて、このあと本文に入る前に、次のような「題目」というのがあります。それは、頁数に対応していないので、

「目次」というわけではありません。それぞれの話の内容の一部を紹介しているものです。

淡く霞む早池峰山の遠望（同）

新盆の家の灯籠（遠野市立博物館）

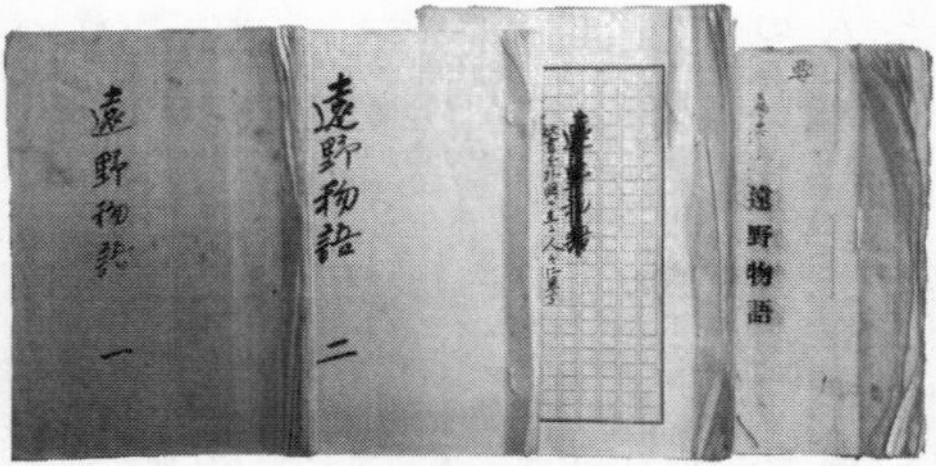

初稿本と再稿本、校正刷り　毛筆で書かれたものが初稿本「一」「二」。原稿用紙にペンで書かれているのが再稿本。校正刷りには朱筆で校正が書き込まれている（同）

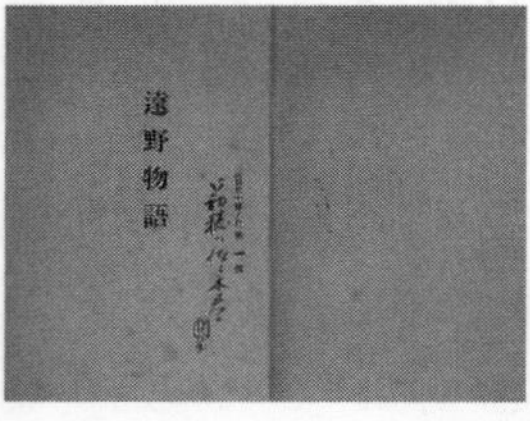

350部限定本 「御初穂ハ佐々木君ニ　國男」とある（同）

題目

　ふつうの本ではまず「目次」があり頁数が示されるのですが、『遠野物語』にはそれはありません。このような「題目」から始められています。読者には不思議な感じがすると思います。しかし、これは、柳田が序にかえての冒頭の文章で、前述のように「夜分折々訪ね来り此話をせられしを筆記せしなり。鏡石君は話上手には非ざれども誠実なる人なり。自分も亦一字一句をも加減せず感じたるままを書きたり」と書いているように、佐々木喜善が語った順番に書いたからだと思われます。佐々木の話した内容がふつうの本の組み立てのようにではなく、実際にこのように前後していたのでしょう。柳田はそれをそのままに筆記しているのであり、できるだけ作為を加えないで書いていったのだと思われます。だから、内容の上からこのように「題目」というかたちで整理しているのだといってよいでしょう。読みにくいかも知れませんが、むしろ、柳田が佐々木喜善の話を聞いて、書いたものとして、このままに読むのが佐々木喜善の語りの順番を読み取ることができてよいのではないかと思います。

ただ、気になるのは、本文に整理番号を付してある話が必ずしもその題目に一話ずつ配されてはいないということです。たとえば一つずつあげてみれば、五は地勢・山男に、三三は山の霊異・花に、六三は家の盛衰・マヨヒガに、六七は地勢・館の址に、六九は神の始・オシラサマに、七四は神の始・カクラサマに、八四は昔の人に、八六・八七・八八は魂の行方に、九五は山の霊異・魂の行方に、一〇一は山の神・狐に、一〇三は雪女・小正月の行事に、一一一は地勢・塚と森とに、それぞれの話題にまたがるものとして整理されています。そのように複数にまたがる話もありますが、またその一方では、これらの「題目」の中に整理されていない話もあります。それは、四四の山での猿の話、八五の西洋人にまつわる話、一一六のヤマハハの話、です。このことについて一つここで指摘できるのは、先にも述べたように、佐々木喜善の話した順番に柳田は書いていったと考えられますから、目次でもなく、題目でもこのように複数にまたがるかたちで整理されているのは、むしろ自然だということです。少なくとも自分の文章責任でもって柳田自身が判断して書いているのですから、この著書のありのままを読むというのがやはり一番よいと思います。

■原文

題目

（下の数字は話の番号なり、頁数には非ず）

地勢	一、五、六七、一一一
神の始	二、六九、七四
里の神	九八
カクラサマ	七二―七四
ゴンゲサマ	一一〇
家の神	一六
オクナイサマ	一四、一五、七〇
オシラサマ	六九
ザシキワラシ	一七、一八
山の神	八九、九一、九三、一〇二、一〇七、一〇八
神女	二七、五四
天狗	二九、六二、九〇
山男	五、六、七、九、二八、三〇、三一、九二
山女	三、四、三四、三五、七五
山の霊異	三二、三三、六一、九五

仙人堂　四九
蝦夷の跡　一一二
塚と森と　六六、一一一、一一三、一一四
姥神《ウバ》　六五、七一
館《タテ》の址　六七、六八、七六
昔の人　八、一〇、一一、一二、二一、二六、八四
家のさま　八〇、八三
家の盛衰　一三、一八、一九、二四、二五、三八、六三
マヨヒガ　六三、六四
前兆　二〇、五二、七八、九六
魂の行方　二二、八六―八八、九五、九七、九九、一〇〇
まぼろし　二三、七七、七九、八一、八二
雪女　一〇三
河童　五五―五九
猿の経立《フッタチ》　四五、四六
猿　四七、四八
狼《オイヌ》　三六―四二
熊　四三

狐　六〇、九四、一〇一
色々の鳥　五一-五三
花　三三、五〇
小正月の行事　一四、一〇二-一〇五
雨風祭　一〇九
昔々　一一五-一一八
歌謡　一一九

2　遠野《トホノ》郷《ゴウ》は山々にて取囲まれたる平地なり

——一・二

遠野郷の地勢についての文章です。花巻から東方におよそ十三里（約五十二キロメートル）に位置する山々に囲まれた平地で、町場は南部家一万石の城下町であることなどが紹介されています。

■訳文

一　遠野郷は、今の陸中《りくちゅう》上閉伊《かみへい》郡の西の半分で、山々で取り囲まれた平地です。新町村の区分けでは、遠野、土淵《つちぶち》、附馬《つくも》牛《うし》、松崎《まつざき》、青笹《あおざさ》、上郷《かみごう》、小《お》友《とも》、綾織《あやおり》、鱒沢《ますざわ》、宮守《みやもり》、達曽部《たっそべ》の計一町十ヵ村に分かれていました。近代の江戸から明治の頃には或いは西閉伊《にしへい》郡ともいい、中古の平安後期から中世にかけては遠野保とも呼ばれていました。今日郡役所のある遠野町はすなわち遠野郷の中心の町場であり、南部家一万石の城下町です。その城を横田城ともいいます。この遠野の地に行くには花巻の停車場で汽車を下り、北上川を渡り、その川の支流の猿ケ石川の渓谷の道を伝わって、東の方へ入ること十三里で遠野の町に至ります。山奥にしては珍しい繁華の土地です。

言い伝えによれば、この遠野郷の土地は大昔はすべて一円の湖水だったのが、その水が猿ケ石川となって人里へと流れ出たことによって、自然に現在のような集落ができあがったのだといいます。それでこの猿ケ石に落ち合う谷川がたいへん多く、俗に七内八《ななないや》崎《さき》あり、といっています。内《ない》は沢または谷のことで、奥州地方の地名には多くあります。

○遠野郷のトーはもとアイヌ語の湖という語から出たものと考えられます。ナイももとはアイヌ語です。

二　遠野の町は南北の川の落合つまり合流地点にあります。以前は七七十里《しちしちじゅうり》といって、七つの渓谷のそれぞれ七十里の奥から売買の貨物を集めて、その市の立つ日には馬が千匹、人が千人もの賑わしさでした。四方の山々の中でもっとも秀でているのを早地峯といいます。北の方の附馬牛の奥にあります。東の方には六角《ろっこ》牛《うし》山がそびえ立っています。石神という山は附馬牛と達曽部との間にあって、その高さは早地峯や六角牛の二つの山よりは劣っています。大昔に女神があり、三人の娘を伴ってこの高原にやってきました。今の来内《らいない》村の伊豆権現の社があるところに宿りをした夜に、今夜よい夢を見た娘によい山を与えますと母神が言って寝たのですが、夜中深くに天から霊妙な美しい花が降りてきて姉の姫の胸の上に止まったのを、末の姫が目覚めてひそかにこれを取り、自分の胸の上に載せたので、終《つい》にその妹がもっとも美しい早地峯の山を得て、姉たちは六角牛と石神の山を得ました。若い三人の女神がおのおの三つの山に住まいして今もそれを自分の領分としているので、遠野の女たちはその妬みを畏れて今も山に行って遊ばないと言っています。

○この一里は小道すなわち坂東道の一里です。一里が五丁または六丁です。
(西国では古代の条里制から一里は三十六町ですが、坂東にはそれより古い時代の一里が残ったようで、約六分の一の距離です。一町は約一〇九メートル、一里はおおむね六町≒六五四メートルです。ここで「七七十里」の七十里というのは、約四五・八―四四・五キロメートル)
○タッソベもアイヌ語でしょう。岩手郡玉山村にも同じ大字があります。
○上郷村大字来内、ライナイもアイヌ語で、ライは死のこと、ナイは沢です。水が静かなことに由来する名かと思います。

■原文

一 遠野《トホノ》郷《ゴウ》は今の陸中上閉伊《カミヘイ》郡の西の半分、山々にて取囲まれたる平地なり。新町村《シンチヤウソン》にては遠野、土淵《ツチブチ》、附馬牛《ツクモウシ》、松崎、青笹、上郷《カミゴウ》、小《ヲ》友《トモ》、綾織《アヤオリ》、鱒沢《マスザハ》、宮守《ミヤモリ》、達曽《タツソ》部《ベ》の一町十ケ村に分つ。近代或は西閉伊郡とも称し、中古には又遠野《トホノ》保《ホ》とも呼べり。今日郡役所の在る遠野町は即ち一郷の町場《マチバ》にして、南部《ナンブ》家《ケ》一万石の城下なり。城を横田城《ヨコタジヤウ》とも云ふ。此地へ行くには花巻《ハナマキ》の停車場にて汽車を下《オ》り、北上川《キタカミガハ》を渡り、其川の支流猿ケ《サルガ》石川《イシガハ》の渓《タニ》を伝《ツタ》ひて、東の方へ入ること十三里、遠野の町に至る。山奥には珍らしき繁華の地なり。伝へ言ふ、遠野郷の地大昔はすべて一円の湖水なりしに、其水猿ケ石川と為りて人界に流れ出でしより、自然に此の如き邑落をなせしなりと。されば谷川のこの猿ケ石に落合ふもの甚だ多く、俗に七内八《ナナナイヤ》崎《サキ》ありと称す。内《ナイ》は沢又は谷のことにて、奥州の地名には多くあり。

○遠野郷のトーはもとアイヌ語の湖といふ語より出でたるなるべし、ナイもアイヌ語なり

二　遠野の町は南北の川の落合《オチアヒ》に在り。以前は七七十里《シチシチジウリ》とて、七つの渓谷各七十里の奥より売買《バイバイ》の貨物を聚《アツ》め、其市《イチ》の日は馬千匹、人千人の賑《ニギ》はしさなりき。四方の山々の中に最も秀でたるを早地《ハヤチ》峯《ネ》と云ふ、北の方附馬牛《ツクモウシ》の奥に在り。東の方には六角牛《ロッコウシ》山立てり。石神《イシガミ》と云ふ山は附馬牛と達曽部《タツソベ》との間に在りて、その高さ前の二つよりも劣れり。大昔に女神あり、三人の娘を伴ひて此高原に来り、今の来内《ライナイ》村の伊豆権現の社ある処に宿りし夜、今夜よき夢を見たらん娘によき山を与ふべしと母の神の語りて寝たりしに、夜深く天より霊華降《フ》りて姉の姫の胸の上に止りしを、末の姫眼覚《サ》めて窃に之を取り、我胸の上に載せたりしかば、終に最も美しき早地峯の山を得、姉たちは六角牛と石神とを得たり。若き三人の女神各三の山に住し今も之を領したまふ故に、遠野の女どもは其妬を畏れて今も此山には遊ばずと云へり。

○この一里は小道即ち坂東道なり、一里が五丁又は六丁なり

○タツソベもアイヌ語なるべし、岩手郡玉山村にも同じ大字あり

○上郷村大字来内、ライナイもアイヌ語にてライは死のことナイは沢なり、水の静かなるよりの名か

■注釈

この一話と二話では、遠野の地勢が書かれています。遠野郷は山々に囲まれた平地で、遠野の町を中心に広く計一町十ヵ村からなり、古代の平安時代から中世のころは遠野保と

霊峰早池峰山遠望（遠野市立博物館）

呼ばれた領域でした。近世には遠野の町は南部家一万石の城下町で、地形的には南北の川の合流地点にあり、七七十里といって、周囲の山々の七つの渓谷のそれぞれ七十里の奥から売買の貨物が集まってきて、その市の立つ日には馬が千匹、人が千人も集まって賑わったといいます。柳田も遠野は山奥の地にしては珍しい繁華の町だとのべています。三陸海岸からの海産物も運ばれて、現在でも食生活の上での食材は豊かです。

二話では、その遠野郷をつつむ三つの秀峰にまつわる三人の女神の伝説が紹介されています。北方に晴天であれば遠く美しく望むことができる霊峰、早池峰山《はやちね》（標高一九一七・〇メートル）があります。そして、東方にいつも美しく望むことができる六角牛山（標高一二九三・三メートル）と、西方に遠野の平地からは山々にさえぎられて望むことはできませんが、どっしりと構えている石上山（標高一〇三七・三メートル）があり、その三つの大きな山に、それぞれ女神が宿りそれに囲まれているのが遠野郷だという世界観がこの地に伝えられているということを紹介しています。

なお、『遠野物語』には頭注が計六十六ヵ所ありますが、ここではそれらは本文の後ろに〇印を付けて付記しておきます。

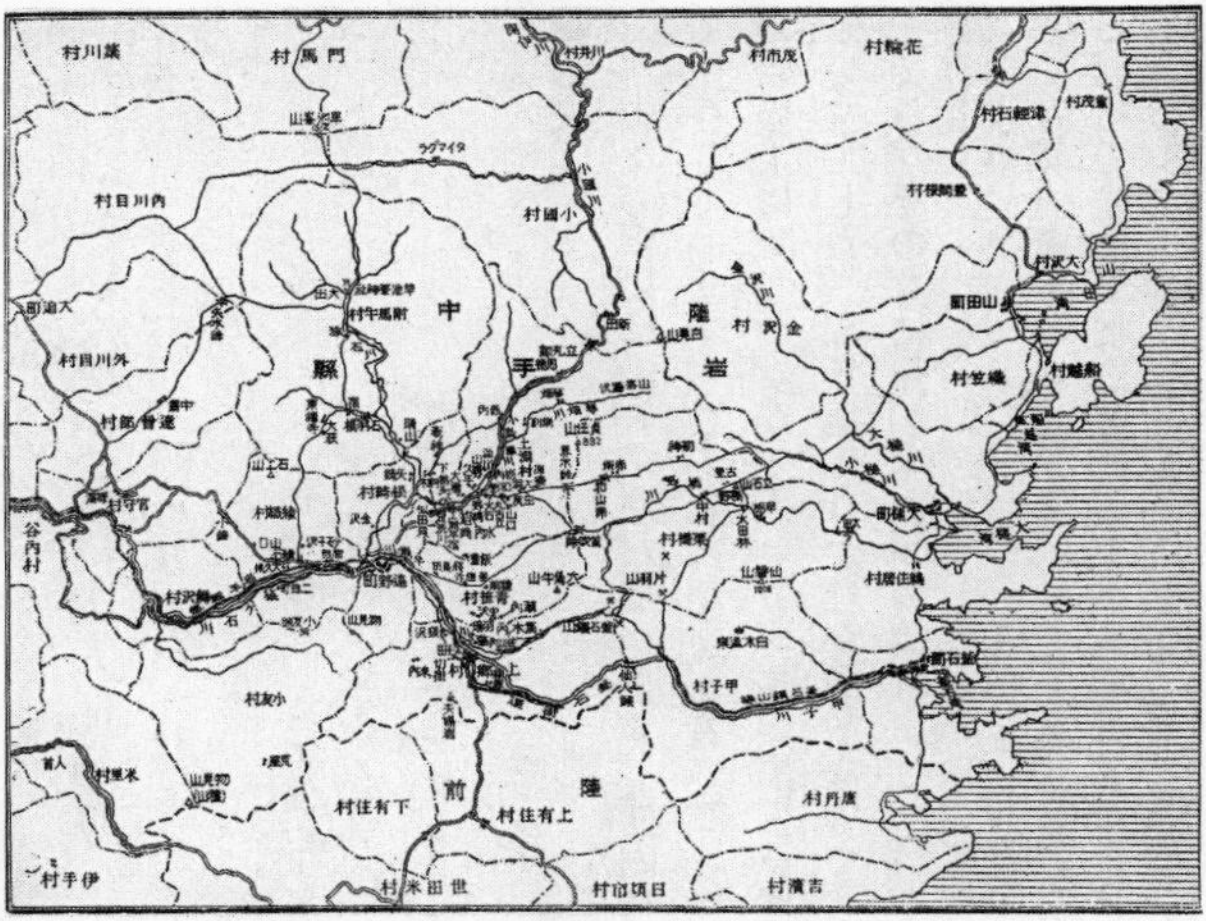

『遠野物語』出版当時の遠野郷略図

3 山々の奥には山人住めり

——三・四・五・六・七・八・九

平地の遠野郷に住む人たちが、山に住む異人つまり山の民と遭遇したという話がたくさん書かれています。現在の読者からすれば一種のカルチャーショックを受けてしまうような話です。

■訳文

三　山々の奥には山人が住んでいます。栃内《とちない》村和野《わの》の佐々木嘉兵衛という人は今も七十余歳で生存しています。この老人がまだ若いころ猟《りょう》をしに山に入りました。そのとき遥か向こうの岩の上に美しい女が一人いて、長い黒髪を櫛で梳《す》いていました。顔の色はたいへん白く美しい女でした。嘉兵衛はなかなか勇敢な男でしたから、すぐに鉄砲を差し向けて撃ち放ったところ、その女に弾が当たって倒れました。そこに馳《か》け付けて見るとても背の高い女で、櫛で梳いていた長い黒髪はその背丈よりも長いほどでした。そこで、後のしるしにしたいと思い、嘉兵衛がその黒髪を少し切り取り曲げて輪にして懐に入れて家に帰ろうとしたところ、その途中で眠気を催してがまんできなくなり、しばらく物陰に立ち寄ってまどろみました。そのあいだに夢か現《うつつ》かわからないような感じの中で大きな背丈の男が一人近よってきて、嘉兵衛の懐中に手を差し入れてその女の黒髪を取り返して立ち去ったような感じがしたとき、たちまち眠気は覚めました。あれはきっと山男なんだろうということでした。

○土淵村大字栃内。

四　山口村の屋号で吉兵衛という家の主人が、根子立《ねっこだち》という山に入り、笹を苅りそれを束にして担いで立ち上がろうとした時、その笹原の上を風が吹き渡るのに気づいて見てみれば、奥の方の林の中から若い女が幼児《おさなご》を背負って笹原の上を歩みながらこちらに近づいて来ていました。たいへん美しく魅力的な女で、やはり長い黒髪を垂れていました。背負った幼児を結い付けている紐《ひも》は藤の蔓《つる》で、着ている衣類はふつうの縞織物《しまおりもの》でしたが、裾《すそ》のあたりはぼろぼろに破れており、そこをいろいろの木の葉を添えて綴《つづ》り合わせていました。足は地に着いているとも思われず、こともなげにこちらに近よってきて、自分のすぐ前を通り過ぎ、いずれの方へか行ってしまいました。この人はそのときの怖ろしさにより体調を崩し始めて長く病気になっていましたが、最近亡くなりました。

○土淵村大字山口。吉兵衛は家の代々の通称なので、この主人もまた吉兵衛なのでしょう。

五　遠野郷から海岸の田ノ浜、吉利吉里などへ越えるには、昔から笛吹峠という山路がありました。山口村から六角牛の方へ入る路で道のりも近かったのですが、近年この峠を越える者は、山中で必ず山男や山女に出逢うので、誰もみんな怖ろしがって次第にこの路は往来する者も少なくなり、終に別の路を境木峠《さかいげ》の方へと開いて、和山《わやま》を馬継場として使うようになり、今ではこの方ばかりを使うようになっています。二里以上の迂路《うろ》、遠回りの道です。

○山口は六角牛に登る山口なので村の名前となっています。

六　遠野郷では豪農のことを今でも長者といいます。青笹村大字糠前《ぬかのまえ》の長者の家の娘が、ふと神隠しのように何ものかに取り隠されてその後ずいぶんと年が経っていましたが、同じ青笹村の、名前は何とかという猟師でしたが、その猟師がある日山に入って一人の女に遭いました。怖ろしくなってその女を鉄砲で撃とうとしましたが、そのとき、あれっ、何おじではないか、撃つな、といいました。驚いてよく見れば、あの長者の家の愛娘でした。どうしてこんなところにいるのかと問うと、或るものにさらわれていまはその男の妻となっている。子どももたくさん生んだけれどすべて夫が食い尽くして、いま一人こうしているのだ。自分はもうこの地に一生涯を送ることになるだろう。このことは決して他人には言うな。おじさんの身も危ないので早く帰れと言われるままに、女の住み家も問い明かすこともせずして逃げ帰ってきた、ということでした。

○糠の前は糠の森の前にある村です。糠の森は日本各地の糠塚と同じで遠野郷にも糠森や糠塚がたくさんあります。

（糠森や糠塚というのは、大昔に長者が住んでいたところで、地中からたくさんの米を精米したあとの糠が出てきたという伝説をもつ場所のことです）

七　上郷村の民家の娘が、栗を拾いに山に入ったまま帰って来ませんでした。家の者は死んでしまったのだろうと思い、娘が使っていた枕を形代として葬式を執り行ない、さて二、三年が過ぎました。その後、村の者が猟をして五葉山《ごようざん》の腰のあたりに入っていったところ、大きな岩が蔽いかぶさって岩窟のようになっているところで、思いがけずその女に逢いました。たがいにたいへん驚き、どうしてこんな山にいるのかと問うと、女がいうには、山に入って恐ろしい人にさらわれて、こんなところに来ているのだという。逃げて帰ろうと思ったがまったくその隙がなかったという。その人はどんな人かと問うと、自分にはふつうの人間に見えるけれど、ただ背丈がきわめて高く、眼の色が少し凄みがあるように思われる。子も何人か生んだけれども、自分に似ていないから自分の子ではないといって、食ったり殺したりしてみんなどこかへ持ち去ってしまったのだという。ほんとうに自分たちと同じ人間なのかと重ねて問うと、衣類などもふつうの世間のものと変わりないが、ただ眼の色が少しちがう。一市間《ひといちあい》に一度か二度、同じような人が四、五人集まってきて、何事か話をしてやがてどこかへ去っていく。食物なども外から持ってきているのをみれば、町にも出て行くらしい。こんな話をしている間にもいまそこに帰って来るかもしれないというので、猟師も怖ろしくなって帰って来たという。この二十年ばかり以前のことかと思われます。

○一市間というのは、遠野の町の市の日と次の市の日の間のことです。月六度の市が立つので一市間とは五日間のことです。

八　夕方のたそがれどきに、女や子どもの家の外に出ている者はよく神隠しにあうというのは日本の他《よそ》の国々と同じです。松崎村の寒戸《さむと》というところの民家で、若い娘が梨の樹の下に草履を脱いでおいたまま行方知れずになりました。三十年あまり過ぎたころのある日、親類や知人の人たちがその家に集まっていたところへ、きわめて老いさらばえてその女が帰って来ました。どうして帰って来たのかと問うと、みんなに逢いたかったから帰って来た。でもまた行かなければといって、再びその跡を留めずに行き失せてしまいました。その日は風が烈しく吹く日でした。そこで、遠野郷の人たちは今でも風が強く吹いて騒がしい日には、きょうはサムトの婆が帰って来そうな日だといっています。

九　菊池弥之助という老人は、若いころに駄賃稼ぎを仕事としていました。笛の名人で、夜通しに馬を追って行く時などは、よく笛を吹きながら行きました。ある薄月夜に、多くの仲間の者とともに浜へ越える境木峠を通って行くというので、そのときもまた笛を取り出して気晴らしに吹きながら、大谷地《おおやち》というところの上を過ぎていきました。大谷地は深い谷で、白樺の林が繁っており、その下は葦などが生えて湿っている沢でした。この時、谷の底より何者か高い声で、面白いぞーっと呼ばわる者がいました。一同みんな驚き恐れて顔色も青ざめて、そこから大急ぎで遁《に》げ走り去ったといいます。

○ヤチはアイヌ語で湿地の意味です。日本の各地に多くある地名です。またヤツともヤトともヤともいいます。

■原文

三　山々の奥には山人住めり。栃内《トチナイ》村和野《ワノ》の佐々木嘉兵衛と云ふ人は今も七十余にて生存せり。此翁若かりし頃猟をして山奥に入りしに、遥かなる岩の上に美しき女一人ありて、長き黒髪を梳《クシケヅ》りて居たり。顔の色極めて白し。不敵の男なれば直に銃《ツツ》を差し向けて打ち放せしに、弾《タマ》に応じて倒れたり。其処に馳け付けて見れば、身のたけ高き女にて、解きたる黒髪は又そのたけよりも長かりき。後の験《シルシ》にせばやと思ひて其髪をいささか切り取り、之を綰《ワガ》ねて懐《フトコロ》に入れ、やがて家路に向ひしに、道の程にて耐《タ》へ難く睡眠を催しければ、暫く物陰に立寄りてまどろみたり。其間夢《ユメ》と現《ウツツ》との境のやうなる時に、是も丈《タケ》の高き男一人近よりて懐中に手を差し入れ、かの綰ねたる黒髪を取り返し立去ると見れば忽ち睡は覚めたり。山男なるべしと云へり。

○土淵村大字栃内

四　山口村の吉兵衛と云ふ家の主人、根子《ネッコ》立《ダチ》と云ふ山に入り、笹を苅りて束《タバ》と為し担《カツ》ぎて立上らんとする時、笹原の上を風の吹き渡るに心付きて見れば、奥の方なる林の中より若き女の穉児《ヲサナゴ》を負ひたるが笹原の上を歩みて此方へ来るなり。極めてあでやかなる女にて、これも長き黒髪を垂れたり。児を結《ユ》ひ付けたる紐《ヒモ》は藤の蔓にて、著たる衣類は世の常の縞物なれど、裾のあたりぼろぼろに破れたるを、色々の木の葉などを添へて綴《ツヅ》りたり。足は地に著《ツ》くとも覚えず。事も無《ナ》げに此方に近より、男のすぐ前を通りて何方へか行き過ぎたり。此人は其折の怖ろしさより煩《ワヅラ》ひ始《ハジ》めて、久しく病みてありしが、近き頃亡《ウ》せたり。

○土淵村大字山口、吉兵衛は代々の通称なれば此主人も亦吉兵衛ならん

五　遠野郷より海岸の田ノ浜《タノハマ》、吉利吉里《キリキリ》などへ越ゆるには、昔より笛吹峠《フエフキタウゲ》と云ふ山路あり。山口村より六角牛の方へ入り路のりも近かりしかど、近年此峠を越ゆる者、山中にて必ず山男山女に出逢ふより、誰も皆怖ろしがりて次第に往来も稀になりしかば、終に別の路を境木峠《サカヒゲタウゲ》と云ふ方に開き、和山《ワヤマ》を馬次場《ウマツギバ》として今は此方ばかりを越ゆるやうになれり。二里以上の迂路なり。

○山口は六角牛に登る山口なれば村の名となれるなり

六　遠野郷にては豪農のことを今でも長者と云ふ。青笹村大字糠前《ヌカノマヘ》の長者の娘、ふと物に取り隠されて年久しくなりしに、同じ村の何某と云ふ猟師、或日山に入りて一人の女に遭《ア》ふ。怖ろしくなりて之を撃たんとせしに、何をぢでは無いか、ぶつなと云ふ。驚きてよく見れば彼の長者がまな娘なり。何故にこんな処には居るぞと問へば、或物に取られて今は其妻となれり。子もあまた生《ウ》みたれど、すべて夫《ヲツト》が食ひ尽して一人此の如く在り。おのれは此地に一生涯を送ることなるべし。人にも言ふな。御身も危ふければ疾《ト》く帰れと云ふままに、其在所をも問ひ明らめずして遁げ還れりと云ふ。

○糠の前は糠の森の前に在る村なり。糠の森は諸国の糠塚と同じ。遠野郷にも糠森糠塚多くあり。

七　上郷村の民家の娘、栗を拾ひに山に入りたるまま帰り来らず。家の者は死したるならんと思ひ、女のしたる枕を形代《カタシロ》として葬式を執行《トリオコナ》ひ、さて二三年を過ぎたり。然るに其村の者猟をして五葉山《エウザン》の腰のあたりに入りしに、大なる岩の蔽ひかかりて岩窟のやうになれる所にて、図《ハカ》らず此女に逢ひたり。互に打驚き、如何にしてかかる山には居るかと問へば、女の曰く、山に入りて恐ろしき人にさらはれ、こんな所に来たるなり。遁げて帰らんと思へど些《イササカ》の隙《スキ》も無しとのことなり。其人は如何なる人かと問ふに、自分には並《ナミ》の人間と見ゆれど、ただ丈《タケ》極めて高く眼の色少し凄《スゴ》しと思はる。子共も幾人か生みたれど、我に似ざれば我子には非ずと云ひて食《クラ》ふにや殺すにや、皆何れへか持去りてしまふ也と云ふ。まことに我々と同じ人間かと押し返して問へば、衣類なども世の常なれど、ただ眼の色少しちがへり。一市間《ヒトイチアヒ》に一度か二度、同じやうなる人四五人集り来て、何事か話を為し、やがて何方《ドチラ》へか出て行くなり。食物など外より持ち来るを見れば町へも出ることならん。かく言ふ中《ウチ》にも今にそこへ帰つて来るかも知れずと云ふ故、猟師も怖ろしくなりて帰りたりと云へり。二十年ばかりも以前のことかと思はる。

○一市間は遠野の町の市の日と次の市の日の間なり。月六度の市なれば一市間は即ち五日のことなり

八　黄昏《タソガレ》に女や子共の家の外に出て居る者はよく神隠しにあふことは他《ヨソ》の国々と同じ。松崎村の寒《サム》戸《ト》と云ふ所の民家にて、若き娘梨の樹の下に草履《ザウリ》を脱《ヌ》ぎ置きたるまま行方を知らずなり、三十年あまり過ぎたりしに、或日親類知音の人々其家に集りてありし処へ、極めて老いさらぼひて其女帰り来れり。如何にして帰つて来たかと問へば、人々に逢ひたかりし故帰りしなり。さらば又行かんと

て、再び跡を留めず行き失せたり。其日は風の烈しく吹く日なりき。されば遠野郷の人は、今でも風の騒がしき日には、けふはサムトの婆《ババ》が帰つて来さうな日なりと云ふ。

九　菊池弥之助と云ふ老人は若き頃駄賃《ダチン》を業とせり。笛の名人にて、夜通《ヨドホ》しに馬を追ひて行く時などは、よく笛を吹きながら行きたり。ある薄月夜《ウスヅキヨ》に、あまたの仲間の者と共に浜へ越ゆる境木峠を行くとて、又笛を取出して吹きすさみつつ、大谷地《オホヤチ》と云ふ所の上を過ぎたり。大谷地は深き谷にて白樺《シラカンバ》の林しげく、其下は葦など生じ湿《シメ》りたる沢なり。此時谷の底より何者か高き声にて面白いぞーと呼はる者あり。一同悉く色を失ひ遁げ走りたりと云へり。

○ヤチはアイヌ語にて湿地の義なり。内地に多くある地名なり。又ヤツともヤトともヤとも云ふ

■注釈

『遠野物語』では、このように遠野郷を囲む山々の奥には山人が住んでいるという話が計十三話ほど紹介されています。山男についてが、五・六・七・九・二八・三〇・三一・九二の八話で、山女についてが、三・四・三四・三五・七五の五話で、計十三話です。八のサムトの婆の話はもと松崎村の家の娘がまだ若いころに山の世界の住人となってしまった話なので、それも加えれば計十四話です。そして、それらはいずれも架空の空想の話ではなく、すべて具体的な事実の情報として注目されています。日本列島の先住民として山に住み続けてきた山人たちが、明治四十三年（一九一〇）の頃まで、遠野の周囲の山にはま

だ現実にいるというのです。

サンカと常民　この山人の発見は、『遠野物語』刊行の翌年、明治四十四年（一九一一）に『人類学雑誌』（第二七巻第六号・第二七巻第八号・第二八巻第二号）に掲載された「イタカ」及び「サンカ」という論文へとつながります。柳田の民俗学のキーワードの一つが「常民」という概念ですが、それは「平地民」「普通民」という意味であり、その対語が山人、山の民という語であり、その具体的な例の一つが「サンカ」でした。

この「常民」には、もう一方で、渋沢敬三（一八九六―一九六三）が主宰した「日本常民文化研究所」の「常民」という言葉があります。それは、もともと渋沢が大正十年（一九二一）に設立したアチックミューゼアム、屋根裏の博物館という意味の小さな研究所の英語の名前が、戦時中に敵性語で不適切だとされて、昭和十七年（一九四二）に「日本常民文化研究所」と改称されたものです。その「常民」とは、渋沢敬三本人が明言しているように、英語のcommon peopleの翻訳語であり、庶民という意味でした。ですから、民俗学の「常民」には柳田の山地民に対する平地民、普通民という意味と、渋沢のcommon people、庶民という二つの意味があります。ただその後の研究者の解釈には各個人の見解が加えられた主張がなされており混乱がみられるのが現状です。しかし、基本はこの二つです。

国栖や隼人　その後、柳田は大正六年（一九一七）に歴史学者の喜田貞吉の招きで日本歴史地理学会で「山人考」（『定本柳田國男集』第四巻所収）という講演を行ないます。そこでは「現在の我々日本国民が、数多の種族の混成だと云ふこと」、「それを既に動かぬ通説となつたものとして、乃ち此を発足点と致します」といっています。つまり、古代の天皇とその集団がこの島にやって来たときには、すでに幾多の先住民が住んでいたことが、『日本書紀』や『風土記』には伝えられているというのです。常陸国や豊後国や肥前国など東西の『風土記』には土蜘蛛の退治の記事が多く、『日本書紀』にも九州では熊襲や隼人などの征圧のことが伝えられており、近畿地方では吉野の国栖の記事が見られます。その山人である吉野の国栖が、宮中の祭祀の場でも、大嘗祭や季節ごとの節会で御贄を献じ、笛を吹き歌を歌う「国栖の奏」という儀式に仕えてきたことを、柳田は指摘しています。

神楽歌　『遠野物語』で発見した山人たちの存在について、「山人考」で柳田は重要な見解を述べています。一つは、宮中の御神楽《みかぐら》の中で、山人が榊の枝を神人に手渡す役をつとめているということへの注目です。神楽歌の一つに、

「わきもこが　あなしの山の　山人と　人も見るかに　山かつらせよ」

という歌があります。これは、

「まきむくの　あなしの山の　山人と　人も見るかに　山かつらせよ」

というのがもとの歌であったと柳田はいっています。『古今和歌集』にこの部分が「わきもこが」ではなく、「巻向の」とあるのが古体だと考えたのです。「わきもこが」は、「まきむくの」が訛って変化した結果であるといいます。

「まきむくの」というのは、考古学でとくに二〇〇九年発見の建物遺跡で有名な纒向遺跡の纒向です。三輪山の山麓で箸墓古墳の近く、卑弥呼の邪馬台国の故地と考えられている纒向です。古くは、その纒向の近くの山に棲んでいた山人が、宮中の神楽に仕えて、榊の枝を神人に手渡していたのが、のちに変化して、警護の係である衛士が、山人にかわってその役をつとめるようになって、「わきもこが」と唱えるようになったのだというのです。柳田はこのように、当時の文献歴史学が見落としていた多くの問題に新たな研究の視界を開いていくような提言をたくさん行なっていました。

修験道と鬼　柳田はまた、山人の存在とその伝承をめぐって、中世の鬼の話に注目しています。鬼には三つがあり、一つは、陰陽道の影響を受けた鬼で、『今昔物語集』の中の鬼のように種々の奇怪を演じて人を害する鬼でした。もう一つは、終始そのような鬼と併行して別に山中の鬼があって、勇将猛士に退治されているといいます。大江山の酒呑童子《しゅてんどうじ》や鈴鹿山の鬼などがそれです。

しかし、それらとは別にもう一つ、自ら鬼の子孫などという者たちが諸国にいるといいます。たとえば、大和吉野の大峯山下の五鬼などです。その五鬼の家筋の者は、山上参りの先達職を世襲して修験の聖護院の法親王の登山に際して案内役をつとめていたなど、修験道の始祖に連なる家筋であったという伝承に注目しています。修験道の始祖とされるのが飛鳥時代の山岳修験者の役《えんのお》小角《づぬ》ですが、その二人の侍者であった前鬼と後鬼にちなむ家筋や地名が吉野山中には多く残っていることを指摘して、そのような山岳修験の歴史の根本に、里人たちからは鬼と呼ばれた山人たちの存在があったと指摘しています。その山人たちのもっていた異様な身体的な体力、信仰的な験力への信仰がもともと里人たちにはあったのであろうとのべています。

大江山の酒呑童子　そのような遠い山深い地ではなくても、平安京に近い大江山の酒呑童子や茨木童子など、絵巻物や御伽草子の類で知られる鬼のたぐいも山人の歴史と関係していると柳田は指摘しています。伝説的な物語ですが、一条天皇の時代（九八六―一〇一一）京の都の若者や姫君が次々と神隠しにあったが、陰陽師の安倍晴明の卜占により、大江山の酒呑童子の仕業《しわざ》とわかります。長徳元年（九九五）、源頼光と藤原保昌らを征伐に向かわせ、八幡大菩薩から授けられた「神変奇特酒」（神便鬼毒酒）という不思議な酒を飲ませて鬼たちの首級を取るという話です。それらの鬼にも、平地民からみた山人に向けて増幅されたイメージがあると指摘しています。そして、都の子女や農村の子女をさらっていく山の住民たちの物語はまったく架空の物語なのではなく、『遠野物語』でも語られていたように、一定の現実を反映していたものではないかと柳田は考えました。

山民の伝承への注目　柳田國男の民俗学がその初期には山人という異文化への注目だったのが、後半には一般の平民という単一稲作民への注目へ変化してしまったという説明をしている著作もありますが、それはちがいます。山地民への注目は継続しており、昭和三年（一九二八）から始められ三ヵ年にわたった「山村調査」で追跡したのも、一つには山人の生活の伝承でした。ただ、その時の調査では調査した山村が「たゞ奥まつた農村といふに過ぎなかつた」と「山立と山臥」（『山村生活の研究』〔一九三七〕、『定本柳田國男集』第三一巻所収）でのべているように、主な目的とした山人の生活伝承を追跡することはできませんでした。

いまのべたとおり、柳田の学問がその初期は山民という異文化へと関心をもつものであったのが、後半には常民という農民の単一文化に集中したとのべている研究者もいますが、それはまちがいです。柳田の研究の特色は、その著作をよく読めばわかるように、一つの研究対象については約十年から十五年程度で一応の結論にまでまとめて一区切りとしているということです。しかし、その研究関心はその後も継続しています。山人についても、昭和十九年（一九四四）の「能と力者」（『定本柳田國男集』第七巻所収）で、「甲州のリキの者は……次第に常民と見分けられなくなつたものであらう。土地の言ひ伝へでは、リキの薬といふ堕胎薬を売り、又頼まれてさういふ蔭の仕事をして居たともいふが」とのべています。

近世初頭の大殺戮　柳田はそのような具体的な山人の歴史を文献史料の中にも発見しています。一六〇〇年代初頭の幕藩体制が成立する時期の日本各地で行なわれた大量の山民たちの殺戮の歴史です。慶長十九年（一六一四）十二月の紀伊国から大和国にまたがる北山地方で起こった北山一揆や、元和五年（一六一九）の肥後国から日向国にまたがる椎葉山一揆、元和六年（一六二〇）の四国の祖谷山一揆など、文献記録が存在する例もあります。

『大日本史料』(第一二編之一六)に収める「紀伊石垣文書」によれば、北山一揆の武装した山人たちが、紀州新宮におおぜい押し寄せてきて合戦に及んだ。そのとき大峯山の前鬼で一揆の大将の左衛門太夫という者を組み伏せて首を取った、とあります。また、椎葉山一揆のことを記した『徳川実紀』には、奥深い山中にはなかなか入り込めなかったが、山中の二十六ヵ村で男女千余人、一人残らず搦め取った、そして凶徒の酋長百四十人の首を刎ねた、するとそれを見ていた婦女二十人が自殺したとあります。明治時代に柳田が集めた情報の中にあった山人の一種であるサンカというのは、そのような歴史の中の大殺戮をのりこえて生存しつづけてきた山人たちの子孫だったというわけです。

山の民の行方　柳田は、山人、即ち日本の先住民はもはや絶滅したという通説にはたいていは同意してよいと思っている、しかし、その絶滅に導いた道筋については、以下の六つの筋があると自分は考えているといっています。第一は、帰順と朝貢によって王権の管轄下に入る道筋、もっとも堂々たる同化。第二は、戦い、そして討ち死に。第三は、自然の中の子孫の断絶。第四は、信仰の力をもって、逆に新来の百姓を征服し、好条件をもって行く行く彼らと併合したもの、これがおそらく山岳修験者たちだろうと考えていました。第五は、人知れず土着しかつ平地人と混淆したもの、数においてはこれが一番多いかと思われる、第六は、山中に生活して旧状を保持している者たち、この第六の状態にある山人の詳しい消息はなかなかつかめないのだが、その情報はまだ日本各地で数多く伝えられている、といっています。そして、全国の山地で、山人の生息の話がとくに多いのは、陸羽の境の山、日本海へ近よった山群、北上川左岸の連山、只見川の上流から越後秋山へかけての一帯、東海では大井川の奥、大和吉野から紀伊熊野の山、中国では大山山彙、四国では剣山の周囲、殊に土佐の側、九州では東岸に偏して九重山以南霧島山以北で、山人の特徴は、米の飯をひどく欲しがる、焚火を悦ぶなど、山人の身体的な特色とは、皮膚の色の赤いこと、丈が高く、殊に手足の長いこと、などであると指摘しています。

伝承の世界　柳田はそして、きわめて重要なことをいっています。戦闘や征服、「混血」や混淆という歴史を、すでに過去のことにして説明してしまって終わるのではなく、その歴史の事実がかんたんに消えることなく、現在の人びとにも、いわば遺伝子レベルで継承されているというのです。過去の歴史事実を、静止画として捉えて、その時点で確認できたとして終わりとするのではなく、歴史は時間とともに流れているのだ、という、動画としての歴史世界の捉え方です。歴史の中では、消えていくものもあり、残るものもある、歴史の世界とは、変遷 transitions の歴史でもあり、伝承 traditions の歴史でもある、という捉え方です。それは、「山人考」で指摘していた、次の言葉からもわかります。

「我々の血の中に、若干の荒い山人の血を混じて居るかも知れぬといふことは、我々に取つては実に無限の興味であります」

私もあなたもみんな、「平地民」「普通民」「常民」かもしれないけれど、その血の中には、あの勇敢で生命力の強い、山地民の血が混じっているかもしれない、というのです。二十世紀初頭に著された『遠野物語』は、当時の山人、山地民という、すでに日本社会でもっとも見えにくくなっていた、しかし、確かに存在していた、マイノリティへの注目でした。それは、マイノリティへの偏見や差別という視線ではまったくありませんでした。むしろ、二十世紀後半から二十一世紀初頭に欧米から押し寄せたアカデミズムの一大潮流であったマルチカルチュラリズム（多文化主義）に対して、それよりおよそ一世紀近くも前に現れていたまさに先駆的な研究視点だったのです。

4　奥山に入り　茸《キノコ》を採るとて　小屋を掛け宿《トマ》りてありしに

——一〇・一一・一二・一三

一〇～一三の話は、先の八話のサムトの婆の話とともに、冒頭の「題目」では「昔の人」という分類で整理されており、一三の話は「家の盛衰」という分類で整理されているものです。不思議な話でもあり、また悲惨な話でもありますが、これらはいずれも現実の話なのでした。

■訳文

一〇　この弥之助という男がある奥山に入り、茸《きのこ》を採ろうとして仮小屋を作り宿《とま》っていたところ、深夜に遠い処できゃーという女の叫び声が聞こえ、驚いて胸を轟かせたことがありました。里へ帰ってみると、その同じ夜に、時刻も同じ刻限に、自分の妹である女がその息子のために殺されていました。

一一　この女というのは、母一人子一人の家でしたが、嫁と姑との仲が悪くなって、嫁はしばしば親の里へ行って帰って来ないことがありました。その日嫁は家にいて寝床で休んでいたところ、昼の頃になり、突然と悴《せがれ》がいうには、ガガはとても生かしてはおかれない、今日はきっと殺すといって、大きな草苅り鎌を取り出して、ごしごしと磨《と》ぎ始めました。そのありさまから、とても戯れ言《たわむごと》とも見えなかったので、母親はさまざま事情を説明して詫びたのですが、忰はそれを少しも聞きませんでした。嫁も起き出してきて泣きながら諫《いさ》めたのですが、少しもそれに従う様子もなく、やがては母親が家から遁《のが》れ出ようとする様子があるのを見て、前後の戸口をすべて鎖《とざ》しました。便所に行きたいというと、忰は自分で外から便器を持ってきて、これに用便せよといいました。夕方にもなったので母もついにあきらめて、大きな囲炉裡《いろり》の側にうずくまりただ泣いていました。忰はしっかりよく磨ぎあげた大鎌を手にして母に近寄って来て、まず左の肩口をめがけて薙《な》ぐようにしましたが、鎌の刃先が囲炉裡の上の火棚に引っかかってよく斬れませんでした。その時に母は、深山の奥で弥之助が聞きつけたような叫び声を立てたのでした。二度目には、右の肩から切り下げたのですが、それでもなお母は死に絶えずにいたところへ、里人らが驚いて馳《か》けつけてきて、忰を取り抑え、ただちに警察官を呼んで身柄を引き渡しました。警官がまだ棒を持っていた時代のことでした。母親は忰が捕らえられ引き立てられて行くのを見て、滝のように血の流れる中で、自分は恨みも抱かずに死ぬるのだから、忰の孫四郎はどうか宥《ゆる》してやってくださいと言いました。これを聞いて心を動かさない者はありませんでした。孫四郎は引き立てられて行く途中でもその鎌を振り上げて巡査を追い廻しなどしましたが、「狂人」だということで放免されて家に帰り、今も生きて里にいます。

○ガガは方言で母ということです。

一二　土淵村山口に新田乙蔵という老人がいました。村の人は乙爺《おとじい》といっていました。今は九十歳に近く病んでいて今にも死にそうな状態です。年ごろ遠野郷の昔の話をよく知っていて、誰かに話して聞かせておきたいと口癖のようにいっていましたが、あまりに臭いので乙爺のところに行ってその話を聞こうとする人はいませんでした。あちこちにある昔の館の主の伝記や、家々の盛衰や、昔からこの遠野郷に伝えられていた歌の数々を始めとして、深山の伝説や、またその奥に住んでいる人びとの物語など、この老人が最もよく知っていました。

○惜しいことに、その乙爺は明治四十二年の夏の始めに亡くなってしまいました。

一三　この老人は数十年の間、山の中に独りで住んでいた人です。よい家柄の人でしたが、若いころに財産を傾けて失ってからは、世の中に対する思いを絶ち、峠の上に小屋を掛けて、甘酒を往来の人に売りながら、生計を立てていました。駄賃仕事の男たちはこの翁を父親のように思って親しんでいました。少し収入の余りがあれば、町に下ってきてよく酒を飲みました。赤毛布《あかゲット》で作った半纏《はんてん》を着て、赤い頭巾を被《かぶ》り、酒に酔えば、町の中を躍りながら帰るのでしたが、巡査もそれをとがめることはありませんでした。いよいよ老衰になってから後は、旧里に帰ってあわれな暮らしをしていました。子供たちはみんな北海道へ行っており、この翁はただ一人でした。

■原文

一〇　此男ある奥山に入り、茸《キノコ》を採るとて小屋を掛け宿《トマ》りてありしに、深夜に遠き処にてきやーと云ふ女の叫声聞え胸を轟かしたることあり。里へ帰りて見れば、其同じ夜、時も同じ刻限に、自分の妹なる女その息子《ムスコ》の為に殺されてありき。

一一　此女と云ふは母一人子一人の家なりしに、嫁《ヨメ》と姑《シウト》との仲悪しくなり、嫁は屢《シバシバ》親里へ行きて帰り来ざることあり。其日は嫁は家に在りて打臥して居りしに、昼の頃になり突然と悴《セガレ》の言ふには、ガガはとても生《イカ》しては置かれぬ、今日《ケフ》はきつと殺すべしとて、大なる草苅鎌を取り出し、ごしごしと磨《ト》ぎ始めたり。その有様更に戯言《タハムレゴト》とも見えざれば、母は様々に事を分けて詫《ワ》びたれども少しも聴かず。嫁も起出でて泣きながら諫《イサ》めたれど、露従《ツユシタガ》ふ色も無く、やがては母が遁《ノガ》れ出でんとする様子《ヤウス》あるを見て、前後の戸口を悉く鎖《トザ》したり。便用に行きたしと言へば、おのれ自ら外より便器を持ち来りて此《コレ》へせよと云ふ。夕方にもなりしかば母も終《ツヒ》にあきらめて、大なる囲炉裡《ヰロリ》の側《カタハラ》にうづくまり只泣きて居たり。悴《セガレ》はよくよく磨《ト》ぎたる大鎌を手にして近より来り、先づ左の肩口を目掛けて薙《ナ》ぐやうにすれば、鎌の刃先《ハサキ》炉《ロ》の上《ウヘ》の火棚《ヒダナ》に引掛《ヒッカ》かりてよく斬《キ》れず。其時に母は深山の奥にて弥之助が聞き付けしやうなる叫声を立てたり。二度目には右の肩より切《キ》り下《サ》げたるが、此にても猶死絶《シニタ》えずしてある所へ、里人等《サトビトラ》驚きて馳付《ハセツ》け悴を取抑《トリオサ》へ直に警察官を呼《ヨ》びて渡《ワタ》したり。警官がまだ棒を持ちてある時代のことなり。母親は男が捕《トラ》へられ引き立てられて行くを見て、滝のやうに血の流るる中より、おのれは恨も抱《イダ》かずに死ぬるなれば、孫四郎は宥《ユル》したまはれと言ふ。之を聞きて心を動《ウゴ》かさぬ者は無かりき。孫四郎は途中にても其鎌を振上げて巡査を追ひ廻しなどせしが、狂人なりとて放免せられて家に帰り、今も生きて里に在り。

○ガガは方言にて母といふことなり

一二　土淵村山口に新田《ニッタ》乙蔵《オトザウ》と云ふ老人あり。村の人は乙爺《オトヂイ》といふ。今は九十に近く病みて将《マサ》に死《シナ》んとす。年頃遠野郷の昔の話をよく知りて、誰かに話して聞かせ置きたしと口癖のやうに言へど、あまり臭《クサ》ければ立ち寄りて聞かんとする人なし。処々《トコロドコロ》の館《タテ》の主《ヌシ》の伝記、家々《イヘイヘ》の盛衰、昔より此郷《ゴウ》に行《オコナ》はれし歌の数々を始めとして、深山の伝説又は其奥に住める人々の物語など、此老人最もよく知れり。

○惜むべし乙爺は明治四十二年の夏の始になくなりたり

一三　此老人は数十年の間山の中に独《ヒトリ》にて住みし人なり。よき家柄なれど、若き頃財産を傾け失ひてより、世の中に思を絶《タ》ち、峠の上に小屋《コヤ》を掛け、甘酒《アマザケ》を往来《ワウライ》の人に売りて活計とす。駄賃《ダチン》の徒《ト》は此翁を父親《チチオヤ》のやうに思ひて親《シタ》しみたり。少しく収入の余《アマリ》あれば、町に下《クダ》り来て酒を飲む。赤毛布《アカゲット》にて作りたる半纏《ハンテン》を著て、赤き頭巾《ヅキン》を被《カブ》り、酔へば町の中を躍りて帰るに巡査もとがめず。愈《イヨイヨ》老衰して後、旧里《キウリ》に帰りあはれなる暮《クラ》しを為せり。子供はすべて北海道へ行き、翁唯一人也。

■注釈

この一〇・一一は、ある母親と息子と嫁の悲しくも心を動かされる話です。ふつうは語るのを避けたいようなたいへん悲惨な話なのですが、柳田はこれもたしかに日本の歴史の中の一つの事件であり、遠野で起こっていた現実の事実として、むごい話ではありますがあえてそれを避けることなく、語られたままを忠実に記しているのです。柳田の歴史を見る目は事実を直視してその背景にある日本の社会を考えようとしていたのです。また、一二・一三は、貴重な知識と経験をもつ老人の話です。老人があまりに臭いので、誰もその貴重な話を聞くことがなかったのですが、柳田はそれをたいへん残念がっています。これらはいずれも山の世界にかかわる不思議な話でもあります。

5　部落《ブラク》には必ず一戸の旧家ありて　オクナイサマと云ふ神を祀《マツ》る

——一四・一五・一六

これらの話は、遠野で伝えられていた神さまについての話です。冒頭の「題目」では、「家の神」という見出しで、オクナイサマ、オシラサマの話を記しています。ただ、オクナイサマは七〇でも、また、オシラサマについては詳しくは六九で記しています。

■訳文

一四　部落には必ず一戸の旧家があり、オクナイサマという神さまを祀っています。その家を大同《だいどう》といいます。この神の像は、桑の木を削って顔を描き、四角の布の真ん中に穴をあけて、これを上から通して衣裳とします。正月の十五日には、小字《こあざ》中の人びとがこの大同の家に集まって来てこれを祭ります。また、オシラサマという神もあります。この神の像もまた同じようにして造り設け、これも正月の十五日に里の人びとが集まってこれを祭ります。その祭りの式には、白粉《おしろい》を神像の顔に塗ることがあります。大同の家には必ず畳一帖の室があり、この部屋で夜寝る者はいつも不思議に遭います。枕を反《かえ》されるなどは常のことです。あるいは誰かに抱き起こされたり、または部屋から突き出されたりするようなこともあります。およそ静かに眠ることを許されないのです。

○オシラサマは双神です。アイヌの中にもこの神があることが『蝦夷風俗彙聞』に見えます。

○羽後の苅和野の町において、市の神の神体だという陰陽の神に、正月十五日白粉を塗って祭ることがあり、これとよく似た例です。

一五　オクナイサマを祭れば幸いが多いといいます。土淵村大字柏崎《かしわざき》の長者の阿部氏、村ではこの家を田圃《たんぼ》の家《うち》といっています。この家である年、田植えの人手が足りませんでした。明日は空の天気も怪しいのに、わずかばかりの田を植え残すことになるのかなどとつぶやいていたところ、ふとどこよりともなく背丈の低い小僧が一人やって来て、自分も手伝いましょうというのに任せて働かせておいたところ、午飯時《ひるめしどき》に飯を食わせようと尋ねたけれどもその姿が見えませんでした。やがて再び小僧は帰ってきて終日、代《しろ》を掻《か》いてよく働いてくれたので、その日に植え終わりました。どこの人かは知らないが、晩には家にきて晩ご飯を食べてくれと誘っておいたのですが、日が暮れてまたその姿は見えませんでした。家に帰って見ると、椽側《えんがわ》に小さな泥の足跡がたくさんついていて、だんだんに座敷に入り、オクナイサマの神棚のところで止まっていたので、さてはと思いその扉を開けて見れば、神像の腰から下は田の泥にまみれていたということでした。

一六　コンセサマを祭る家も少なからずあります。この神の神体はオコマサマとよく似ています。オコマサマの社は里に多くあります。石または木で男性の物を作って捧げるのです。今はしだいにその事は少なくなっています。

■原文

一四　部落《ブラク》には必ず一戸の旧家ありて、オクナイサマと云ふ神を祀《マツ》る。其家をば大同《ダイドウ》と云ふ。此神の像《ザウ》は桑《クハ》の木を削《ケヅ》りて顔《カホ》を描《エガ》き、四角なる布《ヌノ》の真中《マンナカ》に穴を明《ア》け、之を上《ウヘ》より通《トホ》して衣裳とす。正月の十五日には小《コ》字中《アザヂウ》の人々この家に集り来りて之を祭る。又オシラサマと云ふ神あり。此神の像も亦同じやうにして造り設《マウ》け、これも正月の十五日に里人《サトビト》集りて之を祭る。其式には白粉《オシロイ》を神像の顔に塗ることあり。大同の家には必ず畳《タタミ》一帖の室《シツ》あり。此部屋《ヘヤ》にて夜寝《ヨルネ》る者はいつも不思議に遭《ア》ふ。枕《マクラ》を反《カヘ》すなどは常のことなり。或は誰かに抱起《ダキヲコ》され、又は室より突《ツ》き出《イダ》さるることもあり。凡そ静かに眠ることを許さぬなり。

○オシラサマは双神なり。アイヌの中にも此神あること蝦夷風俗彙聞に見ゆ

○羽後苅和野の町にて市の神の神体なる陰陽の神に正月十五日白粉を塗りて祭ることあり。之と似たる例なり

一五　オクナイサマを祭れば幸《サイハヒ》 多し。土淵村大字柏崎《カシハザキ》の長者阿部氏、村にては田圃《タンボ》の家《ウチ》と云ふ。此家にて或年田植《タウヱ》の人手《ヒトデ》足《タ》らず、明日《アス》は空《ソラ》も怪《アヤ》しきに、僅《ワツカ》ばかりの田を植ゑ残すことかなどつぶやきてありしに、ふと何方《イツチ》よりとも無く丈《タケ》低《ヒク》き小僧《コゾウ》一人来りて、おのれも手伝ひ申さんと言ふに任《マカ》せ

て働《ハタラ》かせて置きしに、午飯時《ヒルメシドキ》に飯《メシ》を食はせんとて尋ねたれど見えず。やがて再び帰り来て終日、代《シロ》を掻《カ》きよく働きて呉《ク》れしかば、其日に植ゑはてたり。どこの人かは知らぬが、晩には来て物を食《ク》ひたまへと誘《サソ》ひしが、日暮れて又其影《カゲ》見えず。家に帰りて見れば、椽側《エンガハ》に小さき泥《ドロ》の足跡《アシアト》あまたありて、段々に坐敷に入り、オクナイサマの神棚《カミダナ》の所に止《トド》まりてありしかば、さてはと思ひて其扉《トビラ》を開き見れば、神像の腰より下は田の泥《ドロ》にまみれていませし由。

一六　コンセサマを祭れる家も少なからず。此神の神体はオコマサマとよく似たり。オコマサマの社は里に多くあり。石又は木にて男の物を作りて捧ぐる也。今は追々とその事少なくなれり。

■注釈

オクナイサマ　オクナイサマは、遠野では小正月の一月十五日や十六日、旧暦十月に祭られる家の神です。参考になる写真をあげておきます。

コンセサマ　一六にあるコンセサマ（金精様）、オコマサマ（御駒様）は男性器の形の神さまです。現代人には卑猥な奇妙なものと思われるでしょう。しかし、それらが神さまとして祀られているのは眼前の事実でした。柳田は、それらから目を背けることなく、遠野の現地でふつうにその神さまが多くの人たちの信仰を集めているということに注目したのです。そして、そのような生活伝承の中の事実をたしかにとらえて、その意味の世界を理解していくことが大切だと考えていたのです。

中山家の神棚で祭られているオクナイサマ　中山家ではオシラサマも祭っている（遠野市立博物館）

雪のなか祭りに向かうコンセサマ（撮影／浦田穂一）

山崎のコンセサマ（撮影／浦田穂一）

駒形神社のオコマサマ（遠野市立博物館）

6　旧家《キウカ》にはザシキワラシと云ふ神の住みたまふ家少なからず
――一七・一八・一九・二〇・二一

一七、一八が有名なザシキワラシの話です。一九、二〇、二一が、その家の女の子のザシキワラシが出て行ってしまい、いなくなってからまもなく没落してしまったという山口孫左衛門の家の話です。

■訳文

一七　旧家にはザシキワラシという神の住んでおられる家が少なからずあります。この神は多くは十二、三歳ばかりの童児です。ときどき人に姿を見せることがあります。土淵村大字飯豊《いいで》の今淵《いまぶち》勘十郎という人の家では、最近のこと、高等女学校に行っている娘が休暇で家に帰っていたとき、ある日廊下で、はたとザシキワラシに行き逢い大いに驚いたことがありました。そのときは正《まさ》しく男の児の姿でした。同じ土淵村の大字山口の佐々木氏の家では、母親がひとり縫い物をしていたとき、次の間で紙のがさがさという音がしました。この室は家の主人の部屋で、その時主人は東京に行き不在だったので、怪しいと思って板戸を開けて見たけれど何の影もありませんでした。しばらくの間、そこに母親は坐っていましたが、やがてこんどは頻りに鼻を鳴らす音がしました。さては座敷ワラシだろうと思いました。この家にも座敷ワラシが住んでいるということは、久しき以前からいわれてきたことでした。この神が宿っておられる家は富貴自在で、財産も身分も望みのままに叶うということでした。

○ザシキワラシは座敷童衆のことです。この神のことは『石神問答』一六八頁にも記事があります。

一八　ザシキワラシはまた女の児のこともあります。同じ山口の旧家で山口孫左衛門という家には、童女の神が二人おられるということを、古くから言い伝えていましたが、ある年、同じ村の何某《なにがし》という男が、遠野の町から帰ってくるときに、留場《とめば》の橋のほとりで見馴れない二人の品のよい娘に逢いました。やや物思いにふけるような様子でこちらの方に歩いて来ました。お前たちはどこから来たのかと聞けば、おら山口の孫左衛門の処から来たと答えました。これから何処へ行くのかと聞くと、あの村の何某の家にと答えました。その何某はやや離れた村にて、今も立派に暮らしている豪農です。さては孫左衛門家の繁栄の世も末だなと思いましたが、それから久しくないうちに、その家の主人も奉公人も二十幾人、茸《きのこ》の毒にあたって一日のうちに死に絶え、七歳の女の子一人を残していましたが、その女も年老いて子がなく、近ごろ病気で亡くなりました。

一九　孫左衛門の家では、ある日梨の木のまわりに見馴れない茸がたくさん生えていましたが、それを食おうか食うのはやめようかと男たちが評議しているのを聞いて、この家の最後の代になる孫左衛門は、食わないのがよいと制止しました。しかし、下男の一人がいうには、どんな茸でも水桶の中に入れて苧殻《おがら》をもってよくかき廻してから、そのあとで食えば決してあたることはないといい、一同みんなこの下男の言葉に従って家内の者ことごとくがこれを食いました。この家の七歳の女の児はその日外に出て遊びに気を取られていて、昼飯を食いに帰ることを忘れていたために助かりました。とつぜんの主人の死去により、人びとが動転している間に、遠い親類とか近い親類だという人びと、或いは生前に貸しがあったといい、或いは約束があったといって、この家の貨財は味噌の類までもすべて彼らが取り去っていったので、この家は村の草分けの長者であったけれども、一朝にして跡形もなくなってしまいました。

二〇　この凶変の前にはいろいろな前兆がありました。奉公人の男たちが苅り置いていた秣《まぐさ》を出すといって三つ歯の鍬で秣を掻きまわしたところ、大きな蛇を見つけました。これも殺すなと主人が制したのに、それも聞かずに奉公人たちは打ち殺したのですが、その跡から秣の下にまだ何匹ともなくたくさんの蛇がいて、うごめき出てきたのを、男たちはおもしろ半分にことごとく殺しました。さて、それを取り捨てるべき適当な場所がなかったので、屋敷の外に穴を掘って埋めて蛇塚を作りました。その蛇は簣《あじか》という藁や葦を編んで作ったザルに入れて何杯ともいえないほど大量にあったということでした。

二一　右の孫左衛門は村には珍しい学者で、常に京都から和漢の書物を取り寄せて熱心に読み耽《ふけ》っていました。少し変人かというような人でした。狐と親しくなって、家を富ます術を得ようと思い立ち、まず、庭の中に稲荷の祠を建て、自分自身で京都に上り、正一位稲荷大明神の神階を請けて帰りました。それから毎日一枚ずつ油揚げを欠かすことなく、自分の手で社頭に供えて拝礼をしました。それで、のちには狐が馴れてきて、近づいても逃げないようになりました。孫左衛門が手を延ばしてその首を抑えるなどしたといいます。そのころ村にあった薬師堂の堂守の男は、わが仏様は何物も供えないけれど、孫左衛門の神様よりはご利益があると、たびたび笑いごとにしたとのことです。

■原文

一七　旧家《キウカ》にはザシキワラシと云ふ神の住みたまふ家少なからず。此神は多くは十二三ばかりの童児なり。折々人に姿を見することあり。土淵村大字飯豊《イヒデ》の今淵《イマブチ》勘十郎と云ふ人の家にては、近き頃高等女学校に居る娘の休暇にて帰りてありしが、或日廊下《ロウカ》にてはたとザシキワラシに行き逢ひ大に驚きしことあり。これは正しく男の児なりき。同じ村山口なる佐々木氏にては、母人ひとり縫物して居りしに、次の間にて紙のがさがさと云ふ音あり。此室は家の主人の部屋《ヘヤ》にて、其時は東京に行き不在の折なれば、怪しと思ひて板戸を開き見るに何の影も無し。暫時《シバラク》の間坐《アヒダスハ》りて居ればやがて又頻に鼻を鳴《ナラ》す音あり。さては坐敷ワラシなりけりと思へり。此家にも坐敷ワラシ住めりと云ふこと、久しき以前よりの沙汰なりき。此神の宿りたまふ家は富貴自在なりと云ふことなり。

○ザシキワラシは坐敷童衆なり。此神のこと石神問答一六八頁にも記事あり

一八　ザシキワラシ又女の児なることあり。同じ山口なる旧家にて山口孫左衛門と云ふ家には、童女の神二人いませりと云ふことを久しく言伝へたりしが、或年同じ村の何某と云ふ男、町より帰るとて留場《トメバ》の橋のほとりにて見馴れざる二人のよき娘に逢へり。物思はしき様子にて此方へ来る。お前たちはどこから来たと問へば、おら山口の孫左衛門が処から来たと答ふ。此から何処へ行くのかと聞けば、それの村の何某が家にと答ふ。その何某は稍離れたる村にて今も立派に暮せる豪農なり。さては孫左衛門が世も末だなと思ひしが、それより久しからずして、此家の主従二十幾人、茸《キノコ》の毒に中《アタ》りて一日のうちに死に絶え、七歳の女の子一人を残せしが、其女も亦年老いて子無く、近き頃病みて失せたり。

一九　孫左衛門が家にては、或日梨の木のめぐりに見馴れぬ茸《キノコ》のあまた生《ハ》えたるを、食はんか食ふまじきかと男共の評議してあるを聞きて、最後の代の孫左衛門、食はぬがよしと制したれども、下男の一人が云ふには、如何なる茸にても水桶の中に入れて苧殻《ヲガラ》を以てよくかき廻《マハ》して後食へば決して中《アタ》ることなしとて、一同此言に従ひ家内悉く之を食ひたり。七歳の女の児は其日外に出で遊《コ》びに気を取られ、昼飯を食ひに帰ることを忘れし為に助かりたり。不意の主人の死去にて人々の動転してある間に、遠き近き親類の人々、或は生前に貸ありと云ひ、或は約束ありと称して、家の貨財は味噌の類《タグヒ》までも取去りしかば、此村草分《クサワケ》の長者なりしかども、一朝にして跡方も無くなりたり。

二〇　此凶変の前には色々の前兆ありき。男ども苅置きたる秣《マグサ》を出すとて三ツ歯の鍬にて掻きまはせしに、大なる蛇を見出したり。これも殺すなと主人が制せしをも聴かずして打殺したりしに、其跡より秣の下にいくらとも無き蛇ありて、うごめき出でたるを、男ども面白半分に悉く之を殺したり。さて取捨つべき所も無ければ、屋敷の外《ソト》に穴を掘りて之を埋め蛇塚を作る。その蛇は簣《アジカ》に何荷とも無くありたりといへり。

二一　右の孫左衛門は村には珍しき学者にて、常に京都より和漢の書を取寄せて読み耽《フケ》りたり。少し変人と云ふ方なりき。狐と親しくなりて家を富ます術を得んと思ひ立ち、先づ庭の中に稲荷《イナリ》の祠《ホコラ》を建《タ》て、自身京に上《ノボ》りて正一位の神階を請《ウ》けて帰り、それよりは日々一枚の油揚《アブラゲ》を欠かすことなく、手づから社頭に供《ソナ》へて拝を為せしに、後には狐馴れて近づけども遁《ニ》げず。手を延ばして其首を抑へなどしたりと云ふ。村に在りし薬師の堂守は、我が仏様は何物をも供へざれども、孫左衛門の神様よりは御利益ありと、度々笑ひごとにしたりと也。

■注釈

このザシキワラシの話は、この『遠野物語』でたいへん有名になったものです。では、そのザシキワラシとはどんなものなのでしょうか。佐々木喜善や、柳田はどのような見解をもっていたのでしょうか。それについてここで紹介してみます。

ザシキワラシというのは、小さな男の子であったり、女の子であったりします。ザシキワラシが住んでいる家は、多くが旧家であり、裕福な家であるというのがその特徴でした。ただし、そのザシキワラシがその家からいなくなると、たちまちに没落してしまうというのです。一八から二〇に、その孫左衛門の家の没落の様子が書かれています。

佐々木喜善のザシキワラシ　この『遠野物語』の刊行以後も、佐々木喜善は、柳田の応援を受けながら自分の郷土である遠野の昔話として、またこの遠野の地だけでなく、北上山地一帯で伝承されているザシキワラシの話を収集していきました。そして、『奥州のザシキワラシの話』（一九二〇）を著し、その他の昔話もふくめて広く調査して、『江刺郡昔話』（一九二二）、『紫波郡昔話』（一九二五）、『聴耳草紙』（一九三一）などを、次々と刊行していきました。

佐々木は、ザシキワラシについて、子どものころはたいへん怖いという、ただ恐怖をもって聞いていたといっています。しかし、大人になって興味をもって調べていくようになると、そのような恐怖の対象ではなくなったといいます。佐々木にとってのザシキワラシは、いわゆる妖怪変化というような気持ちではなく、何かしらそのものの本来が、私たちの人生の一生の運不運と関係があるようで、畏敬の念さえ払うようになった、とのべています。そして、決して、他の妖怪や異類の物の怪などに対するような、駆除や祈禱や、退散のための禁呪などは求めないと言っています。ただ、ザシキワラシが何者であるかは、自分にはわからない、自分から人に解説できるわけではない、むしろ他の学者の研究を早く聞かせてもらいたいところだ、と言っています。

そして、佐々木喜善は、ザシキワラシをはじめとする民俗伝承については、その分析的な研究視角を磨くという方向ではなく、むしろ、昔話、民話の世界の豊かさを紹介していく、という姿勢をとっていきました。そして、ザシキワラシはかわいい精霊のようなもの、また家の守り神として、遠野の民話の主人公と位置づけられていくことになりました。それは、佐々木喜善がもともと作家志望であったことと関係していると思われます。そのような佐々木の姿勢が、現在の「民話の里」遠野市というイメージを形成していった大きな力となっているといえます。そして金田一京助や折口信夫から、佐々木は「日本のグリム」と呼ばれて、高く評価されています。

柳田國男のザシキワラシ　それに対して柳田は、『石神問答』や『郷土研究』第二巻第六号で、ザシキワラシの基本は、家の繁栄や幸福を守る神であると指摘しています。柳田の分析視角は、二つの方向へと向かっています。一つは、水の世界からやってきた小さな子どもが家を富ませたり幸せにするという信仰についてです。もう一つは、不思議な家の守り神、家の憑き物という信仰についてです。

子どもの精霊　小さな子どもの姿をした精霊が家を富ませるという信仰についての論文は、「炭焼小五郎が事」（一九二二）、「妹の力」（一九二五）、「海神少童」（一九三〇）などです。

「炭焼小五郎が事」では、陸中の話として、⑴土蔵に小人の翁が旭の舞を舞っていたのを卯木《うつぎ》の弓と蓬《よもぎ》の箭《や》で射ると、小人は眼または膝を射られて忽然とその姿が消え去り、それから家の運が傾いた。⑵道路で三人のザシキワラシかと思う美しい娘に逢い、行き先をきくと、この山越えあの山越えて、雉子の一声の里へいきます、と幸運の住家を教えてくれる。柳田は、この二つの話を紹介しながら、人間の運、家の運の説明の中に、火の神や家の神の思想と古い慣習とが保存されている、とのべています。

また、「妹の力」では、奥州に多いのが、座敷童子、或いはクラボッコ、スマッコワラシ、いろいろの名で呼ばれる童形の家の神である。関口善平という人は少年の頃、数人の友だちと共に、隣家の座敷でこの神の舞い跳ねるのを見たという。つまり、家には神がいる、精霊がいる、守っている、という信仰があるということをのべています。

「海神少童」でも、爺が水中の美女からヨケナイ、カブキレワラシや、ウントクという名の醜い童をもらって家が豊かになったが、婆がその童を追い出したのでその日からまた貧乏になったという話を紹介しています。このように、家にやってきた醜い子どもを置いておくと家が富み栄えるが、それがいなくなると家が没落するという信仰が共通していることに注目して、柳田はザシキワラシも、そのたぐいであると位置づけました。

家の憑き物　一方、柳田は家に棲みつく守り神のたぐい、家の憑き物について注目しました。それについての論文が、『妖怪談義』に収める「ザシキワラシ」（一九一九）、そして、「神を助けた話」（一九二〇）、「おとら狐の話」（同）です。

『妖怪談義』に収める「ザシキワラシ」では、『遊歴雑記』や『譚海』などの随筆類から、江戸本所の火災除けのご利益のあるクラボッコや、出羽国の鯉川に住む貧乏な夫婦に、ザシキワラシに似た霊物が、姿は見せないがどこからともなく話しかけて、未来のことを何でも言ってくれてそれがすべて当たり、時には食物などを夫婦の求めに応じて何でも持ってきてくれるが、ただそれと同時に近隣の家では、餅なり餛飩なりそれだけの物がなくなるという、子どもの妖怪の例を紹介しています。「神を助けた話」では、田原藤太秀郷が近江の勢多橋の主である大蛇から百足退治を頼まれ、龍宮で退治したお礼にもらった十種の宝の中に、心得童子また如意童子があり、それは主人の心中を知り、言いつけなくても何でも用事をしてくれる不思議な子どもであったという話を紹介しています。

飯綱《いづな》使い　柳田は、これらはザシキワラシにも共通するものと考えました。そして、家に憑く子どもの姿の精霊から、家に憑く狐の姿をした精霊へ、と対象を広げていきました。そして、『遠野物語拾遺』（一九三五）の中の二〇一話の小さな白い狐、二〇二話の飯綱使いの二つに注目しました。この『遠野物語拾遺』とは何かについては、またあとで解説します。

二〇一話　小友村の某という者がある日遠野の町に出る途中、見知らぬ旅人と道連れになり、その旅人がそちこちの家を指さして、この家にはどういう病人があるとか、あの家にはこんな事があるとか言う。それがみな自分も知っていることによく合っているので驚いて、どうしてそんな事までわかるのかと聞くと、なに訳はない。おれはこういう物を持っているからだと言って、ごく小さな白い狐を袂から取り出して見せた。これさえあれば、誰でも俺のように何事でもわかるし、また思うことが何でもかなうというので、某は欲しくてたまらず、幾らかの金を出してその小狐の雌雄を買い取り、飼い方使い方をくわしく教えて貰った。それからこの某は恐ろしくよく当たる八卦置きになり、たちまちのうちに村で指折られる金持ちになった。しかし、どうしたものか何年か後には、その八卦が次第に当たらなくなり、家もいつの間にかもとどおりの貧乏になって、末にはどこかの往来でのたれ死にをしたという。飯綱というのはみんなこういうもので、その術の効き目には年限のようなものがあって、死ぬ時にはやはり元の有様に戻ってしまうものだと言い伝えられている。

二〇二話　この飯綱使いは近年になって入ってきたものだとみんな言っている。土淵村でも某という者が、やはり旅人から飯綱の種狐を貰い受けた。そして表面は法華の行者となって、術を行なうと不思議なほど当たった。その評判が海岸地方にまで広がって、ある年大漁の祈禱に頼まれて行ったが、そのときはさっぱりその祈禱の効験がなかったので、気の荒い浜の衆は何だこの遠野の山師行者めといって、彼を引き担いで海へ投げ込んだが、ようやくのことに波に打ち上げられて、岸に登って夜に紛れてそっと帰って来た。それから某は腹が立ち、もう飯綱がいやになって、その種狐をことごとく懐中に入れ、白の饅頭笠を被って、家の後ろの小烏瀬川の深みに行き、だんだんと身体を水の中に沈めた。小狐どもは苦しがってみんな懐から出て、笠の上に登ってしまい、その時静かに笠の紐を解くと、狐は笠と共に自然に川下へ流れてしまった。飯綱を離すにはこうするより外に、術が無いものと伝えられている。

以上の二つの話は、『遠野物語』の二一、山口孫左衛門の家にまつわる話に似た部分がありますが、その二一の話はそれでとくに家が富み栄えたという話ではありませんでした。しかし、それと関係があるのかないのかわかりませんが、せっかくその家に代々長くいたザシキワラシの女の子二人が出て行ってしまい、まもなく没落したという話でした。柳田は、このような人間と精霊の関係をめぐる伝承が日本各地にあることに注目しました。個人の超能力が精霊との関係で語られており、精霊が特定の家の繁昌と没落にかかわって語られている事例が多いということに注目したのです。

おとら狐の話　「おとら狐の話」は柳田と早川孝太郎の共著となっていますが、文章は柳田が書いたものです。大正五年（一九一六）の早川の同名の報告に深い意味があることを読み取った柳田が早川の同意を得て書いたのでした。おとら狐というのは、三河国南設楽《みなみしたら》郡長篠村を中心に東郷村、鳳来寺《ほうらいじ》村、八名《やな》郡舟著《ふなつけ》村辺りに伝わる、長篠の合戦で鉄砲の弾に当たって傷ついた狐の話で、多くは病人にとり憑く狐で、健康体にもとり憑くことがある。とり憑かれた人は、ものすごい相貌をして狐のそぶりをする。生魚、赤飯、油揚げなど喰いたいといい、それを与えるとばりばりと喰う。憑かれた人は多くが死ぬ。人にとり憑いて食をとる。ただし、遠州秋葉山の奥の山住《やまずみ》さまをお迎えして来れば、必ず離れる。山住さまは山住神社で祭られている山の犬のことで、お犬様といわれており、塩を好むともいう。かつて、おとら狐が憑いていた婆さんの家に牝犬がいて、それに御料林の中に住み慣れている牡犬がいて、遊牝《さかり》になって毎夜、婆さんの家の牝犬の所にやって来た。家の人は誰も知らぬのに、おとら狐が憑いている婆さんだけが非常に怖がった。婆さんは御嶽講の行者などを甚だしく嫌った。このような、おとら狐の話は明治三十六、七年頃までは絶えず聞いていた、といいます。

『今昔物語集』の芋粥の話　柳田は、狐が人に使われて他の人に憑いて、その憑かれた人の口を借りて憑けた人の言葉を語るという話の古い例を、『今昔物語集』巻第二六の利仁《としひと》将軍の芋粥の話で紹介しています。ただそこではまだ、悪い狐ではありません。その狐は頼まれた用事を済ませたら退散して、別段の害をしなかった例だといっています。『今昔物語集』の成立は十二世紀の院政期と考えられていますが、その当時には、狐が人に使われて他の人に憑いてその口を借りて憑けた人の言葉を語る、という信仰が盛んになっていった時期なのだろう、といっています。

狐使い　狐が人に憑くという話にはふたとおりがあり、誰某が行って憑けといったから来て憑いたというのと、食べ物が欲しさにこの人の身体を借りて憑いたというものとです。狐を使って他人に憑ける者を古くから狐使いと呼んでいますが、『大日本史料』にもみえる記事として、応永二十七年（一四二〇）九月、京の室町の医師高間という者が、狐を使うということで親子禁獄となり、讃岐に流罪となったという記事があります。職業としての狐使いの記録は中古からみえ、事件の予知などをしたのですが、それを飯綱の法、陀枳《だき》尼《に》の法といっていました。そのような飯綱使いの徒が、のちのち多く統御の手綱を放した結果、統御者のいない浪人の狐が出る、人にやたらに憑くのは、そのような主人を失った狐だという俗信もあります。前述の『遠野物語拾遺』の白い小狐の例などもその一つであろうといっています。また、折口信夫は、自分の考えもその「柳田先生のお考へからいくらも出ていないが、単純な野山の精霊――適切に術使ひを意味する話といはず――を捕へて使ったものと自由に考へたいと思ふ」とのべています（折口「座敷小僧の話」『旅と伝説』七―一、一九三四『全集』第一五巻）。つまり家に憑く精霊という点では柳田と折口は共通していたのでしたが、折口の場合は、それらの精霊はもともと野山に生息している精霊のたぐいだったと考えていたのでした。

狐祭りや狐狩り　このような呪術的な狐憑きの信仰とは別に、狐を祭る民俗行事もあるということを柳田は紹介しています。おとら狐のような悪い狐憑きだけではなく、霊獣としての狐をもてなし、吉凶の予知や気候や天気の変化の予知を知ろうとした民俗の信仰もあったことを指摘しています。

上方の方で近年まで行なわれていた狐を祭る行事について、柳田は、その体験者の話を直接聞いたといいます。霜月から師走のころ野に食物の乏しい時期に、篤志者があって狐の好む小豆飯や油揚げなどを準備して、稲荷下ろしの役の人に同行してもらい、夜分に郊外に出て狐を接待するのです。一晩に三頭や四頭の狐と対話することも多く、狐に憑かれる人は毎回同じ稲荷下ろしの人で、御幣が大きく動いてそのあとじっとしていると、まずは決まってどこからお出でになりましたか、と尋ねる。ご眷属《けんぞく》が何人か、揚げ豆腐と赤飯はどちらがお好みか、また女性の場合は、家庭の瑣細《ささい》な事情からはては艶《なまめか》しい感情問題まで、その稲荷下ろしがおかしな爺さんであるのも無視して参加者たちは狐に根掘り葉掘り聞くのでした。そして、来年の世の中のことや、商売の上での取引はどの方角がよいかなどを尋ねるなどしました。そして、帰る時にはその狐の眷属の数に相応の食料を残して帰るのでした。非常に内密にこのことを行なっていたので、この稲荷下ろしなどは鑑札の出ないような職業であったのだろうと、柳田はいっています。神子行者《みこぎょうじゃ》の取り締まりが厳しくなった明治五年（一八七二）よりも前までは、もっと活発に村の行事としてもこのような狐の供養をしていたのではないかといっています。

また、それとは別に、伯耆、因幡、但馬、丹波、若狭などの地方で行なわれてきたのが、狐狩りという行事でした。伯耆国つまり鳥取県西部の山村などでは、旧暦正月十四日の晩に鉦笛太鼓でおもしろく打ち囃しながら、部落内を何度も回って歩く風習がありました。狩るとはいっても駆逐するのではなく、仲間のうちから狐憑きの人をつくりその年の吉凶を予言させ、また機嫌を取って倍旧の愛顧を求めた風習の名残であろうといっています。最近では、狐などの害獣を村から追い払う行事といわれるように変わってきているが、狐がえりという言い方はいまも残っており、鉦太鼓を鳴らせば疫病神は逃げて行き、迷子は出てくる。つまり、目に見えぬものを動かす一つの手段であり、これで狐の霊を里へ駆り出すと信じたのであろうといいます。正月十四日は上元の前夜で、農民が一年の運勢を決するにもっとも大切な日としていた日で、関東などのさいの神の行事も子どもたちが主役でした。そしてそれらの中にも、悴別当《せがれべっとう》などという神に憑かれて饗応を受ける子どもがあったといいます。

そして、村に専属の狐が長く住み、少しも悪いことはせず大は吉凶禍福から小は明日の天気の変動までもその予報を与えて村民の生活を指導し、その代わりに初午などの日には丁重に祭られ、平素も姿を見ればお辞儀をされる程度の尊敬を受けた例が、諸国の田舎において折々ある、このたぐいの狐が、穴の上に祠を建てあるいは社殿の裏手に穴を構えており、狐を祭るに相異ない田舎の稲荷さまにつながるのであり、こういう事情から田舎で祭る稲荷さまは平民の神である、といっています。だから、それらは決して伏見稲荷社からの勧請によるものではなく、もともとからの村々の平民の神だというのです。

したがって、ある種類の狐憑きは、歓迎すべき信徒の仕合わせであり、ある種類の狐使いは、必要かつ有益な職業であったというのです。つまり、初午の稲荷の信仰などは、伏見稲荷や豊川稲荷だけが中心ですべてそこから全国各地に広まったのではなく、広く民俗の伝承の中に狐を霊獣とみる民間の信仰がその基盤としてあったのだ、というのです。

家と憑き物　しかし、善狐がしだいに影を潜め、おとらのごとき凶暴な悪い狐がそこにもここにも出て荒れるようになったのはなぜか。それは狐使いが死んで、浪人となった狐が暴れるからだといいます。そのような悪い狐憑きの事例が日本各地にあることに柳田は注目しています。「伊那のクダ、南牧のオサキ」といわれており、それをもっている家を富ませ、かつ憎ませる、オサキ持ちが人を怨むと、もうオサキはその人のもとに往って憑いており、恨みのすじをべらべらしゃべって、そのお里を露《あらわ》す。生味噌を好む、といいます。その他にも飛驒高山や東美濃のイヅナ使いも知られており、西日本では、島根県の出雲地方では人狐《にんこ》といって、狐持ちの家は金持ちが多いといい、伯耆や石見の一部にも狐持ちの家があるといいます。

狐使いで狐を憑ける術にも二つの系統があり、一つが、法印・山伏・神主・祈禱業者のたぐいで、それが狐使いです。もう一つが、狐持ちの家で、祈禱業者ではなく、島根県から山を越えた広島県北部では、外道《ゲドウ》といい、ゲドウ筋の家、また犬神筋の家といいます。ゲドウや犬神は結婚で女が持ち筋を伝え、怨みや妬みで人に憑く、七十五匹の眷属があるといいます。四国の阿波徳島県、土佐高知県、伊予愛媛県では犬神がさかんで、九州では肥後熊本のインガメ（犬神）が知られています。中国地方にもどれば、備後、備中、周防、長門にはトウビョウという憑き物筋の家があります（参考：岩瀬春奈「文献資料にみる憑物伝承」『東アジア文化研究』第八号、二〇二三）。

これらは、いずれも社会的な緊張と対立、差別や怨恨などを生む悪い憑き物の伝承例であると柳田はいいます。そして、それに対して民間伝承を研究する学問がなすべきこととは何か。それは、そのような迷信や悪弊を、学問の力をもって取って捨て去ることである、といっています。学問にとって客観的な態度が重要だといって、それらの悪い遺物を放置し観察し分析するだけでなく、それが悪い遺物だとわかったのであれば、学問こそがその力をもってそれらを取って捨てねばならない、というのです。

家に棲む精霊　こうして柳田は、『遠野物語』のザシキワラシの信仰や伝承についての注目を契機に、日本各地の歴史と民俗の中に、小童が精霊のたぐいと近い存在と感じ、また考える信仰が根強くあったこと、家には精霊のたぐいが棲みついているという感覚と考え方とが古くからあったということについて、追跡していったのでした。そして、素朴なザシキワラシの信仰の、その歴史的な展開の中の延長線上には、忌まわしい憑き物の信仰と悪習とがあったことも、そしてそのような邪悪になってしまった迷妄的な信仰に対しては、民間伝承の学問つまり民俗学・民俗伝承学の力でもってそれを取り除かなければならない、と論じていたのでした。

7　ふと裏口の方より足音して来る者あるを見れば亡《ナ》くなりし老女なり

——二二・二三

冒頭の「題目」では、この二二は「魂の行方」、二三は「まぼろし」という見出しで整理されています。人間の死に直面した人の話として、多かれ少なかれこのような体験をしている人がいるかもしれません。ただ、それは個人的で奇妙な話であり、それを話すと自分が変な人だと思われるかもしれないので、あまり他人には言わないでしょう。ただその反面、やはり話さざるを得ないような気持ちになって知り合いの人に聞いてもらっているような例もあります。柳田は、そのような佐々木の語る奇妙な話にも耳を傾け記録しておいたのです。

■訳文

二二　佐々木氏の曽祖母が年寄りになって死去したとき、棺に遺骸を納め、親族の者たちが集まってきて、その夜は一同みんなで座敷の間で寝ました。その曽祖母の娘で乱心のために若いころに離縁させられた婦人もまたその中におりました。喪中の間は火の気を絶やすことを忌むというのがその地域の風習だったので、佐々木氏の祖母と母との二人だけは、大きな囲炉裡の両側に座り、母親はそのかたわらに炭籠を置いて、ときどき炭を継いでいましたが、ふと家の裏口の方から足音がして、来る者があるのを見てみれば、亡くなった老女でした。ふだんは腰がかがんで衣物《きもの》の裾を引きずるのをふせぐために、その裾を三角につまみ上げて前に縫いつけていたのですが、その姿もまったくそのとおりにしており、その衣物の縞目にも見覚えがありました。あれ、と思う間もなく、二人の女の座っている囲炉裡の脇を通り過ぎて行きましたが、そのとき老女の衣物の裾が炭を入れる容器の炭取にさわったので、その丸い炭取がくるくるとまわりました。母親は気丈の人だったので、振り返ってそのあとを見送りましたが、親類縁者の人たちがみんな寝静まり臥している座敷の方へ近寄って行っているのだなと思うほどに、その若いころ離縁されていたあの「狂女」が、けたたましい声をあげて、おばあさんが来た、と叫びました。その他の人たちはその大きな声で眠い目を覚まして、ただ驚くばかりだったというのでした。

○この話はマーテルリンクの『侵入者』を想い起こさせます。

二三　同じ人の二七日《にしちにち》の逮夜《たいや》、初七日の次の死後十四日目の法事の日に、知り合いの人たちが集まって、夜が更けるまで念仏を唱え、それが終わってみんな帰ろうとした時、門口の石に腰掛けてあちらを向いている老女がありました。そのうしろ姿はまさしく亡くなったその人の通りでした。これは大勢の人が見たことなので、誰もそのことは疑いませんでした。どのような執着があったのか、ついにそれを知る人はなかったのでした。

■原文

二二　佐々木氏の曽祖母年よりて死去せし時、棺に取納め親族の者集り来て其夜は一同座敷にて寝たり。死者の娘にて乱心の為離縁せられたる婦人も亦其中に在りき。喪の間は火の気《ケ》を絶やすことを忌《イ》むが所の風なれば、祖母と母との二人のみは、大なる囲炉裡《ヰロリ》の両側《リヤウガハ》に座《スハ》り、母人は旁《カタハラ》に炭籠を置き、折々炭を継ぎてありしに、ふと裏口の方より足音して来る者あるを見れば、亡《ナ》くなりし老女なり。平生腰かがみて衣物《キモノ》の裾《スソ》を引ずるを、三角に取上げて前に縫附けてありしが、まざまざとその通りにて、縞目《シマメ》にも見覚《ミオボ》えあり。あなやと思ふ間も無く、二人の女の座れる炉の脇を通り行くとて、裾にて炭取にさはりしに、丸き炭取なればくるくるとまはりたり。母人は気丈《キジヤウ》の人なれば振り返りあとを見送りたれば、親類の人々の打臥したる座敷の方へ近より行くと思ふ程に、かの狂女のけたたましき声にて、おばあさんが来たと叫びたり。其余の人々は此声に睡を覚し只打驚くばかりなりしと云へり。

○マーテルリンクの「侵入者」を想ひ起さしむ

二三　同じ人の二七日の逮夜《タイヤ》に、知音の者集りて、夜更くるまで念仏を唱へ立帰らんとする時、門口《カドグチ》の石に腰掛けてあちらを向ける老女あり。其うしろ付《ツキ》正しく亡《ナ》くなりし人の通りなりき。此は数多《アマタ》の人見たる故に誰も疑はず。如何なる執著《シウヂヤク》のありしにや、終に知る人はなかりし也。

8　村々の旧家を大同と云ふは　大同元年に甲斐国より移り来たる家なればかく云ふ

――二四・二五・二六

二四、二五の話は、冒頭の「題目」では、「家の盛衰」として整理され、二六の話は「昔の人」として整理されています。いずれも遠野郷の旧家をめぐる話です。二五話では旧家の独自のしきたりが語られています。

■訳文

二四　村々の旧家を大同というのは、大同元年に甲斐国から移って来た家なのでそのようにいうとのことです。大同は征夷大将軍坂上田村麻呂《さかのうえのたむらまろ》が東北地方を征討した時代の年号です。甲斐は南部家の本国です。二つの伝説が混じったのではないでしょうか。

○大同は大洞かも知れません。洞とは東北地方では家門または族ということです。『常陸国志』にその例があります。ホラマエという語ものちに本書に見えます。

二五　大同の祖先たちが始めてこの地方に到着したのは、ちょうど歳の暮れのことで、新春を迎える準備の門松をまだ片方は立てていないうちに早くも元日になったので、今もこの大同の家々では、吉例として門松の片方を地に伏せたままで標縄《しめなわ》を引き渡すとのことです。

二六　柏崎の田圃のうちと称する阿倍氏はとくにその名の聞こえた旧家です。この家の先代に彫刻に巧みな人があって、遠野一郷の神仏の像にはこの人が作ったものが多くあります。

■原文

二四　村々の旧家を大同と云ふは、大同元年に甲斐国より移り来たる家なればかく云ふとのことなり。大同は田村将軍征討の時代なり。甲斐は南部家の本国なり。二つの伝説を混じたるには非ざるか。

○大同は大洞かも知れず、洞とは東北にて家門又は族といふことなり。常陸国志に例あり、ホラマへと云ふ語後に見ゆ

二五　大同の祖先たちが始めて此地方に到著せしは、恰も歳の暮にて、春のいそぎの門松を、まだ片方《カタホウ》はえ立てぬうちに早元日になりたればとて、今も此家々にては吉例として門松の片方を地に伏せたるままにて、標縄《シメナハ》を引き渡すとのことなり。

二六　柏崎の田圃のうちと称する阿倍氏は殊に聞えたる旧家なり。此家の先代に彫刻に巧なる人ありて、遠野一郷の神仏の像には此人の作りたる者多し。

9　早地峯《ハヤチネ》より出でて東北の方宮古《ミヤコ》の海に流れ入る川を閉伊《ヘイ》川と云ふ
――二七・二八・二九・三〇

二七の話は、冒頭の「題目」では「神女」、二八、三〇は「山男」、二九は「天狗」として整理されています。佐々木喜善はこのように、山の世界の住人や山の不思議についての話を何度も繰り返し続けていたことがわかります。秀峰の早池峰《はやちね》山は人びとにとってふつうの山ではなく、信仰の対象である霊山であり、平地民がかんたんには入ってはいけない、山人たちの住む不思議な山の異世界とも考えられていたことがわかります。二七には昔話と伝説との芽生えのような生き生きとした世界が語られており、類話も多いと柳田はみています。二八、二九、三〇は山人や山の怪異をめぐる話です。

■訳文

二七　早地峯山系から流れ出て東北の方角の宮古の海に流れ込む川を閉伊《へい》川といいます。その流域が即ち下閉伊郡です。

遠野の町でいま池の端という家の先代の主人が、宮古に行っての帰り路でのこと、この閉伊川に沿った原台の淵というあたりを通ったとき、若い女があり一封の手紙を托しました。遠野の町の後方の物見山の中腹にある沼に行って、手を叩けばこの手紙の宛名の人が出てくるはずですとのことでした。この人物はその手紙を持っていくことを請け合いはしたのですが、遠野に帰る路々でいろいろと心に掛かり、さてどうすればよいか気になっていたら、一人の六部に行き逢いました。その六部がこの手紙を開いて読んでいうには、これを持って行けばあなたの身にたいへんな災いがあるでしょう。私が書き換えてあげようといって別の手紙を与えてくれました。これを持って沼に行き教えられたように手を叩いたところ、はたして若い女が出てきました。そして手紙を受け取り、そのお礼といってきわめて小さな石臼をくれました。米を一粒入れて回せば下から黄金が出てきました。この宝物の力によってその家はやや裕福になったのですが、その妻というのがなかなか慾深い人で、一度にたくさんの米をつかんで入れたので、石臼は自分で頻りに回って、終《つい》には毎朝主人がこの石臼に供えていた水が、小さな窪みの中に溜まっていたその中に滑って入り込んでしまい見えなくなってしまいました。その水溜まりはのちに小さな池になって、今も家の側にあります。家の名前を池の端というのもそのためだということです。

○この話に似た物語は西洋にもあります。偶然の一致かと思われます。

二八　はじめて早地峯に山路をつけたのは、附馬牛村の何某という猟師で、時は遠野の南部

9　早地峯より出でて東北の方　宮古の海に流れ入る川を閉伊川と云ふ

家の入部の後の時代のことです。その頃まではこの土地の者は誰一人としてその山には入った者はいなかったとのことです。この猟師が半分ばかり道を開いて、山の中腹に仮小屋を作っておいたところ、ある日、炉の上に餅をならべて焼きながら食っていたら、小屋の外を通る者があってしきりに中を窺うようすでした。よく見れば大きな坊主でした。やがて小屋の中に入ってきて、さも珍しそうに餅の焼けるのを見ていましたが、ついにこらえきれずに手を差し延べて餅を取って食いました。猟師も恐ろしかったので、自分からも餅を取って与えたところ、嬉しげにそれも食いました。みんな食べて餅がなくなったので帰りました。次の日もまた来るだろうと思って、餅によく似た白い石を二つ、三つ、餅にまじえて炉の上に載せておいたところ、焼けて火のようになりました。案のごとくその坊主はきょうも来て、餅を取って喜んで食うこと昨日のとおりでした。餅がなくなったあと、焼けた白石も同じように口に入れたところ、たいへん驚いて小屋を飛び出し姿も見えなくなりました。のちに谷底でその坊主が死んでいるのを見たということでした。

○北上川の中古の大洪水に白髪水というのがありました。それは白髪の姥を欺いて餅に似た焼き石を食わせた祟りなのだといわれました。この話によく似ています。

二九　雞頭山《けいとう》は早地峯の前面に立っているとても峻しい峯です。麓の里ではそれを前薬師《まえやくし》ともいっています。天狗が住んでいるといって、早地峯に登る者も決してこの山には登りません。

山口のハネトという家の主人は、佐々木氏の祖父と竹馬の友、子どものころからよく遊んだ仲良しでした。たいへんな無法者で、鉞《まさかり》で草を苅り鎌で土を掘るなど、若い時は乱暴な振る舞いばかり多かった人でした。ある時、人と賭けをして一人で前薬師に登りました。帰ってからの物語にいうには、頂上に大きな岩がありました。その岩の上に大男が三人いました。前にたくさんの金銀をひろげていました。この男が近寄るのを見て、気色ばんでこちらへ振り返りましたが、その眼の光はきわめて恐ろしいものでした。早地峯に登ったのだけれど道に迷ってここに来たのだというと、それならば送ってやろうといって、先に立ち、麓に近いところまでやって来ました。そのとき眼を塞げと言われるままに、しばらく目をつぶってそこに立っていると、その間にたちまちその異人は見えなくなったということです。

三〇　小国村の何某という男が、ある日早地峯に竹を伐りに行ったところ、地竹がおびただしく茂っていたその中に、大きな男が一人寝ていたのを見ました。地竹で編んで作った三尺（約九〇・九センチメートル）ほどの大きな草履を脱いでいました。仰向けに寝て大きな鼾《いびき》をかいていました。

○小国村というのは下閉伊郡小国村大字小国のことです。
○地竹は深山に生えている丈の低い竹です。

■原文

二七　早地峯《ハヤチネ》より出でて東北の方宮古《ミヤコ》の海に流れ入る川を閉伊《ヘイ》川と云ふ。其流域は即ち下閉伊郡なり。遠野の町の中にて今は池《イケ》の端《ハタ》と云ふ家の先代の主人、宮古へ行きての帰るさ、此川の原台《ハラダイ》の淵《フチ》と云ふあたりを通りしに、若き女ありて一封の手紙を托す。遠野の町の後なる物見山の中腹にある沼に行きて、手を叩けば宛名の人出で来るべしとなり。此人請け合ひはしたれども路々心に掛りてとつおいつせしに、一人の六部に行き逢へり。此手紙を開きよみて曰く、此を持ち行かば汝の身に大なる災あるべし。書き換へて取らすべしとて更に別の手紙を与へたり。これを持ちて沼に行き教の如く手を叩きしに、果して若き女出でて手紙を受け取り、其礼なりとて極めて小さき石臼を呉れたり。米を一粒入れて回《マハ》せば下より黄金出づ。此宝物《タカラモノ》の力にてその家稍富有になりしに、妻なる者慾深くして、一度に沢山の米をつかみ入れしかば、石臼は頻に自ら回りて、終には朝毎に主人が此石臼に供へたりし水の、小さき窪みの中に溜りてありし中へ滑《スベ》り入りて見えずなりたり。その水溜りは後に小さき池になりて、今も家の旁《カタハラ》に在り。家の名を池の端と云ふも其為なりと云ふ。

○此話に似たる物語西洋にもあり。偶合にや

二八　始めて早地峯に山路をつけたるは、附馬牛村の何某と云ふ猟師にて、時は遠野の南部家入部《ニフブ》の後のことなり。其頃までは土地の者一人として此山には入りたる者無かりし也。この猟師半分ばかり道を開きて、山の半腹に仮小屋を作りて居りし頃、或日炉の上に餅を並べ焼きながら食ひ居りしに、小屋の外を通る者ありて頻に中を窺ふさまなり。よく見れば大なる坊主也。やがて小屋の中

9　早地峯より出でて東北の方　宮古の海に流れ入る川を閉伊川と云ふ

に入り来り、さも珍らしげに餅の焼くるを見てありしが、終にこらへ兼ねて手をさし延べて取りて食ふ。猟師も恐ろしければ自らも亦取りて与へしに、嬉しげになほ食ひたり。餅皆になりたれば帰りぬ。次の日も又来るならんと思ひ、餅によく似たる白き石を二つ三つ、餅にまじへて炉の上に載せ置きしに、焼けて火のやうになれり。案の如くその坊主けふも来て、餅を取りて食ふこと昨日の如し。餅尽きて後其白石をも同じやうに口に入れたりしが、大に驚きて小屋を飛び出し姿見えずなれり。後に谷底にて此坊主の死してあるを見たりと云へり。

○北上川の中古の大洪水に白髪水といふがあり、白髪の姥を欺き餅に似たる焼石を食はせし祟なりと云ふ。此話によく似たり

二九　雞頭山《ケイトウザン》は早地峯の前面に立てる峻峯なり。麓の里にては又前薬師《マヘヤクシ》とも云ふ。天狗住めりとて、早地峯に登る者も決して此山は掛けず。山口のハネトと云ふ家の主人、佐々木氏の祖父と竹馬の友なり。極めて無法者にて、鉞《マサカリ》にて草を苅り鎌にて土を掘るなど、若き時は乱暴の振舞《フルマヒ》のみ多かりし人なり。或時人と賭《カケ》をして一人にて前薬師に登りたり。帰りての物語に曰く、頂上に大なる岩あり、其岩の上に大男三人居《ヰ》たり。前にあまたの金銀をひろげたり。此男の近よるを見て、気色《ケシキ》ばみて振り返る、その眼の光極めて恐ろし。早地峯に登りたるが途に迷ひて来たるなりと言へば、然らば送りて遣《ヤ》るべしとて先《サキ》に立ち、麓近き処まで来り、眼を塞《フサ》げと言ふままに、暫時そこに立ちて居る間に、忽ち異人は見えずなりたりと云ふ。

三〇　小国《ヲグニ》村の何某と云ふ男、或日早地峯に竹を伐《キ》りに行きしに、地竹《ヂダケ》の夥《オビタダ》しく茂りたる中に、大なる男一人寝て居たるを見たり。地竹にて編みたる三尺ばかりの草履を脱《ヌ》ぎてあり。仰《アホ》に臥して大なる鼾《イビキ》をかきてありき。

○下閉伊郡小国村大字小国

○地竹は深山に生ずる低き竹なり

10　遠野郷の民家の子女にして異人にさらはれて行く者年々多くあり

――三一・三二・三三・三四・三五

これらの話も、前述のような山人、山の民に関連する話です。佐々木喜善が語る遠野の話の中には、その語りの日をかえながらも、何度もこのような山人、山の民に関する話が語られていたことがわかります。柳田はそれを貴重な話としてていねいに聞き取り、それらをこうして記していきます。そして、「山人考」や「山人外伝資料」などを通してその考察を進めていったのです。

■訳文

三一　遠野郷の民家の子女で、異人にさらわれて行く者が年々多くありました。とくに女それは多かったということです。

三二　千晩ケ嶽《せんばだけ》はその山中に沼があります。この谷はものすごくなまぐさい臭いのするところで、この山に入って帰ってきた者はほんとうに少ないのです。むかし、何とかの隼人という猟師がおりました。その子孫は今もおります。その猟師が白い鹿を見てそれを追い、この谷に千晩こもったというので千晩ケ嶽という山の名前にしました。その白鹿は猟師に鉄砲で撃たれて遁《に》げ、次の山まで行って片肢が折れてしまいました。その山を今では片羽山といいます。さて白鹿はまたその前にある山へ逃げてきてついに死にました。その土地を死助《しすけ》といいます。死助権現といって祀られているのはこの白鹿だといいます。

○そっくりそのまま古い風土記を読むようです。

三三　白望《しろみ》の山に行って泊まれば、深夜にあたりの薄明るくなることがあります。秋のころ茸《きのこ》を採りに行き、この山中で野宿する者は、よくこのことにめぐりあいます。また谷の向こう側の遠くの方で大木を伐り倒す音や、歌の声などが聞こえることがあります。この山の大きさは測ることができないほどです。五月に萱《かや》を苅りに行くとき、遠くを見わたしてみれば、桐の花の咲き満ちている山があります。あたかも紫の雲のたなびいているような景色です。しかし、どうしてもそのあたりに近づくことはできません。かつて茸を採りにこの山に入った者がありました。その白望の山の奥で金の樋と金の杓とを見つけました。持って帰ろうとしましたが、きわめて重く、鎌で片端を削り取って帰ろうとしたのにそれもできませんでした。また来ようと思ってそばの樹木の皮を削って白くして栞としておいたのですが、次の日にほかの人たちとともに行ってそれを求めたのですが、ついにその樹木のありかさえも見つけることができずに終わってしまいました。

三四　白望の山続きに離森《はなれもり》というところがあります。その小字で長者屋敷というのは、まったく無人の土地です。ここに行って炭を焼く者がありました。ある夜その小屋の入口の垂菰《たれこも》をかかげて、小屋の内を覗《うかが》う者がいるのを見ました。髪を長く二つに分けて垂らしている女でした。このあたりでも深夜に女の叫び声を聞くことは珍しくありません。

三五　佐々木氏の祖父の弟が、白望の山に茸を採りに行って野宿していた夜、谷を隔てた向こうの大きな森林の前を横ぎって、女が走って行くのを見ました。中空を走るように思われました。「待てちゃァ」と二声ばかり呼んでいたのを聞いたとのことです。

■原文

三一　遠野郷の民家の子女にして、異人にさらはれて行く者年々多くあり。殊に女に多しとなり。

三二　千晩ケ嶽《センバガダケ》は山中に沼《ヌマ》あり。此谷は物すごく腥《ナマグサ》き臭《カ》のする所にて、此山に入り帰りたる者はまことに少《スクナ》し。昔何の隼人と云ふ猟師あり。其子孫今もあり。白き鹿を見て之を追ひ此谷に千晩こもりたれば山の名とす。其白鹿撃たれて遁げ、次の山まで行きて片肢《カタアシ》折れたり。其山を今片羽山《カタハヤマ》と云ふ。さて又前なる山へ来て終に死したり。其地を死助《シスケ》と云ふ。死助権現《シスケゴンゲン》とて祀れるはこの白鹿なりと云ふ。

○宛然として古風土記をよむが如し

三三　白望《シロミ》の山に行きて泊《トマ》れば、深夜にあたりの薄明《ウスアカ》るくなることあり。秋の頃茸《キノコ》を採りに行き山中に宿する者、よく此事に逢ふ。又谷のあなたにて大木を伐り倒す音、歌の声など聞《キコ》ゆることあり。此山の大さは測《ハカ》るべからず。五月に萱を苅りに行くとき、遠く望めば桐の花の咲き満ちたる山あり。恰も紫の雲のたなびけるが如し。されども終に其あたりに近づくこと能はず。曽て茸を採りに入りし者あり。白望の山奥にて金の樋《トヒ》と金の杓《シャク》とを見たり。持ち帰らんとするに極めて重く、鎌にて片端を削り取らんとしたれどそれもかなはず。又来んと思ひて樹の皮を白くし栞《シヲリ》としたりしが、次の日人々と共に行きて之を求めたれど、終に其木のありかをも見出し得ずしてやみたり。

三四　白望の山続きに離森《ハナレモリ》と云ふ所あり。その小字《コアザ》に長者屋敷と云ふは、全く無人の境なり。茲《ココ》に行きて炭を焼く者ありき。或夜その小屋の垂菰《タレコモ》をかかげて、内を覘《ウカガ》ふ者を見たり。髪を長く二つに分けて垂《タ》れたる女なり。此あたりにても深夜に女の叫声を聞くことは珍しからず。

三五　佐々木氏の祖父の弟、白望《シロミ》に茸を採りに行きて宿りし夜、谷を隔てたるあなたの大なる森林の前を横ぎりて、女の走り行くを見たり。中空を走るやうに思はれたり。待てちやアと二声ばかり呼はりたるを聞けりとぞ。

11　猿の経立《フッタチ》 御犬《オイヌ》の経立は恐ろしきものなり

――三六・三七・三八・三九・四〇・四一・四二・四三

これらは山の御犬、狼の話です。四三だけは熊の話です。

■訳文

三六　猿の経立《ふったち》、御犬の経立（年を経て大きなもの）は恐ろしいものです。御犬というのは狼のことです。山口の村に近い二ツ石山は岩山です。ある雨の日、小学校から帰る子どもたちがこの山を見ると、ところどころの岩の上に御犬がうずくまっていました。そしてやがて首を下から押しあげるようにしてかわるがわる吠えていました。正面から見れば生まれ立ての馬の子ほどに大きく見えました。しかし、後ろから見れば案外小さいということでした。御犬のうなる声ほどものすごく、恐ろしいものはありません。

三七　境木峠《さかいげ》と和山峠《わやま》との間で、昔は駄賃馬を追う者がしばしば狼に逢いました。その馬方たちは夜に行くときは、たいていは十人ばかりで群れをなして行き、その中の一人が牽《ひ》く馬は一端綱《ひとはづな》といってたいてい五、六、七匹までの馬だから、いつも合計で四、五十匹の馬の数でした。ある時、二、三百匹ばかりの狼がその馬牽きの一行を追って来て、その足音は山もどよむばかりでしたので、あまりの恐ろしさに馬も人も一ヵ所に集まって、そのまわりに火を焚いてその襲来を防ぎました。それでもなお、その火を躍り越えて入ってくる狼もいたので、終には馬の綱を解いてその綱をまわりに張りめぐらせたところ、狼たちはその内に落とし穴が仕掛けてあるのかと思ったようで、それからあとは中に飛び込んできませんでした。それでも遠くから取り囲んで夜の明けるまで吠えていたとのことです。

三八　小友村の旧家の主人で、今も生存している某爺という人が、町からの帰りにしきりに御犬が吠えるのを聞いて、酒に酔っていたので自分もついその狼の吠える声をまねたりしたところ、狼も吠えながら跡からついて来るようでした。恐ろしくなって急いで家に帰って中に入り、門の戸を堅く鎖して静かに潜むようにしていたのですが、夜通し狼は家のまわりをめぐって吠える声が止みませんでした。夜が明けてみると、馬屋の土台の下を掘り穿ってそこから中に入り、七頭いた馬をことごとく食い殺していました。この家はそのころから財産が少しずつ傾いていったとのことです。

三九　佐々木君が幼いころ、祖父と二人で山から帰ってくるとき、村に近い谷川の岸の上に、大きな鹿が倒れているのを見ました。横腹は食い破られており、殺されて間もないようでした。その横腹からはまだ湯気が立っていました。祖父がいうには、これは狼が食ったのである。この毛皮が欲しいけれども御犬は必ずどこかこの近所に隠れて見ているにちがいないので、取ることはできないのだといいました。

四〇　草の長さが三寸（約九・〇九センチメートル）あれば、狼は身を隠すといいます。草木の色が移り変わって行くにつれて、狼の毛の色も季節ごとに変わっていくものなのです。

四一　和野の佐々木嘉兵衛が、ある年、境木越えの大谷地へ狩りに行きました。死助の方からのびてきている原です。秋の暮れのことで、木の葉は散り尽くして山肌もあらわになっていました。向こうの山の峯から何百とも知れない多くの狼が群れてこちらの方へ走ってくるのを見て恐ろしさに堪えず、樹木の梢に上っていたところ、その樹木の下をおびただしい足音がして走り過ぎ北の方へ行きました。そのころから、遠野郷には狼がたいへん少なくなったとのことです。

四二　六角牛山の麓《ふもと》に、オバヤ、板小屋などというところがあります。広い萱山です。村々から萱を苅りに行きます。ある年の秋、飯豊《いいで》村の者たちが萱を苅るといって、岩穴の中から狼の子三匹を見つけ出し、その二匹を殺し、一匹を持ち帰ったところ、その日から狼が飯豊《いいで》衆《し》の馬を襲うことが止まなくなりました。外の村々の人馬には少しも害をなしませんでした。飯豊衆は相談して狼狩りをしました。その参加者の中には相撲を取りふだんから力自慢の者もいました。さて野原に出て見ると、雄の狼は遠くにいて来ませんでした。雌狼が一

四、鉄という男に飛びかかってきたのを、男はとっさにワッポロを脱いで腕に巻き、やにわにその狼の口の中に突き込んだところ、狼はそれを嚙みました。男はなお強く突き入れながら人を喚《よ》びましたが、誰も誰も怖れて近寄りませんでした。その間に鉄の腕は狼の腹まで入り、狼は苦しまぎれに鉄の腕骨を嚙み砕きました。狼はその場で死んだけれども、鉄もまた担がれて帰り、ほどなくして死にました。

○ワッポロは上羽織のことです。

四三　一昨年の『遠野新聞』にもこの記事を載せてあります。上郷村の熊という男、友人とともに雪の日に六角牛に狩りに行き、谷の奥深く入っていったところで、熊の足跡を見つけ出したので、手分けしてその足跡から熊を求めて、自分は山の峯の方を行ったところ、とある岩の陰から大きな熊がこちらを見ていました。あまりにも近かったので鉄砲をすてて熊に抱きつき、雪の上を転んで谷の下に下り落ちました。連れの男はこれを救おうと思ったけれども力が及ばず、やがて谷川に落ち入り、人間の方の熊という男が獣の熊の下になって水に沈んでいったので、その隙に獣の熊を打ち取りました。人間の方の熊は水にも溺れず、爪の傷は数ヵ所ほど受けたけれども、とくに命に障《さわ》ることはありませんでした。

■原文

三六　猿の経立《フッタチ》、御犬《オイヌ》の経立は恐ろしきものなり。御犬《オイヌ》とは狼のことなり。山口の村に近き二ツ石《フタツイシ》山《ヤマ》は岩山なり。ある雨の日、小学校より帰る子ども此山を見るに、処々《トコロドコロ》の岩の上に御犬《オイヌ》うづくまりてあり。やがて首を下《シタ》より押上《オシア》ぐるやうにしてかはるがはる吠《ホ》えたり。正面より見れば生《ウ》れ立《タ》ての馬の子ほどに見ゆ。後《ウシロ》から見れば存外《ゾングワイ》小さしと云へり。御犬のうなる声ほど物凄く恐ろしきものは無し。

三七　境木峠《サカヒゲタウゲ》と和山峠《ワヤマタウゲ》との間にて、昔は駄賃馬を追《オ》ふ者、屢《シバシバ》狼に逢ひたりき。馬方等《ウマカタラ》は夜行には大抵十人ばかりも群《ムレ》を為し、その一人が牽く馬は一端綱《ヒトハヅナ》とて大抵五六七匹《ピキ》までなれば、常に四五十匹の馬の数なり。ある時二三百ばかりの狼追ひ来り、其足音山もどよむばかりなれば、あまりの恐ろしさに馬も人も一所に集まりて、其めぐりに火を焼きて之を防ぎたり。されど猶其火を躍り越えて入り来るにより、終には馬の綱《ツナ》を解《ト》き之を張《ハ》り回《メグ》らせしに、穽《オトシアナ》などなりとや思ひけん、それより後は中に飛び入らず。遠くより取囲《トリカコ》みて夜の明るまで吠えてありきとぞ。

三八　小友《ヲトモ》村の旧家の主人にて今も生存せる某爺《ナニガシヂー》と云ふ人、町より帰りに頻に御犬の吠ゆるを聞きて、酒に酔ひたればおのれも亦其声をまねたりしに、狼も吠えながら跡より来るやうなり。恐ろしくなりて急ぎ家に帰り入り、門の戸を堅《カタ》く鎖《トザ》して打潜《ウチヒソ》みたれども、夜通し狼の家をめぐりて吠ゆる声やまず。夜明《ヨア》けて見れば、馬屋の土台《ドダイ》の下を掘り穿ちて中に入り、馬の七頭ありしを悉く食ひ殺してゐたり。此家はその頃より産稍傾きたりとのことなり。

三九　佐々木君幼き頃、祖父と二人にて山より帰りしに、村に近き谷川の岸の上に、大なる鹿の倒れてあるを見たり。横腹は破れ、殺されて間《マ》も無きにや、そこよりはまだ湯気《ユゲ》立てり。祖父の曰く、これは狼が食ひたるなり。此皮ほしけれども御犬《オイヌ》は必ずどこか此近所に隠れて見てをるに相違なければ、取ることが出来ぬと云へり。

四〇　草の長さ三寸あれば狼は身を隠すと云へり。草木《サウモク》の色の移り行くにつれて、狼の毛の色も季節《キセツ》ごとに変りて行くものなり。

四一　和野の佐々木嘉兵衛、或年境木越の大谷地《オホヤチ》へ狩にゆきたり。死助《シスケ》の方より走れる原なり。秋の暮のことにて木の葉は散り尽し山もあらは也。向《ムカフ》の峯より何百とも知れぬ狼此方へ群れて走り来るを見て恐ろしさに堪へず、樹の梢に上《ノボ》りてありしに、其樹の下を夥しき足音して走り過ぎ北の方へ行けり。その頃より遠野郷には狼甚だ少なくなれりとのことなり。

四二　六角牛《ロッコウシ》山の麓にヲバヤ、板小屋など云ふ所あり。広き萱山なり。村々より苅りに行く。ある年の秋飯豊《イヒデ》村《ムラ》の者ども萱を苅るとて、岩穴の中より狼の子三匹を見出し、その二つを殺し一つを持ち帰りしに、その日より狼の飯豊《イヒデ》衆《シ》の馬を襲《オソ》ふことやまず。外の村々の人馬には聊かも害を為さず。飯豊衆相談して狼狩を為す。其中には相撲《スモウ》を取り平生力自慢《チカラジマン》の者あり。さて野に出でて見るに、雄《ヲス》の狼は遠くにをりて来らず。雌《メス》狼一つ鉄と云ふ男に飛び掛りたるを、ワッポロを脱ぎて腕《ウデ》に巻き、矢庭に其狼の口の中に突込みしに、狼之を噛む。猶強く突き入れながら人を喚《ヨ》ぶに、誰も誰も怖れて近よらず。其間に鉄の腕は狼の腹まで入《ハイ》り、狼は苦しまぎれに鉄の腕骨を噛み砕きたり。狼は其場にて死したれども、鉄も担《カツ》がれて帰り程なく死したり。

○ワツポロは上羽織のことなり

四三　一昨年の遠野新聞にも此記事を載せたり。上郷村の熊と云ふ男、友人と共に雪の日に六角牛に狩に行き谷深く入りしに、熊の足跡を見出でたれば、手分《テワケ》して其跡を覓《モト》め、自分は峯の方を行きしに、とある岩の陰より大なる熊此方を見る。矢頃《ヤゴロ》あまりに近かりしかば、銃をすてて熊に抱へ付き雪の上を転《コロ》びて谷へ下る。連《ツレ》の男之を救はんと思へども力及ばず。やがて谷川に落入りて、人の熊下《シタ》になり水に沈みたりしかば、その隙《ヒマ》に獣の熊を打取りぬ。水にも溺《オボ》れず、爪の傷は数ケ所受けたれども命に障《サハ》ることはなかりき。

■注釈

これらの話は、山の御犬、狼の話です。『遠野物語』で柳田がとくに注目していたのが山の世界でしたが、その第一は山人の存在、第二は山の御犬、狼についてでした。柳田の見解はこののち、「狼と鍛冶屋の姥」（一九三一）、「狼史雑話」（一九三二―一九三三）という論文で示されています。まず昔話の「鍛冶屋の婆」ですが、それは次のような話です。

「鍛治屋の婆」　⑴一人の旅人が、それは侍であったり商人であったりしますが、日が暮れて山で夜を明かすことになる。⑵夜半に狼が「千匹狼」などとも呼ばれる大群でやって来て樹上の旅人を襲おうとする。狼たちは次から次へと肩車をして樹上の旅人に迫るが、あと少しのところでなかなか手が届かない。⑶そこで一匹の狼が、「鍛治屋の婆様を呼んで来い」という。すると大きな狼がやってきて、狼たちの肩車の一番上に昇ってきて、旅人の足につかみかかる。そのとき旅人は刀でその狼の手を斬り落とした。すると、狼たちは四散した。⑷翌朝、旅人が鍛治屋の婆の家を訪ねると、昨夜お婆さんは便所に行って壺に落ちてなど、とにかく怪我をして納戸で寝込んでいる、と家人はいう。そこで部屋に踏み込んで婆を切り捨てる。すると婆は狼の姿になる。その家の床下には、狼に食われたその家のほんとうのお婆さんの骨をはじめ、幾つもの人骨が埋もれていた。

この話に類するものに、侍が山越えのときに産気づいた妊婦に出逢い、それを杉の大木の上に避難させて難を逃れるというものもありますが、その話では、鍛治屋の子孫の背中には代々毛が生えているとか、その杉がお産杉と呼ばれて安産のお守りとされているなどという話が伝えられています。

猫から狼へ　柳田はこれらの昔話について、次のように分析しています。

⑴狼が人に化けていたという話はこの話しかない。猫が人に化けていたという話はたくさんある。「鍛治屋の婆様を呼んで来い」などという人間の言葉を話すのが、狼だという例はこの話以外にはない。しかし、猫だという例はたくさんある。

(2)狼となっている例が近畿地方を中心に狭い範囲に分布している。その一方、猫となっている例が西は中国地方と四国は香川、徳島、東は青森、福島、茨城、山梨、長野、新潟、岐阜に伝えられている。つまり、この話の古い形は猫だった、それが狼に入れ替わってきたのが、現在の伝承状況である。「狼を支那風に兇猛無比の害敵と視たのは、さう古くからの事では無かつた。以前は畏敬もすれば又信頼もして居て、人と狼との珍らしい交際があつた」とのべています。

そして、この「鍛冶屋の婆」に共通する話が中国にもあるが、そこでは狼ではなく虎となっているといいます。そしてその上で、「千匹狼」などと呼ばれる狼の群れの説話群について、南方熊楠が世界各地の類例をあげて論じているのに対して、その南方のように「たゞ其根源を（世界各地の）記録の古今のみによつて、推定することは無理だと思ふ故に、自分等は翻つて末端の方の現実（日本各地の現在の伝承事実）から、逐次に其渡来の方角を考へて行かうとして居るのである」とのべています。

眼前に伝えられている伝承事実を対象としてそこから次第に全体へと迫っていこうというのが柳田の学問の基本的な姿勢でした。同じようなものが中国にもあるから、西ヨーロッパにもあるから、すべてそこから渡来したものであるとしてわかったことにするという姿勢を、柳田は決してとらなかったのです。柳田の研究上の視点というのは、世界の情報にも目配りしながら、何よりも目の前の日本各地の伝承を大切にする、そしてその伝承の歴史的な背景を読み解いていく、というものでした。

「狼のお礼」　柳田は、日本の狼と人間との関係については、「鍛冶屋の婆」のような悪い狼というイメージはむしろ新しいものだと考えていました。狼の昔話の中には、悪いだけというのではなく、次のような「狼のお礼」というようなものもあります。

⑴ある男が、女の場合もあるが、山道で大きな狼と逢う。その狼が大きな口を開けている。何かおかしいと思ってその口を覗いてみる。骨が刺さって苦しいらしい。狼の口に木か石かをはさんで手を差し入れてその骨を取ってやった。狼は喜んで立ち去った。⑵あくる日の朝方のこと、何か表の戸口のところにカターンと音がした。戸を開けてみると鹿の後足が一本おいてあった。狼がのどの骨を取ってもらったお礼に、鹿の肉をおいていったものらしい。このような話が、北は岩手県から南は大分県まで、これまで百四十八話も採集されています（菱川晶子『狼の民俗学　人獣交渉史の研究』二〇〇九）。

同じく、「狼のお礼」の話ですが、もう一つ次のようなものもあります。

⑴の部分は同じなのですが、⑵の部分が次のとおりです。その男がまたその山道を通っていると、前に助けてやった山犬が男の衣服の袂をくわえて引っ張るので、山犬のするとおりに道の傍らの藪の中に行った。⑶しばらくすると、ざわざわとおびただしい音がした。男がそっと藪の陰から覗いてみると、渡りの狼の大群が過ぎていくところだった。もしその狼の大群に出逢ったら男の命はなかった。狼の大群が過ぎていくと、山犬はくわえていた男の衣服の袂をはなした。男を狼の大群から救ってくれたのだった。

また、その他にも⑵の部分で、藪に連れて行っただけでなく、狼が後ろから急に乗っかぶさってきた、あぁ食われてしまうのか、と思ったところが、実は男に狼が上からかぶさって狼の大群から隠してくれた、という話となっている例もあります（前掲書）。

「送り狼」　もう一つが「送り狼」と呼ばれるものです。(1)ある男が山道を歩いていると狼がいる。その狼は男の後をつけてくる。男が止まれば狼も止まり、男が歩けば狼もついてくる。(2)男はもし転んだらその狼に襲われると思って、ずっと怖い思いで家路を急いだ。(3)男が家に帰りつくと、ぶじに家まで送ってきた狼に、ごくろうさんといって小豆飯のにぎり、または餅、または塩を与える。このような「送り狼」の話は、北は岩手県から南は高知県まで、これまでに百四十九話も採集されています（前掲書）。

「狼の眉毛」　そしてもう一つ、「狼の眉毛」と呼ばれるものがあります。(1)貧しい爺さん、または若者が、食うにも困って、もう山に行き、狼の巣窟にでも行って、狼に食われてしまおうとする。(2)しかし狼は、お前は食わない、正直者だから、という。その代わりに狼の眉毛をくれる。その眉毛で見ると、人間の本性がわかる。長者の家で働いている男女も見た目は人間だが、本性は犬や猿など、また悪い人と良い人、その本性がわかる。(3)長者を見ると、その本性は人間で正直者で、長者の家で一生働かせてもらう。そして、婿にしてもらう。この「狼の眉毛」の話はその数は二十二話と多くはないのですが、北は岩手県から南は鹿児島県までたいへん広い範囲に伝えられています（前掲書）。

日本の狼　つまり、日本各地の御犬、狼についての昔話の類から指摘できるのは、ヨーロッパや中国のように狼を凶暴な害獣と視るのとは日本は別であったろうということでした。日本では、もともとは山の神の使いとして、「畏敬もすれば又信頼もして居て、人と狼との珍らしい交際があつたこと」だろう、と柳田はいっていたのです。

狼の産見舞《うぶみまい》、産養《うぶやしない》　「狼の産見舞」と呼ばれる狼を祭る行事があることにも注目していま す。狼の産見舞、産養というのは、旧暦五月ごろにお神酒や小豆飯などの供物をもって山に行き、狼のいそうな場所に置いてくるというものです。たとえば群馬県の吾妻郡六合村（現在の中之条町）の例などがよく知られています。狼が子どもを産んだのをお祝いして小豆飯を供えるのだといったり、山の神を十二さんと呼んで、十二さんの祭りで供物をあげるのだなどといっています。狼は山犬さんであり十二さんのお使いだともいっていま す。この狼の産見舞の習俗は、北は山形県から南は徳島県までの広い範囲で、これまで五十三例が知られています。それらは、一つには、狼の害、馬を襲うなどの害を防ぐためといわれています。もう一つには、狼は山の神、十二さんのお使いだからだいじにする、そして人間の子どもも丈夫に育つように、乳がよく出るようになど、狼とお産の関係が考えられるような山の神の信仰がその背景にはあるようなのです。

秩父の三峯大権現　狼を祭るという神社もあります。武州秩父の三峯神社、青梅の武蔵御嶽神社、遠州天竜川上流の山地の山住神社などです。

武州秩父の三峯神社は明治の神仏分離までは三峯大権現と呼ばれており、山犬、狼を大《おお》口真神《くちのまがみ》として祭る神社です。柳田の『山の人生』では、『三峯山誌』（石倉重継、一九〇六）に「御眷属、子を産まんとする時は、必ず凄然たる声を放つて鳴く。心直ぐなる者のみ之を聴くことを得べし。之を聴く者社務所に報じ来れば、神職は潔斎衣冠して、御炊上《おたきあ》げと称して小豆飯三升を炊き酒一升を添へ、其者を案内として山に入り求むるに、必ず十坪ばかりの地の一本の枯草も無く掃き清めたかと思ふ場所がある。其地に注連を繞らし飯酒を供へて、祈禱して還る」とある記事を紹介しています。そして、これを「御産立《おこだて》の神事」と言ったといい、『新編武蔵風土記稿』では、三峰村大木の行屋堂では「御犬祭」といって、毎月十九日に供物を供える、とあります。柳田はこの十九日は関東一帯では子安講、十九夜講といって、村々の女人が安産を願って子安神を祭る日である、といっています。狼とお産の関係が深いことを考えさせるのがその十九日のお供えといってよいでしょう。またその一方、「御眷属（山犬）拝借」といって、三峯講の講員の信者に、三峯大権現から山犬を貸し与えることが、江戸時代後期の文化、文政のころには行なわれていました。それが現在では神札の拝借というかたちへと変わってきています。

遠州水窪町の山住神社　柳田はまた、この武州秩父の三峯神社や武州青梅の武蔵御嶽神社とともに、狼の信仰が神社になっている例として、遠州の天竜川上流の水窪《みさくぼ》の山の中に祭られている山住神社にも注目しています。その山住神社では毎月一日と十七日の月次祭の夕方に御神供《ごじんご》供えといって、藁苞《わらづと》に白米飯を盛った供え物を、境内に祀っているオイヌサマ、オカラスサマ、オイナリサマへ供えます。それに手が付けられない場合には、「ごきげんが悪い」といってたいへん気にかけます。そして、春季例大祭の四月十六日にはその御神供供えとともに、七十五膳《しちじゅうごぜん》供えが行なわれます。七十五膳供えの供物は本殿に供えるもので、十センチ四方の小さな木の板に榊の葉を載せ、その上に小豆飯を盛ったもので、それを一つ一つ手で運んで本殿の神前に七十五個供えます。この七十五膳供えについては「山住のお犬様が七十五匹いるから」七十五個供えるのだといっています（岩瀬春奈「水窪町山住神社の祭礼について」『伝承文化研究』第一六号、二〇一九）。

柳田國男の見解 ここで、御犬、狼についての柳田の見解の要点をまとめてみると、以下のとおりです。

(1)日本各地の御犬、狼についての昔話の類には、「鍛治屋の婆」「狼のお礼」「送り狼」「狼の眉毛」などがあるが、「鍛治屋の婆」では恐い悪い狼であり、「狼のお礼」「送り狼」「狼の眉毛」では恐いけれども霊妙な狼であるという語られ方であった。恐い悪い「鍛治屋の婆」の狼は、もとの話では猫であったのが狼に入れ替わったものである。それと同じような話でも中国の昔話では虎である。そこから指摘できるのは、ヨーロッパや中国のように、狼を凶暴な害獣と視るのとは日本は別であった。日本ではもともとは山の神の使いとして、「畏敬もすれば又信頼もして居て、人と狼との珍らしい交際があつた」。

(2)日本各地の狼についての信仰や習俗や神社祭祀の類の伝承からは、人間にとって狼は山の神のお使いであり、さらにつきつめれば、狼は山の神そのものであると考えるような歴史と伝統があった。

(3)「狼のゆくへ」については、次のようにもいっています。「人を咬み害するという点も、必ずしも狼の固有の生き方では無かつた。支那でこそ虎狼は同列の兇猛となつて居るが、我々日本人が平和なる約款の下に、所謂大口真神と交際して居た期間は久しいもので、其余波はなほ現代にも及んで居る。それが近世に入つてから急に邑里《ゆうり》を劫掠《ごうりやく》し始めたのは、新たなる一つの歴史現象であつた」。「其数の非常に減じてしまつたこと丶、群で行動する習性が無くなつてしまつたこと」、もう一つの重要な変遷は、「人に対する兇暴性が、近世に入つて著しく増加して来た」、「この三つは相互に関聯した新現象、即ち日本狼の歴史であらう」。「彼等の為に同情ある歴史を書くならば、不幸の第一の原因と認むべきものは、彼等」に「豺狼《さいろう》といふ漢語を引当て丶、文書ばかりか時々は口言葉でもさう呼ばれるに至つたことである。その為に未だ何等の狂暴を演じない前から、人間の憎悪は次第に彼等に向つて集注したのである。ところが文字を解しなかつた常民たちは、さうした変化には一向無頓着に、依然として昔ながらの交際を続け、或は神の使者として迎へ、又は食物を贈遺《ぞうい》して田園守護の任務を委託し、殊《こと》に慎しんで彼等の憤怒を招くやうな所行を戒めて居た」。「唐土の狼といふ語、及び其文字に添へて輸入し来つた悪評が、教育と共に民間に浸潤した結果かと私は思ふ」

(4)ここで少し補足しておくと、狼に豺狼という漢語を当てている早い例は、『日本書紀』の雄略天皇五年二月の記事です。その豺狼という部分は、中国古典の『荘子』を引用した部分の記事です。また、平安時代の貴族社会でも『源氏物語』では虎の要素を加えて「虎狼」と書かれています。それに対して、鎌倉時代の辞書『名語記』(一二七五)には、「おほかみ　如何　豺狼也　山犬といふこれ也　おほは大也　かみは神也　これをば　山神と号する也」とあります。つまり、『名語記』は、『日本書紀』や『源氏物語』のような凶悪で危険な害獣としての豺狼、虎狼という言い方と、民間で伝えられていた実態としての、山犬、おおかみ、山の神という意味と、その両方があることを記載しています。

⑸柳田はまた、狼たち「彼等の血筋は僅かばかり、飼犬の中にも伝はり、又里の犬が何かの機会に山に復つて、彼等と混じた例も有り得ると思つて居る」とのべています。そこには、山の世界の狼と里の世界の犬との関係が考えられており、あたかも人間の場合の、山人と平地民との関係にも共通するところがあるというのが柳田の視点でした。

12　驚きて見れば猿の経立《フッタチ》なり

——四四・四五・四六・四七・四八・四九

ここでは山の猿の話が続きます。「題目」では、四四はなく、四九は「仙人堂」として整理されていますが、いずれも猿に関係する話です。

■訳文

四四　六角牛の峯の続きで橋野という村の上にある山に金坑がありました。この鉱山のために炭を焼いて生計を立てる者、これも笛の上手で、ある日、昼の間、小屋におり仰向きに寝転んで笛を吹いていたところ、小屋の入口に掛けてある垂菰《たれごも》をかかげあげる者がいました。驚いて見れば、猿の経立、年を経た大きな猿でした。恐ろしくて起きて座り直したら、ゆっくりとあちらの方に向かい去って行きました。

○上閉伊郡栗橋村大字橋野。

四五　猿の経立は、よく人に似ており、女性を好んで村里の婦人を盗み去ることが多い。松脂を毛に塗り、砂をその上に付けているため、毛皮は鎧のようで鉄砲の弾も通りません。

四六　栃内村の林崎に住む何某という男、今は五十歳に近い男です。十年あまり前のことです。六角牛山に鹿を撃ちに行き、鹿笛のオキを吹いていたところ、そこに猿の経立がおりました。その男をほんとうの鹿だと思ったのか、地竹を手で分けながら、大きな口をあけて山の嶺の方から下って来ました。胆が潰れて笛を吹くのを止めたら、やがて反《そ》れて谷の方へと走って行きました。

○オキというのは鹿笛のことです。

四七　この地方で子供をおどす言葉に、六角牛の猿の経立が来るぞ、というのがいつものことです。この山には猿が多くいます。緒挊《おがせ》の滝を見に行けば、崖の樹木の梢にたくさんいて、人を見れば遁げながら木の実などを投げつけて行きます。

四八　仙人峠にもたくさん猿がいて、道行く人に戯れに石を投げつけるなどします。

四九　仙人峠は登りが十五里、降りが十五里あります。その中ほどに仙人の像を祀っているお堂があります。このお堂の壁には旅人がこの山中で出会った不思議な出来事を書き記すのが昔からの風習です。たとえば、私は越後の者なのだが、何月何日の夜、この山路で若い女の髪を垂れたのに出会いました。こちらを見てにこっと笑ったというたぐいです。またこの場所で猿に悪戯《いたずら》をされたとか、三人の盗賊に出会ったというようなことを記しています。

○この一里も小道です（小道の一里は約六町で、約六五四メートル。十五里は約九・八キロメートル）。

■原文

四四　六角牛の峯続きにて、橋野《ハシノ》と云ふ村の上なる山に金坑《キンコウ》あり。この鉱山の為に炭を焼きて生計とする者、これも笛の上手にて、ある日昼《ヒル》の間小屋《アヒダコヤ》に居り、仰向《アホムキ》に寝転《ネコロ》びて笛を吹きてありしに、小屋の口なる垂菰《タレゴモ》をかかぐる者あり。驚きて見れば猿の経立《フッタチ》なり。恐ろしくて起き直りたれば、おもむろに彼方へ去り行きぬ。

○上閉伊郡栗橋村大字橋野

四五　猿の経立《フッタチ》はよく人に似て、女色を好み里の婦人を盗み去ること多し。松脂《マツヤニ》を毛に塗《ヌ》り砂を其上に附けてをる故、毛皮《ケガハ》は鎧《ヨロヒ》の如く鉄砲の弾《タマ》も通《トホ》らず。

四六　栃内村の林崎《ハヤシザキ》に住む何某と云ふ男、今は五十に近し。十年あまり前のことなり。六角牛山に鹿を撃ちに行き、オキを吹きたりしに、猿の経立あり、之を真《マコト》の鹿なりと思ひしか、地竹《ヂダケ》を手にて分《ワ》けながら、大なる口をあけ嶺の方より下《クダ》り来れり。胆潰《キモツブ》れて笛を吹止めたれば、やがて反《ソ》れて谷の方へ走り行きたり。

○オキとは鹿笛のことなり

四七　此地方にて子供をおどす語《コトバ》に、六角牛の猿の経立が来るぞと云ふこと常の事なり。此山には猿多し。緒拵《ヲガセ》の滝《タキ》を見に行けば、崖《ガケ》の樹の梢《コズヱ》にあまた居《ヲ》り、人を見れば遁《ニ》げながら木の実などを擲《ナゲウ》ちて行くなり。

四八　仙人峠にもあまた猿をりて行人に戯《タハム》れ石を打ち付けなどす。

四九　仙人峠は登り十五里降り十五里あり。其中程に仙人の像を祀りたる堂あり。此堂の壁《カベ》には旅人がこの山中にて遭ひたる不思議の出来事を書き識《シル》すこと昔よりの習《ナラヒ》なり。例へば、我は越後の者なるが、何月何日の夜、この山路にて若き女の髪を垂れたるに逢へり。こちらを見てにこと笑ひたりと云ふ類なり。又此所にて猿に悪戯《イタヅラ》をせられたりとか、三人の盗賊に逢へりと云ふやうなる事をも記《シル》せり。

○この一里も小道なり

■注釈

この、四四・四五・四六・四七・四八・四九の話では、山々に住む猿と里に住む人間との関係が語られています。悪戯をする猿たちが多く、また里人を襲うような怖い大猿がいたことがわかります。柳田のその後の論文には、「狒々《ひひ》」（一九一七）や「猿の皮」（一九二六）があります。それらでは、山に棲む年を経て長生きした大きな猿というのは、単なる空想の架空の怪物ではなく、山人の山丈や山姥へのイメージから来ているのではないか、とのべています。「所謂山丈山姥の研究を徹底的ならしむるには、是非とも相当の注意を払はねばならぬ一の問題がまだ残つてゐる。それは屢深山の人民と混淆せられて来た狒々といふ獣類の特性、及びこれと山人との異同如何である」というのです。『和訓栞』など近世の随筆類や、内閣文庫の『雑事記』という見聞録の巻四〇の、天明二年（一七八二）の会津《あいづ》磐梯《ばんだい》山の麓の話として語られていた、山の怪獣が或る武勇の者に打ち留められた話や、また、静岡県の新聞などにいまも毎年あらわれている狒々捕殺の事件などの話も精査していくことがだいじだとのべています。そして、いろいろな伝説で、古来、猿神などと称して、人の怖れていた怪物は、正真の山男を誤認していたことを知るかもしれない、ともいっています。

その「猿神」というのは、『今昔物語集』巻第二六の美作国一宮の中山神社の神さまにまつわる話です。その神さまは毎年生贄の娘を差し出さねばならない神さまで、それを退治したところその正体は大きな猿だった、という話です。柳田は、その猿の神というのは、正真の山男を誤認していたことによるかもしれないというのです。現実はともかく、このような山に棲む猿の経立、つまり大きな猿が人間に似て女色を好み、村里の女性を盗み去るという話に関係する昔話や伝説のたぐいは、日本各地で広くたくさん語り伝えられています。

しかし、柳田は、そのような女色を好む、里の女をさらう大きな猿、狒々の類についてはこれ以上はとくに踏み込んでいません。そこまでで止まっています。そこで筆者は、このような猿をめぐる伝承について、『今昔物語集』に語られている猿神の問題も含めて、「儀礼と他界観」(『日本人の葬儀』紀伊國屋書店、一九九二、のち角川ソフィア文庫、二〇二一)と、「人身御供と成女式」(『神々の原像』吉川弘文館、二〇〇〇)において論じています。機会があれば参照していただければ幸いです。

13 死助《シスケ》の山にカツコ花あり 遠野郷にても珍しと云ふ花なり

――五〇・五一・五二・五三

これらの話は、いずれも遠野郷の山の花や鳥についての話で、鳥の啼き声から連想されている話です。いずれも昔話というのはこのようなところから生まれてくるのではないか、豊かな文芸の芽生えのような世界がうかがえる話です。

なお、五三の注に柳田は「この芋は馬鈴薯のことなり」と書いていますが、それは柳田のまちがいです。高橋喜平は『遠野物語考』で、東北地方の山村で芋といえばヤマノイモに決まっており、馬鈴薯ではありえないという適切な指摘をしています。

■訳文

五〇　死助の山にカッコ花が咲いています。遠野郷でも珍しいといわれる花です。五月、閑《かん》古鳥《こどり》の啼くころに、女や子どもたちはこれを採りに山へ行きます。その花を酢の中に漬けておけば、紫色になります。子どもたちはそれを酸漿《ほおずき》の実のように吹いて遊ぶのです。この花を採ることは、若い者たちの最も大きな遊びであり楽しみです。

五一　山にはさまざまの鳥が住んでいますが、最も寂しい声の鳥はオット鳥です。夏の夜中に啼きます。浜の大槌《おおづち》からやってくる駄賃附《だちんづけ》の者などが峠を越えて来ると、遥かに谷底からその声を聞くといいます。昔ある長者の娘がありました。その娘がある長者の男の子と親しい仲となり、山に行って遊んでいましたが、ある日その男が見えなくなってしまいました。夕暮れになり夜になるまで探して歩いたのですが、その男を見つけることができずに、娘はついにこの鳥になったといいます。オットーン、オットーンというのは夫のことです。末の方がかすれていてあわれな鳴き声です。

五二　馬追鳥《うまおいどり》は時鳥《ほととぎす》に似て少し大きく、羽の色は赤に茶を帯びて、肩には馬の綱のような縞《しま》があります。胸のあたりにクツゴコ（口籠）のようなかたがあります。これも、ある長者の家の奉公人が、山へ馬を放牧しに行き、家に帰ろうとしたとき、馬が一匹不足していたので、夜通しそれを求めて歩いたのですが見つからずに、ついにこの鳥となりました。アーホー、アーホーと啼くのはこの地方で野に居る馬を追う声です。年によって、馬追鳥が里にきて啼くことがあるとそれは飢饉の前兆だといいます。深山には常に住んでいてその啼く声をよく聞きます。

○クツゴコは馬の口に嵌める網の袋です。

五三　郭公《かっこう》と時鳥《ほととぎす》とは、むかし姉と妹でした。郭公は姉なので、あるとき芋を掘って焼き、そのまわりの堅い所を自分が食い、中の軟らかな所を妹に与えていたのを、妹は姉の食う分はずっと旨《うま》いだろうと思って、庖丁《ほうちょう》でその姉を殺したところ、たちまち姉は鳥となって、ガンコ、ガンコと啼いて飛び去りました。ガンコは方言で堅い所ということです。妹はさてはよい所をだけ姉は自分にくれたのだと思い、悔恨の思いに堪えず、やがてまたその妹も鳥となって、庖丁かけたと啼いたのだといっています。遠野では時鳥のことを庖丁かけと呼びます。盛岡の辺りでは時鳥は「どちゃへ飛んでた」と啼くといいます。

○この芋は馬鈴薯のことです。

■原文

五〇　死助《シスケ》の山にカツコ花あり。遠野郷にても珍しと云ふ花なり。五月閑古鳥《カンコドリ》の啼《ナ》く頃、女や子ども之を採りに山へ行く。酢《ス》の中に漬《ツ》けて置けば紫色《ムラサキイロ》になる。酸漿《ホホヅキ》の実のやうに吹きて遊ぶなり。此花を採ることは若き者の最も大なる遊楽なり。

五一　山には様々《サマザマ》の鳥住《ス》めど、最も寂《サビ》しき声の鳥はオット鳥なり。夏の夜中《ヨナカ》に啼く。浜の大槌《オホヅチ》より駄賃附《ダチンヅケ》の者など峠を越え来れば、遥に谷底にて其声を聞くと云へり。昔ある長者の娘あり。又ある長者の男の子と親《シタ》しみ、山に行きて遊びしに、男見えずなりたり。夕暮になり夜になるまで探《サガ》しあるきしが、之を見つくることを得ずして、終に此鳥になりたりと云ふ。オツトーン、オツトーンと云ふは夫《ヲット》のことなり。末の方かすれてあはれなる鳴声《ナキゴエ》なり。

五二　馬追鳥《ウマオヒドリ》は時鳥《ホトトギス》に似て少《スコ》し大きく、羽《ハネ》の色は赤に茶を帯び、肩には馬の綱《ツナ》のやうなる縞《シマ》あり。胸のあたりにクツゴコのやうなるかたあり。これも或長者が家の奉公人、山へ馬を放《ハナ》しに行き、家に帰らんとするに一匹不足せり。夜通し之を求めあるきしが終に此鳥となる。アーホー、アーホーと啼くは此地方にて野に居《ヲ》る馬を追ふ声なり。年により馬追鳥里に来て啼くことあるは飢饉の前兆なり。深山には常に住みて啼く声を聞くなり。

○クツゴコは馬の口に嵌める網の袋なり

五三　郭公《クワツコウ》と時鳥《ホトトギス》とは昔有りし姉妹《アネイモト》なり。郭公は姉なるがある時芋《イモ》を掘りて焼き、そのまはりの堅き所を自ら食ひ、中の軟《ヤワラ》かなる所を妹に与へたりしを、妹は姉の食ふ分《ブン》は一層旨《ウマ》かるべしと想ひて、庖丁にて其姉を殺せしに、忽ちに鳥となり、ガンコ、ガンコと啼きて飛び去りぬ。ガンコは方言にて堅い所と云ふことなり。妹さてはよき所をのみおのれに呉れしなりけりと思ひ、悔恨に堪へず、やがて又これも鳥になりて庖丁かけたと啼きたりと云ふ。遠野にては時鳥のことを庖丁かけと呼ぶ。盛岡《モリヲカ》辺にては時鳥はどちやへ飛んでたと啼くと云ふ。

○この芋は馬鈴薯のことなり

14 閉伊川《ヘイガハ》の流《ナガレ》には淵《フチ》多く恐ろしき伝説少なからず

——五四

この話は、冒頭の「題目」では「神女」として整理されています。長者の家の奉公人が、川の淵に斧を落としてしまい、水中に探しに入り水底の岩陰の家で機を織っている美しい娘に出逢う不思議な話です。ここには伝説や昔話というものが生まれてくる初々しい雰囲気が感じられます。

■訳文

五四　閉伊川の流れには淵が多くて恐ろしい伝説が少なくありません。小国川との落合に近いところに、川井という村があります。その村の長者の奉公人が、その川のとある淵の上の山で樹木を伐ろうとして、斧を水中に取り落としてしまいました。斧は主人の物なので淵に入ってそれを探したところ、水の底に入っていくうちに物音が聞こえました。それを求めて行くと、岩の陰に家がありました。奥の方に美しい娘が機《はた》を織っていました。そのハタシ（機織り機）にその斧は立てかけてありました。これを返してほしいといった時、こちらを振り返ったその女の顔を見ると、二、三年前に亡くなった自分の奉公している家の主人の娘でした。斧は返してあげますが、私がこの場所にいることを決して人にいわないでください。そのお礼としては、あなたの暮らし向きがよくなり、奉公をしなくてもすむようにしてあげようといいました。そのためなのかどうかは知らないが、その後、胴引《どうびき》などという博奕《ばくち》に不思議に勝ち続けてお金が溜まり、ほどなく奉公をやめて自分の家に引き込んで中ぐらいの農民になりました。しかし、この男はとっくに物忘れして、あの娘の言ったことにも心づかずしていたところ、ある日同じ淵の辺りを過ぎて町へ行くとき、ふとあの時の事を思い出して、連れの者に以前このようなことがあったと語ったので、やがてその噂は近郷に伝わりました。その頃から男は家産が再び傾き、また昔の主人の家に奉公して年を経ました。家の主人は何と思ったのか、その淵に何荷《が》（どれほど）ともなく大量の熱湯を注ぎ入れなどしたのですが、何の効果もなかったとのことです。

〇下閉伊郡川井村大字川井、川井はもちろん川合の義でしょう。

■**原文**

五四　閉伊川《ヘイガハ》の流《ナガレ》には淵《フチ》多く恐ろしき伝説少なからず。小国川との落合に近き所に、川井と云ふ村あり。其村の長者の奉公人、ある淵の上なる山にて樹を伐るとて、斧を水中に取落《トリオト》したり。主人の物なれば淵に入りて之を探《サグ》りしに、水の底に入るままに物音聞ゆ。之を求めて行くに岩の陰に家あり。奥の方に美しき娘機《ハタ》を織りて居《ヰ》たり。そのハタシに彼の斧は立てかけてありたり。之を返したまはらんと言ふ時、振り返りたる女の顔を見れば、二三年前に身まかりたる我が主人の娘なり。斧は返すべければ我が此所《コノトコロ》にあることを人に言ふな。其礼としては其方身上《シンシヤウ》良くなり、奉公をせずともすむやうにして遣らんと言ひたり。その為なるか否かは知らず、其後胴引《ドウビキ》など云ふ博奕《バクチ》に不思議に勝ち続《ツヅ》けて金溜《カネタマ》り、程なく奉公をやめ家に引込みて中位《チウグラヰ》の農民になりたれど、此男は疾《ト》くに物忘れして、此娘の言ひしことも心付かずしてありしに、或日同じ淵《フチ》の辺《ホトリ》を過《ス》ぎて町へ行くとて、ふと前の事を思ひ出し、伴《トモナ》へる者に以前かかることありきと語りしかば、やがて其噂は近郷に伝はりぬ。其頃より男は家産再び傾《カタム》き、又昔の主人に奉公して年を経たり。家の主人は何と思ひしにや、その淵に何荷《ナンガ》とも無く熱湯を注《ソソ》ぎ入れなどしたりしが、何の効も無かりしとのことなり。

○下閉伊郡川井村大字川井、川井は勿論川合の義なるべし

15　川には河童《カッパ》多く住めり 猿ケ石川殊に多し

——五五・五六・五七・五八・五九

いまでは河童といえば『遠野物語』といわれるほどになっています。しかし、その原点はここに挙げられているような話でした。

■訳文

五五　川には河童が多く住んでいます。猿ケ石川はことに多いです。松崎村の川端の家で、二代まで続けて河童の子を孕《はら》んだ者がありました。生まれた子は斬り刻んで一升樽に入れ、土中に埋めました。その形はきわめて醜怪なるものでした。女の聟《むこ》の里は新張《にいばり》村の何某といって、これも川端の家です。その家の主人がほかの人にその始終を語りました。その家の者が一同そろってある日仕事で畠に行って夕方に帰ろうとしたとき、その女はひとり川の汀にうずくまりにこにこと笑っていました。次の日は昼の休みにまたこのようなことがありました。そうすることが日を重ねてあり、しだいにその女のところに村の何某という者が夜々通うという噂が立ちました。はじめのうちは聟が浜の方へ駄賃附の仕事に行っている留守だけをうかがい来ていたのですが、のちには聟と女が一緒に寝ている夜さえ来るようになりました。河童だろうという評判がだんだん高くなったので、一族の者が集まってその女を守りましたが何のかいもなく、聟の母親もその家に行って娘の側に寝たのですが、深夜にその娘の笑う声を聞いて、さては河童が来ているなと知りながら身動きもできず、人びとは何ともしようがない状態でした。その出産はきわめて難産でしたが、ある者のいうには、馬槽《うまふね》（馬の飼葉桶）に水をたたえて、その中で産めば安産できるだろうというので、それを試みたらはたしてそのとおりでした。その生まれた子は手に水掻きがありました。この娘の母親もまたかつて河童の子を産んだことがあるといいます。二代や三代の因縁ではないという者もいました。この家もほんとうの豪家で○○○○○（草稿本では白岩市兵衛とありましたが、刊本では名前が伏せてあります）という士族です。村会議員をしたこともあります。

五六　上郷村の何某の家でも、河童らしいものの子を産んだことがありました。確かな証拠というのはないのですが、身体が真っ赤にして口が大きく、実にいやな子でした。忌まわしかったので棄てようとして道ちがえに持っていき、そこに置いて一間（約一・八メートル）ばかり離れたのですが、ふと思い直し、惜しいものだ、売って見せ物にすればお金になるだろうと思って、その場所に立ち帰ってみたのですが、早くも誰かに取り隠されてもう見えなかったといいます。

○道ちがえは、道が二つに別れる所、すなわち追分のことです。

五七　川の岸の砂の上には、河童の足跡というものを見ることが決して珍しくありません。

雨の日の翌日などはとくにこのことがよくあります。猿の足と同じように親指は離れていて、人間の手の跡に似ています。長さは三寸（約九・〇九センチメートル）に足らず、指先のあとは人の指のようにはっきりとは見えないといいます。

五八　小烏瀬川《こがらせがわ》の姥子淵《おばこふち》のあたりに、新屋《しんや》の家《うち》という家があります。ある日、川の淵へ馬を冷やしに行き、馬曳きの子がほかへ遊びに行っている間に、河童が出てきてその馬を引き込もうとして、かえって馬に引きずられて厩《うまや》の前に来て、伏せた馬槽に覆われて隠れていました。家の者が馬槽の伏せてあるのを怪しんで少しあけて見たら、河童の手が出ていました。村中の者が集まってきて殺そうかゆるそうかと評議したのですが、結局今後は村中の馬に悪戯《いたずら》をしないという堅い約束をさせてこれを放してやりました。その河童はいまは村を去って相沢の滝の淵に住んでいるといいます。

〇この話など、その類型は全国に充満しています。いやしくも河童がいるという地方には必ずこのような話があります。何の故にでしょうか。

五九　ほかの地方では河童の顔は青いというようですが、遠野の河童は顔の色は赤いといいます。佐々木氏の曽祖母が、まだ幼かったころ友だちと庭で遊んでいたとき、三本ばかりある胡桃《くるみ》の木の間から、真っ赤な顔をした男の子の顔が見えました。これは河童だったろうといいます。いまもその胡桃は大木になってあります。この家の屋敷のめぐりはすべて胡桃の樹です。

■原文

五五　川には河童《カッパ》多く住めり。猿ケ石川殊に多し。松崎村の川端《カハバタ》の家《ウチ》にて、二代まで続けて河童の子を孕《ハラ》みたる者あり。生れし子は斬《キ》り刻《キザ》みて一升樽《イッシャウダル》に入れ、土中に埋《ウヅ》めたり。其形《カタチ》極めて醜怪なるものなりき。女の聟の里は新張《ニヒバリ》村の何某とて、これも川端の家なり。其主人人《ヒト》に其始終《シジウ》を語れり。かの家の者一同ある日畠に行きて夕方に帰らんとするに、女川の汀《ミギワ》に踞《ウヅクマ》りてにこにこと笑ひてあり。次の日は昼《ヒル》の休に亦此事あり。斯くすること日を重ねたりしに、次第に其女の所へ村の何某と云ふ者夜々《ヨルヨル》通《カヨ》ふと云ふ噂《ウワサ》立ちたり。始には聟が浜の方へ駄賃附《ダチンヅケ》に行きたる留守をのみ窺ひたりしが、後には聟《ムコ》と寝《ネ》たる夜《ヨル》さへ来るやうになれり。河童なるべしと云ふ評判段々高くなりたれば、一族の者集りて之を守れども何の甲斐も無く、聟の母も行きて娘の側《カタハラ》に寝《ネ》たりしに、深夜にその娘の笑ふ声を聞きて、さては来てありと知りながら身動きもかなはず、人々如何にともすべきやうなかりき。其産は極めて難産なりしが、或者の言ふには、馬槽《ウマフネ》に水をたたへ其中にて産まば安く産まるべしとのことにて、之を試みたれば果して其通りなりき。その子は手に水搔《ミヅカキ》あり。此娘の母も亦曽て河童の子を産みしことありと云ふ。二代や三代の因縁には非ずと言ふ者もあり。此家も如法の豪家にて○○○○○と云ふ士族なり。村会議員をしたることもあり。

五六　上郷村の何某の家にても河童らしき物の子を産みたることあり。確なる証とては無けれど、身内真赤《ミウチマツカ》にして口大きく、まことにいやな子なりき。忌《イマ》はしければ棄てんとて之を携へて道ちがへに持ち行き、そこに置きて一間ばかりも離れたりしが、ふと思ひ直し、惜しきものなり、売りて見せ物にせば金になるべきにとて立帰りたるに、早取り隠されて見えざりきと云ふ。

○道ちがへは道の二つに別るる所即ち追分なり

五七　川の岸の砂《スナ》の上には河童の足跡《アシアト》と云ふものを見ること決して珍らしからず。雨の日の翌日などは殊に此事あり。猿の足と同じく親指《オヤユビ》は離れて人間の手の跡に似たり。長さは三寸に足らず。指先のあとは人ののやうに明かには見えずと云ふ。

五八　小烏瀬川《コガラセガハ》の姥子淵《ヲバコフチ》の辺に、新屋《シンヤ》の家《ウチ》と云ふ家《イヘ》あり。ある日淵《フチ》へ馬を冷《ヒヤ》しに行き、馬曳《ウマヒキ》の子は外《ホカ》へ遊びに行きし間に、河童出でて其馬を引込まんとし、却りて馬に引きずられて厩《ウマヤ》の前に来り、馬槽《ウマフネ》に覆《オホ》はれてありき。家の者馬槽の伏せてあるを怪しみて少しあけて見れば河童の手出でたり。村中の者集りて殺さんか宥さんかと評議せしが、結局今後《コンゴ》は村中の馬に悪戯《イタヅラ》をせぬと云ふ堅き約束をさせて之を放したり。其河童今は村を去りて相沢《アヒザハ》の滝の淵に住めりと云ふ。

○此話などは類型全国に充満せり。苟くも河童のをるといふ国には必ず此話あり。何の故にか

五九　外《ホカ》の国にては河童の顔は青しと云ふやうなれど、遠野の河童は面《ツラ》の色赭《イロアカ》きなり。佐々木氏の曽祖母、穉《ヲサナ》かりし頃友だちと庭にて遊びてありしに、三本ばかりある胡桃《クルミ》の木の間より、真赤《マッカ》なる

顔したる男の子の顔見えたり。これは河童なりしとなり。今もその胡桃大木にて在り。此家の屋敷のめぐりはすべて胡桃の樹なり。

■注釈

遠野はいまでは「民話の里」ともいわれて全国に知られています。河童のキャラクターも遠野市内のいたるところにみられます。遠野駅前には四体の河童の彫刻像があります。また、土淵町のカッパ淵にはおおぜいの観光客が訪れています。遠野の昔話の語り部の人たちの語る民話の題材としては、このカッパ、ザシキワラシ、オシラサマが、いわば「三大語り」となっています。

民話のふるさと、遠野　佐々木喜善は明治十九年（一八八六）の生まれで亡くなったのは昭和八年（一九三三）でした。惜しいことにまだ四十八歳の若さでした。しかし、佐々木の播《ま》いておいた遠野の民話の種は、平成から令和へという現在では、大きく花開き、遠野は「民話の里」「民話のふるさと」などと呼ばれて観光客がたくさん訪れています。では、現在のように遠野に観光客が訪れるようになったのはいつからなのでしょうか。それはあまり古いことではありません。『遠野物語』が柳田の代表的な本としてたいへん有名になったのも実はそれほど古いことではありません。

『遠野物語』出版当時　明治四十三年（一九一〇）、柳田三十六歳のときに限定版三百五十部で自費出版した『遠野物語』についての、当時の関係者の反響はたいしたものではあり

遠野駅前の河童像

カリンちゃん　遠野市の公式キャラクター

ませんでした。柳田は友人の作家、泉鏡花（一八七三―一九三九）、島崎藤村（一八七二―一九四三）、田山花袋（一八七二―一九三〇）たちにも贈ったようです。彼らの、その読後の感想文が残されていますが、その評価は微妙な感じのものでした。

泉鏡花は、「遠野の奇聞」という名の文章で、「近ごろ近ごろ、おもしろき書を読みたり。柳田國男氏の著、遠野物語なり。再読三読、なほ飽くことを知らず。……話題すべて一百十九。附馬牛の山男、閉伊川の淵の河童、恐しき息を吐き、怪しき水搔の音を立てて、紙上を抜け出で、眼前に顕るる。近来の快心事、類少なき奇観なり」。

島崎藤村は、文字どおり「『遠野物語』」というタイトルの文章で、「こういう『遠野物語』のような冊子ですら、民族発達の研究的興味から著されたものであるとしても、なお私はこの冊子の中に遠い遠い野の声というようなものを聞くような思いがする。……私が『遠野物語』の著者を民族心理の研究者、霊異の採集者としてよりも、観察の豊富な旅人《りょじん》として見たいと思うのはこの故である」と書いています。

田山花袋は「卓上語」という文章の中で、「粗野を気取った贅沢。そういった風が到る処にある。私はその物語については、更に心を動かさないが、その物語の背景を塗るのに、あくまで実際をもってしたところをおもしろいとも意味深いとも思った。読んで印象的、芸術的のにおいのするのは、その内容よりむしろその材料の取扱方にある」と書いています。

泉鏡花はやはり幻想作家とも言われるように、山男や河童に関心をもって読んでいます。藤村や花袋は、語られている遠野の素材とその柳田の観察を評価しています。しかし、この明治から大正の時代には、『遠野物語』はまだ世に知られた本ではありませんでした。

猿ヶ石川と六角牛山の遠望
（遠野市立博物館）

その後、大正三年（一九一四）の冬、二十八歳の折口信夫は、神田神保町の古本屋でこの本を見つけて、震えるほどの感銘を受けて、立ったまま夢中になって読んだといいます。折口はその名も「遠野物語」という和歌で、

「大正の三とせの冬の　凩のふく日なりけむ―。駿河台を　神保町によこをれて

観光スポットになり、胡瓜を吊るす人もいる

土淵町のカッパ淵

入り来るあたり……さながらにおきし幾枚《ヒラ》。指《オヨビ》もて我は截りつつ、立ちながら読めり―幾枚《ヒラ》。喜びは渦汐《ウツシオ》なして うつそみの 心ゆすりぬ―。風の音の 遠野物語。……三分《サンブ》しんのらんぷ掻上《カカ》げて、さ夜深く読み立つ声の わが声を 屢々《シマシマ》ひそめ、若ければ、涙たりけり。遠野物語のうへに」（全文は巻末「付録」に紹介してあります）

と、その時の感動を詠んでいます。しかし、『遠野物語』を、そのように感動して読み、高く評価したのは、その当時まだ無名の青年、折口信夫だけだったのではないかと思われます。その後、戦後日本の高度経済成長期（一九五〇年代から七〇年代前半）において、『遠野物語』と遠野が注目されるようになります。そのことについては巻末「付録」で、「『遠野物語』研究史」としてまとめておきました。

柳田の日本民俗学・民間伝承学への理解へ向けて

一九六〇年代後半から柳田國男と佐々

木喜善が注目され、ゆかしい遠野の里と民話の世界の豊かさとが語られていきました。そして、多くの研究者のしごとからは文学と抒情という面からの貴重な知見が提供されてきています。その中で、一九八〇年代には、一部に柳田への批判的な言説もありましたが、それは、その当時の民俗学関係者による柳田國男批判の風潮に呼応するものでした。それについては、巻末「付録」の研究史で解説してあります。

そこで、いま注目してみたいのは、その後の『遠野物語』への論及の中で柳田國男の名前はさかんに唱えられながらも、肝心のその柳田國男が創唱した日本民俗学つまり民間伝承学という学問そのものについての理解が残念ながらほとんどなされてきていないということです。本書ではその点にとくに注目して、以下でも柳田國男とその民間伝承学についての理解につとめてみたいと思います。

さて、これら河童に関する、五五〜五九の五つの話のうち、とくに内容の上で注目されるのは、五五の河童の子を産んだという二世代にわたる女性の話と、五八の川辺で馬を引き込もうとした話です。五五の話は実に気味の悪い話で、しかもそれが実話だというところがまたさらに不気味です。なお、そこで人名を○○○○と伏字にしてあるのは、草稿本には白岩市兵衛とあったのを、柳田が最終段階での配慮によりやはり伏字にしたのだと石井正己が『柳田國男全集』第二巻で解説しているとおりです。女の人を河童がねらうという話はその他にも多く、九州の河童の話でも出てきます。それが何を意味しているのか、奥の深そうな話です。しかし、それらは現在、遠野の観光の目玉となっているあの河童のキャラクターとはまったくちがいます。

河童のイメージ　そこで、このような河童について、少し解説しておきましょう。河童とは、『遠野物語』で書きのこされた遠野の河童だけではなく、日本では古くから注目を集めていた不思議な存在です。

(1)ミツチ。『日本書紀』仁徳六十七年是歳に、大虬《おおみつち》とあります。水中の霊物で蛇に似て角と四足あり毒気を吐くとあります。このミツチは現代の言葉では河童のことですが、『日本書紀』や『万葉集』ではこのようにそのイメージは異なったようです。

(2)河童。室町時代の『下学集』（文安元年［一四四四］）には、「獺《かわうそ》　老いて河童になる」とあります。

(3)江戸時代には、本草学者や絵師によりさまざまに描かれ、そのイメージが広がり普及していきました。寺島良安の『和漢三才図会』（正徳二年［一七一二］）には、水虎、川太郎一名川童、とあり、西国九州の渓澗池川に多く十歳位の子どもの大きさで頭頂部に皿があり水が溜まっているといい、相撲を好み、金物を嫌うとあります。平瀬徹斎著・長谷川光信画の『日本山海名物図会』（宝暦四年［一七五四］）には、豊後の河太郎とあり、形五、六歳の小児の如く遍身に毛ありて猿に似て眼するどし。常に浜辺に出て相撲を取るなり。豊後の国に多し、関東にては河童という也、とあります。また、小野蘭山の『本草綱目啓蒙』（享和三年［一八〇三］）や、古賀侗庵《とうあん》の『水虎考略一』（文政三年［一八二〇］）『同二、三、四』（天保十年［一八三九］）には、日本各地からの河童の情報収集がなされ、豊

水虎図　古賀侗庵『水虎考略一』（文政３年［1820］）掲載

「かっぱ天国」（清水崑）

富な水虎図が掲載されています。屋代弘賢（一七五八―一八四一）の『弘賢随筆』所収の「水虎図説」には、日本各地で目撃された水虎の図が数多く収録されています。このように、近世には非常に多くの図が描かれていて、それらはほぼ共通した図柄で、ややグロテスクな妖怪のたぐいとしてのイメージです。それらがもととなって、現在にも受け継がれている河童のイメージとなっていることがわかります。

(4)近代から現代にかけては小説や漫画の題材となり、企業や地域おこしのキャラクターともなってきています。画家の小川芋銭《うせん》（一八六八―一九三八）は河童の芋銭ともいわれ『河童百図』（昭和十三年［一九三八］）を画いています。芥川龍之介（一八九二―一九二七）は『河童』（昭和二年［一九二七］）という作品で河童を通して痛快な社会風刺をしており、七月二十四日の命日が河童忌とされています。火野葦平（一九〇七—一九六〇）も「河童」をさかんに描きましたが、宮本百合子（一八九九—一九五一）は『日本の河童火野葦平のことなど』で、「（河童を）扱う作者火野の態度の本質は、芥川よりも文学のこととして不健全な低下を示している」と痛烈に批判しています。河童をより有名にしたのは漫画家の清水崑（一九一二—一九七四）と、それを引き継いだ小島功です。清水崑は『週刊朝日』に「かっぱ天国」を連載（一九五三—一九五八）し、一九五五年からは黄桜のCMキャラクターとして河童が広く知られていきました。このキャラクターが一九七四年に小島功に引き継がれると、かわいらしい河童のイメージと妖艶な女性のイメージも加えられて親しまれました。

柳田國男の考察　柳田が『遠野物語』の後に書いたものを追跡してみると、明治四十四年（一九一一）「己が命の早使ひ」、大正三年（一九一四）「河童の話」「山島民譚集」と、およそ五年のうちにその論をスピーディにまとめています。昭和五年（一九三〇）「龍宮小僧」、昭和九年（一九三四）「川童の渡り」、昭和十一年（一九三六）「川童祭懐古」などは、その後の再説や補足でした。

折口信夫の考察　折口信夫も、河童への関心を強くもっていました。「河童の話」（『折口信夫全集』第三巻、一九二九）、「河童の神様」（『折口信夫全集』第一六巻、一九三六）の二つの論文に重要な点がすべて集約されています。

石田英一郎の考察　柳田が注目した河童駒引の話について、その後とくに世界的な広い視野の中で、また古代からの世界史の中で追跡していったのが、石田英一郎（一九〇三―一九六八）でした。『河童駒引考』（筑摩書房、一九四八、新版東京大学出版会、一九六六）には、口絵に日本最古とされる永仁五年（一二九七）の、金沢文庫称名寺舎利塔基壇の下《した》框《がまち》に描かれた猿引駒の図が載せられており、新版には、「謹しみて　この書を　柳田国男先生の霊前に　ささぐ」と掲げられています。この柳田、折口、石田の河童に関する論究については、拙著『遠野物語と柳田國男　日本人のルーツをさぐる』（吉川弘文館、二〇二二）で紹介しているので、それを参照していただければ幸いです。

河童とは何か　ここで、柳田、折口、石田の研究と論点から最小限のことがらとして、以下の八点にまとめておくことができます。

⑴河童は、水の精霊、水の神の表現の一つであった（柳田・折口・石田）。

⑵水の精霊である河童は地下水脈の信仰からその通い路はどこへでも通じる水の世界でつながっていた（折口）。

⑶河童が馬を水に引き込もうとすることについて柳田は、「年々馬を水の神に供へたる上古の儀式」があったからである。はじめ吉野川上流の丹生川上社へ、平安遷都の後は鴨川上流の貴布禰社へも通常は黒毛馬、特別な場合には白馬を奉納する儀式があり、『延喜式』「臨時祭祈雨神祭条」ではそれが法制化されていた。宮中の毎年一月七日の白馬節会《あおうまのせちえ》も、「白馬を神聖なる物とするは、本来支那の思想ながら、我邦にても頗る古き代よりの風なり。或は白馬を馬の性の本なりと謂ひ、地に白馬あるは天に白龍あるが如しとも言ふ

説あり。天子に限りて之を用ゐらるると云ふも恐くは其為ならん」とのべています。この柳田のいう「年々馬を水の神に供へたる上古の儀式」というのは、実際に歴史記録の中にも残っています。『続日本紀』文武二年（六九八）四月二十九日には祈雨のために芳野の水分峰の神に馬を、宝亀六年（七七五）九月二十日には祈止雨のために丹生川上の神及び畿内の群神に白馬を、それぞれ奉納したという記事があります。古代から中世にかけて、日照りでも長雨でもそれを克服するために水源の神に馬を捧げるという信仰と習俗があり、宝徳二年（一四五〇）の記録までそれが断続的に行なわれていたことが知られています（山口えり『古代国家の祈雨儀礼と災害認識』塙書房、二〇二〇）。つまり、水神の化身と考えられた河童は、古くから馬を捧げてもらっていたということから、その祈願の習俗がなくなってからあとも、むかしどおりに水神の化身として河童が馬を欲しがる河童駒引という話が日本各地に残っているのだというのです（柳田）。河童駒引伝説はユーラシア大陸全般にわたる水精と馬との結合を語る伝承の一類型であるという解釈もなされています（石田）。

(4)河童を西日本では猿猴《えんこう》といって、河童から馬を守りまた馬を災厄や疫病から守るのは猿だという信仰があり、厩舎にはよく飼い馴らした猿がつながれていた。『梁塵秘抄』にも「御厩の隅なる飼猿は、きづな離れてさぞ遊ぶ、木に登り、常磐の山なる楢柴は、風の吹くにぞちりとろ揺ぎてうらがへる」と謡われている（柳田・折口・石田）。

(5)猿舞わしはもともと厩馬の安全を祈禱するものであった。日吉山王社の猿は、琵琶湖の湖水近くで水をよく見ていて、もっとも浄い水の到るのを待って、神に告げて神の禊ぎを執り行なった。悪い水や水の中に邪悪が潜んでいることも猿はよく悟ると考えられた。屋敷の水を讃《ほ》めることを中心とする、屋敷、建物の祝福や屋敷に入り来る邪悪・疫癘《えきれい》の退散のためにも猿を舞わせる風がおこった（柳田・折口）。

(6)河童から教えられた金創の妙薬、接骨の法というのは多くが馬術の家に伝わるものであり、落馬した者への治療法、手足の骨接ぎの術であった。相撲の家にも同じく手足の骨接ぎの術が伝えられていた。河童は相撲が好きというのはその相撲の家と関係があったからである（柳田・折口）。

厩に繋がれている猿　『石山寺縁起絵巻』

猿引駒の図　永仁５年（1297）
相模国金沢・称名寺舎利塔基壇の下框に描かれた戯画

(7)胡瓜は新しく異国からやってきた瓜であり他界から邪悪を携えてきた神の形代としてそれを川に流し送る風がおこり、夏祓への川祭りに胡瓜を用いるようになった。それがしだいに水の神への供物となり、河童の好物が胡瓜となった（柳田・折口）。
(8)河童の頭の皿はもとは下に向いており、富の貯蔵所、生命力の匿《かく》し場であった。皿の上に水という要素は後から加わったものである。鉢かづき姫の物語も、河童と同じく水の神の姿をそなえており、頭に皿を伏せて頂いていて、その下には数々の宝が匿されている。鉢かづきの鉢がこわれることで財宝が堆《うずたか》く出てめでたく解決がついたのである（折口）。

河童は女性をねらう　柳田、折口、石田の河童の研究では以上のとおりなのですが、残念ながら、『遠野物語』の中の気味の悪い五五話の類についてはまだ解明されていません。柳田は『博多細記』にある筑前国黒田家の鷹取運松庵という医師の妻で美人で胆力もある女性が夜に厠に入ると、物陰から手を伸ばして悪戯をしようとするものがあったが、すぐに懐の短刀でその手を切り放した話を紹介しています。そのあと河童が謝りながらその手を返してくれと嘆願して切り傷を治す河童の妙薬の製法を教えるという話に注目して、手を斬られて取り戻すという話題から、平安京の羅城門の鬼の手を斬った渡辺綱の話に通じるものであろうとのべていますが、河童と女性の話の疑問の解決へとは向かっていません。一方、折口は、「河童の女」という題で与謝蕪村のふしぎな句を紹介しています。

河郎の　恋する宿や　夏の月

この蕪村の句に詠まれている、水郷の夜更けの夏の月のもと、男に化けて娘の宿を訪《おとな》う河童のことを考えて、「近代の河童には、此点の欠けて居る伝説は多いが、以前はやつぱりあつたのである」といっています。しかし、折口も、河童と人間の女性との奇妙な関係の世界への解明へとは進まず、水の世界と人間との交流という問題に進み、地下水の信仰から水の精霊はどこへでも通うと考えられていたという信仰の世界を追跡していきました。この河童と女性という問題はまだ未解決であり、次の世代の研究者による追跡と解明が待たれているところです。

16　和野村の嘉兵衛爺《ヂイ》　雉子小屋《キジゴヤ》に入りて雉子を待ちしに

――六〇・六一・六二

これらの話は、名誉の猟人、狩りの達人の不思議な体験談です。ここでも山の世界での不思議が語られています。

■訳文

六〇　和野村の嘉兵衛爺が、雉子《きじ》小屋に入って獲物の雉子を待っていると、狐がしばしば出てきて雉子を追いました。あまりにその狐が憎かったのでそれを猟銃で撃とうと思い狙ったのですが、狐はこちらを向いて何ともないような顔をしていました。さてと猟銃の引金を引いたのですが銃に火が移りませんでした。胸騒ぎがして銃を調べてみたら、筒口から手元のところまでいつのまにかことごとく土をつめてありました。

六一　同じ人が六角牛に入って白い鹿に出会いました。白鹿は神だという言い伝えがあるので、もし傷つけただけでは殺すことができないのであれば、必ず祟りがあるにちがいないと思案したのですが、名誉の猟人なので世間のあざけりを受けるのはいやだと、思い切ってその鹿を撃ったところ、手応えはあったのに、鹿は少しも動きませんでした。この時もたいへん胸騒ぎがして、ふだんから魔除けとして危急の時のために用意してある黄金の弾丸を取り出し、それに蓬を巻きつけて撃ち放したのですが、鹿はなお動きません。あまりに怪しかったので近寄って見ると、鹿の形によく似た白い石でした。数十年の間、山中に暮らしている者が、石と鹿とを見誤るなどありえないので、これはすべて魔障のしわざであろうと思い、この時ばかりはもう猟りを止めようと思ったといいます。

六二　また同じ人が、ある夜山中で小屋を作る時間がなくて、とある大木の下に寄りかかり、魔除けのサンズナワ（三途縄。猟師たちが山に入るときにもっていく縄）を自分の身体とその大木とのまわりに三めぐり引きめぐらして、鉄砲を縦にして抱えてまどろんでいたら、深夜になって物音がするのに気づいて見れば、大きな僧形の者が赤い衣を羽のように羽ばたきして、その大木の梢《こずえ》に蔽《おお》いかかってきました。すぐに銃を撃ち放したらやがてまた羽ばたきして中空を飛び帰りました。この時の恐ろしさも世の常のもの、ふつうの恐ろしさではありませんでした。前後三度までこのような不思議な目にあい、そのたびごとに鉄砲を止めようと心に誓い、氏神に願掛けなどしたけれども、やがてまた再び思い返して、年を取るまで猟人の生業を棄てることができなかったとよく人に語っていました。

■原文

六〇　和野村の嘉兵衛爺《ヂイ》、雉子小屋《キジゴヤ》に入りて雉子を待ちしに、狐《キツネ》屢《シバシバ》出でて雉子を追ふ。あまり悪《ニク》ければ之を撃たんと思ひ狙《ネラ》ひたるに、狐は此方を向きて何とも無《ナ》げなる顔してあり。さて引金《ヒキガネ》を引きたれども火移《ウツ》らず。胸騒《ムナサハ》ぎして銃を検せしに、筒口《ツツグチ》より手元の処までいつの間にか悉く土をつめてありたり。

六一　同じ人六角牛に入りて白き鹿《シカ》に逢へり。白鹿《ハクロク》は神《カミ》なりと云ふ言伝《イヒツタ》へあれば、若し傷《キヅツ》けて殺すこと能はずば、必ず祟《タタリ》あるべしと思案《シアン》せしが、名誉《メイヨ》の猟人《カリウド》なれば世間《セケン》の嘲《アザケ》りをいとひ、思ひ切りて之を撃つに、手応《テゴタ》へはあれども鹿少しも動かず。此時もいたく胸騒《ムナサハ》ぎして、平生《ヘイゼイ》魔除《マヨ》けとして危急《キキウ》の時の為に用意したる黄金《ワウゴン》の丸《タマ》を取出し、これに蓬《ヨモギ》を巻き附けて打ち放したれど、鹿は猶動かず。あまり怪しければ近よりて見るに、よく鹿の形に似たる白き石なりき。数十年の間山中に暮《クラ》せる者が、石と鹿とを見誤るべくも非ず、全く魔障《マシヤウ》の仕業《シワザ》なりけりと、此時ばかりは猟を止《ヤ》めばやと思ひたりきと云ふ。

六二　又同じ人、ある夜《ヨ》山中《サンチウ》にて小屋を作るいとま無くて、とある大木の下に寄り、魔除《マヨ》けのサンヅ縄《ナハ》をおのれと木とのめぐりに三囲《ミメグリ》引きめぐらし、鉄砲を竪《タテ》に抱《カカ》へてまどろみたりしに、夜深く物音のするに心付けば、大なる僧形《ソウギヤウ》の者赤き衣《コロモ》を羽《ハネ》のやうに羽ばたきして、其木の梢に蔽ひかかりたり。すはやと銃を打ち放せばやがて又羽ばたきして中空《ナカゾラ》を飛びかへりたり。此時の恐ろしさも世の常ならず。前後三たびまでかかる不思議に遭ひ、其度毎《タビゴト》に鉄砲を止《ヤ》めんと心に誓ひ、氏神《ウヂガミ》に願掛《グワンガ》けなどすれど、やがて再び思ひ返して、年取るまで猟人《カリウド》の業を棄つること能はずとよく人に語りたり。

17　山中の不思議なる家をマヨヒガと云ふ

——六三・六四

　この二つの話は、山の世界の不思議を語っているものです。山の世界は、異文化の山人たちだけの世界ではなく、御犬や猿や熊や狐などの野生の動物の世界であり、天狗や妖怪などの世界でもあり、さらにその山の奥は貴重な水の恩恵、富の源泉でもある異様な霊威の世界だという、里人の想像力がこのような不思議な話を伝えていたものと思われます。

■訳文

六三　小国の三浦某というのは村一番の金持ちです。今から二、三代前の主人は、まだ家は貧しくしており、妻は少しおろかでにぶい人でした。この妻がある日、門《かど》の前に流れている小さな川に沿い蕗《ふき》を採りに入っていったところ、よい物が少なかったのでだんだんと谷の奥深くに登っていきました。さてふと見れば立派な黒い門の家がありました。なんだか怪訝《けげん》な気持ちでしたが門の中に入って見ると、大きな庭に紅白の花が一面に咲き鶏が多く遊んでいました。その庭を裏の方へ廻ってみると、牛小屋があって牛が多くおり、馬舎があって馬も多くおるけれども、まったく人はおりません。ついに玄関からあがってみると、その次の部屋には朱色と黒色のお膳とお椀をたくさん取り出してありました。奥の座敷には火鉢があって鉄瓶の湯がたぎっているのを見ました。それでもついに人影がなかったので、もしや山男の家ではないかと急に恐ろしくなり、駆け出して家に帰りました。このことを人に語っても本当だと思う者もいなかったのでしたが、またある日自分の家のカドに出て食器などを洗っていたときに、川上から赤いお椀が一つ流れてきました。あまりに美しかったので拾い上げたのですが、これを食器に用いたら汚いと人に叱られるのではないかと思い、ケセネギツの中に置いてケセネを量る器としました。するとこの器で量り始めてから、いつまで経ってもケセネが尽きませんでした。家の者もこれを怪しく思い女に問うたとき、始めて川から拾い上げたことを語りました。この家はこれより幸運に向かい、ついに今の三浦家となりました。遠野では山中の不思議な家をマヨイガといいます。マヨイガに行き当たった者は、必ずその家の内の家具や器具や家畜、何であっても持ち出して来るべきものなのです。その人に授《さず》けてあげようというために、そのような家を見せるのです。女が無慾で何物をも盗んで来なかったために、この椀が自分から流れて来たのだろうということでした。

○このカドは門ではありません。川の近くの家でその門前を流れる川の岸に、水を汲むためにまた物を洗うために家ごとに設けた場所のことです。

○ケセネは米や稗その他の穀物をいいます（褻稲《けしね》。自家食用の米や粟その他の穀類）。キツはその穀物を容れる箱です（櫃）。大小種々のキツがあります。

六四　金沢村は白望の麓で、上閉伊郡の内でもとくに山奥で、往来する者の少ないところです。六、七年前にこの村から栃内村の山崎の某の母の家に娘の聟を取りました。この聟が実家に行こうとして山路に迷い、またこのマヨイガに行き当たりました。家のありさま、牛馬や鶏の多いこと、花の紅白に咲いていることなど、すべて前の話のとおりでした。同じく玄関に入っていくと、お膳やお椀を取り出してある部屋がありました。座敷に鉄瓶の湯がたぎっていて、今まさにお茶を煮ようとするところのように見え、どこか便所などのあたりに人が立っているようにも思われました。茫然としていましたが、のちにはだんだんと恐ろしくなり、引き返してついに小国の村里に出ました。小国ではこの話を聞いてそれがほんとうだと思う者もなかったのですが、山崎の方ではそれはマヨイガだろう、行ってお膳やお椀の類を持って来て長者になろうと、聟殿を先に立てて人がおおぜいそれを求めに山の奥に入り、ここに門があったというところに来たけれども、眼にかかるものもなく空しく帰ってきました。その聟もついに金持ちになったということを聞きません。

○上閉伊郡金沢村。

■原文

六三　小国《ヲグニ》の三浦某と云ふは村一の金持なり。今より二三代前の主人、まだ家は貧しくして、妻は少しく魯鈍《ロドン》なりき。この妻ある日門《カド》の前《マヘ》を流るる小さき川に沿ひて蕗《フキ》を採《ト》りに入りしに、よき物少なければ次第に谷奥深く登りたり。さてふと見れば立派なる黒き門《モン》の家あり。訝《イブカ》しけれど門の中に入りて見るに、大なる庭にて紅白の花一面に咲き雞《ニハトリ》多く遊べり。其庭を裏《ウラ》の方へ廻《マハ》れば、牛小屋ありて牛多く居り、馬舎《ウマヤ》ありて馬多く居れども、一向に人は居らず。終に玄関より上《アガ》りたるに、その次の間には朱と黒との膳椀《ゼンワン》をあまた取出したり。奥の坐敷には火鉢《ヒバチ》ありて鉄瓶《テツビン》の湯のたぎれるを見たり。されども終に人影は無ければ、もしは山男の家では無いかと急に恐ろしくなり、駆《カ》け出《ダ》して家に帰りたり。此事を人に語れども実《マコト》と思ふ者も無かりしが、又或日我家のカドに出でて物を洗ひてありしに、川上より赤き椀一つ流れて来たり。あまり美しければ拾ひ上げたれど、之を食器に用ゐたらば汚《キタナ》しと人に叱《シカ》られんかと思ひ、ケセネギツの中に置きてケセネを量る器《ウツワ》と為したり。然るに此器にて量り始めてより、いつ迄経《タ》ちてもケセネ尽きず。家の者も之を怪しみて女に問ひたるとき、始めて川より拾ひ上げし由をば語りぬ。此家はこれより幸運に向ひ、終に今の三浦家と成れり。遠野にては山中の不思議なる家をマヨヒガと云ふ。マヨヒガに行き当りたる者は、必ず其家の内の什器家畜何にてもあれ持ち出でて来べきものなり。其人に授《サツ》けんが為にかかる家をば見する也。女が無慾にて何物をも盗み来ざりしが故に、この椀自ら流れて来たりしなるべしと云へり。

○此カドは門には非ず。川戸にて門前を流るる川の岸に水を汲み物を洗ふ為家ごとに設けたる所なり

○ケセネは米稗其他の穀物を云ふ。キツは其穀物を容るる箱なり。大小種々のキツあり

六四　金沢村《カネサハムラ》は白望《シロミ》の麓《フモト》、上閉伊郡の内にても殊に山奥にて、人の往来する者少なし。六七年前此村より栃内村の山崎なる某《ナニガシ》かかが家に娘の聟を取りたり。此聟実家に行かんとして山路に迷ひ、又このマヨヒガに行き当りぬ。家の有様《アリサマ》、牛馬鶏の多きこと、花の紅白に咲きたりしことなど、す

べて前の話の通りなり。同じく玄関に入りしに、膳椀を取出したる室あり。座敷に鉄瓶の湯たぎりて、今まさに茶を煮んとする所のやうに見え、どこか便所などのあたりに人が立ちて在るやうにも思はれたり。茫然として後には段々恐ろしくなり、引返して終に小国《ヲグニ》の村里に出でたり。小国にては此話を聞きて実《マコト》とする者も無かりしが、山崎の方にてはそはマヨヒガなるべし、行きて膳椀の類を持ち来り長者にならんとて、聟殿を先に立てて人あまた之を求めに山の奥に入り、ここに門ありきと云ふ処に来たれども、眼にかかるものも無く空《ムナ》しく帰り来りぬ。その聟も終に金持になりたりと云ふことを聞かず。

○上閉伊郡金沢村

18 阿倍貞任に関する伝説は此外にも多し
——六五・六六・六七・六八

この四つの話は、「阿倍貞任」に関する伝説です。学校教育の中で教科書が記す『陸奥話記』など歴史記録が語る前九年の役（一〇五一—一〇六二）の、あの安倍貞任についてというのではとくになく、遠野の現地で語り伝えられている伝説です。

これらの伝説には、過去の歴史が人びとの語り継ぎの中で成長したり変化したりしながら伝えられており、それこそが現地で生活する者にとっての歴史の世界であったことがわかります。そのような語り継ぎの歴史世界には史実と想像とが混ざり合いながら、それだけに豊かな過去と現在との関係世界が想像され語り伝えられています。そのような歴史ロマンの世界は、現在でもかたちを変えながら、テレビの教養番組や大河ドラマや、郷土史ファンや考古学ファンの話題という文化現象の上で、それに共感する歴史好きのいわゆる岩盤支持層を形成しています。伝説は単なる作り話ではなく、生活の豊かさの中でなくてはならない文化資源でもあるといってよいでしょう。

■訳文

六五　早地峯は御影石の山です。この山の小国に向いた側に阿倍ケ城という岩があります。険しい崖の中ほどにあって、人などとても行くことができるところではありません。ここには今でも阿倍貞任の母が住んでいると言い伝えています。雨の降るような夕方など、岩屋の扉を閉ざす音が聞こえるといいます。小国、附馬牛の人びとは、阿倍ケ城の錠の音がする、明日は雨だろうなどといいます。

六六　同じ山の附馬牛よりの登り口にもまた阿倍屋敷という巌窟があります。とにかく早地峯の山は阿倍貞任にゆかりある山なのです。小国から登る山口にも、八幡太郎の家来の討ち死にしたのを埋めたという塚が三つばかりあります。

六七　阿倍貞任に関する伝説はこのほかにも多いです。土淵村と、昔は橋野といっていた栗橋村との境で、山口からは二、三里（一里＝約四キロメートル）も登った山中に、広く平らな原があります。そのあたりの地名に、貞任というところがあります。沼があり貞任が馬を冷やしたところだといいます。貞任が陣屋を構えた址《あと》とも言い伝えています。景色のよいところで東海岸がよく見えます。

六八　土淵村には阿倍氏という家があり阿倍貞任の末裔だといわれています。昔は栄えた家でした。今も屋敷の周囲には堀があり水路が通じています。その家には刀剣や馬具がたくさんあります。当主は阿倍与右衛門、今も村では二、三等の財産持ちで、村会議員です。阿倍の子孫はこのほかにも多くおります。盛岡の阿倍館の附近にもあります。厨川《くりやがわ》の柵に近い家です。土淵村の阿倍家の四、五町北（約四四〇—五五〇メートル北）の小烏瀬川《こがらせがわ》の河隈（曲がりくねったところ）に館の址があります。八幡沢の館といいます。八幡太郎の陣屋というのもこれです。ここから遠野の町への道路にはまた八幡山という山があって、その山の八幡沢の館の方に向かう峯にもまた一つの館址があります。貞任の陣屋だといいます。二つの館の間は二十町（約二二〇〇メートル）余りを隔てています。弓矢を射合う矢戦《やいくさ》をしたという言い伝えがあり、弓矢の根の矢じりを多く掘り出したことがありました。この二つの館の間に似田貝《にたかい》という部落があります。戦の当時このあたりは蘆《あし》がしげっていて土が固まらず、兵士たちが進むにも安定せずユキユキと動揺しました。ある時、八幡太郎がここを通ったとき、敵と味方のいずれの兵糧かはっきりしなかったのですが、粥を多く置いてあるのを見て、これは煮た粥かといったところからそれが村の名となりました。その似田貝の村の外を流れる小川を鳴川といいます。それを隔てて足洗川村があります。鳴川で義家が足を洗ったことから村の名となったといいます。

○ニタカイはアイヌ語のニタト、すなわち湿地から出た語と思われます。地形もよく合っています。西日本の国々ではニタともヌタともいいますが、それらも皆これと同じです。下閉伊郡小川村にも二田貝という名前の字《あざ》があります。

■原文

六五　早地峯《ハヤチネ》は御影石《ミカゲイシ》の山なり。此山の小国に向《ム》きたる側《カハ》に阿倍《アベ》ケ城《ガジヤウ》と云ふ岩あり。険《ケハ》しき崖《ガケ》の中程にありて、人などはとても行き得べき処に非ず。ここには今でも阿倍貞任の母住めりと言伝ふ。雨《アメ》の降《フ》るべき夕方など、岩屋《イハヤ》の扉《トビラ》を鎖《トザ》す音聞ゆと云ふ。小国、附馬牛《ツクモウシ》の人々は、阿倍ケ城の錠の音がする、明日《アス》は雨ならんなど云ふ。

六六　同じ山の附馬牛よりの登り口にも亦阿倍屋敷《アベヤシキ》と云ふ巌窟あり。兎に角早地峯は阿倍貞任にゆかりある山なり。小国より登る山口にも八幡太郎の家来《ケライ》の討死《ウチジニ》したるを埋めたりと云ふ塚三つばかりあり。

六七　阿倍貞任に関する伝説は此外にも多し。土淵村と昔は橋野と云ひし栗橋村との境にて、山口よりは二三里も登りたる山中に、広く平《タヒラ》なる原あり。其あたりの地名に貞任と云ふ所あり。沼ありて貞任が馬を冷《ヒヤ》せし所なりと云ふ。貞任が陣屋《ヂンヤ》を構へし址《アト》とも言ひ伝ふ。景色《ケシキ》よき所にて東海岸よく見ゆ。

六八　土淵村には阿倍氏と云ふ家ありて貞任が末なりと云ふ。昔は栄えたる家なり。今も屋敷の周囲には堀ありて水を通ず。刀剣馬具あまたあり。当主は阿倍与右衛門、今も村にては二三等の物持にて、村会議員なり。阿倍の子孫は此外にも多し。盛岡の阿倍館《アベダテ》の附近にもあり。厨川《クリヤガハ》の柵《シャク》に近き家なり。土淵村の阿倍家の四五町北、小烏瀬川《コガラセガハ》の河隈《カハクマ》に館《タテ》の址あり。八幡沢《ハチマンザ》の館《タテ》と云ふ。八幡太郎が陣屋と云ふもの是なり。これより遠野の町への路には又八幡山と云ふ山ありて、其山の八幡沢の館の方に向へる峯にも亦一つの館址《タテアト》あり。貞任が陣屋なりと云ふ。二つの館の間二十余町を隔つ。矢戦《ヤイクサ》をしたりと云ふ言伝へありて、矢の根を多く掘り出せしことあり。此間に似田貝《ニタカヒ》と云ふ部落あり。戦の当時此あたりは蘆しげりて土固まらず、ユキユキと動揺せり。或時八幡太郎ここを通りしに、敵味方《テキミカタ》何れの兵糧《ヘウロウ》にや、粥を多く置きてあるを見て、これは煮た粥かと云ひしより村の名となる。似田貝の村の外を流るる小川を鳴川《ナルカハ》と云ふ。之を隔てて足洗川村《アシラガムラ》あり。鳴川にて義家が足を洗ひしより村の名となると云ふ。

○ニタカヒはアイヌ語のニタト即ち湿地より出しなるべし。地形よく合へり。西の国々にてはニタともヌタともいふ。皆これなり。下閉伊郡小川村にも二田貝といふ字あり

19　娘此馬を愛して夜《ヨル》になれば厩舎《ウマヤ》に行きて寝《イ》ね 終に馬と夫婦に成れり

――六九・七〇・七一

この六九、七〇の話は、『遠野物語』の中でもたいへんよく知られているオシラサマについての話です。オシラサマは素朴な木像の神だといいます。七一の話は、岩手県を中心に東北地方から北海道の一部に伝えられている、かくし念仏に関するもののようです。

■訳文

六九　今の土淵村には大同《だいどう》という家が二軒あります。山口の大同は当主を大洞万之丞《おおほらまんのじょう》といいます。この人の養母名はおひで、八十歳を超えて今も元気です。佐々木氏の祖母の姉です。魔法に長じていました。まじないで蛇を殺し、木に止まっている鳥を落とすなどするのを、佐々木君はよく見せてもらいました。昨年の旧暦正月十五日に、この老女が語ったところによると、昔あるところに貧しい百姓がいました。妻はなくて美しい娘がいました。そして一匹の馬を養《か》っていました。娘はこの馬を愛して夜になれば厩舎に行って寝て、ついに馬と夫婦になりました。ある夜、父親はこのことを知って、その次の日に娘には知らせないで、馬を連れ出して桑の木につり下げて殺しました。その夜、娘は馬がいないので父親に尋ねてこのことを知り、驚き悲しんで桑の木の下に行き、死んだ馬の首にすがりついて泣いていました。父親はそれを憎んで斧をもって後ろから馬の首を切り落としました。するとたちまち娘はその馬の首に乗ったまま天に昇り去りました。オシラサマというのは、このときから生まれた神です。馬をつり下げた桑の枝でその神の像を作りました。その像には三つがありました。桑の木の根元に近い本の部分で作ったものは山口の大同にあります。これを姉神としています。その桑の木の中間の部分で作ったものは山崎の在家権十郎という人の家にあります。その家は佐々木氏の伯母が縁づいた親戚の家なのですが、今はその家が絶えて、その神さまの行方は知られていません。桑の木の先の末の部分で作った妹神の神像は今は附馬牛村にあるといいます。

七〇　同じ人の話によると、オクナイサマはオシラサマのある家には必ず伴っておられる神です。それでもオシラサマはなくてオクナイサマだけある家もあります。また家によって神の像も同じではありません。山口の大同にあるオクナイサマは木像です。山口の辷石《はねいし》たにえという人の家にあるのは掛軸です。田圃の家におられるのはまた木像です。飯豊の大同にもオシラサマはないけれどオクナイサマだけはおられるといいます。

七一　この話をした老女は、熱心な念仏者なのですが、世間のふつうの念仏者とはその様子が変わっており、一種の邪宗らしい信仰です。信者に道を伝えることはあるけれど、たがいに厳重な秘密を守り、その作法については親にも子にも少しも知らせません。また寺とも僧とも少しも関係はなくて、一般の在家の者たちだけの集まりです。その人数も多くはありません。辷石《はねいし》たにえという婦人などはその同じ仲間です。阿弥陀仏の斎日には、夜中に人びとが静まるのを待って会合し、隠れた部屋で祈禱します。魔法やまじないをしてその力があるので、地域の住人に対して一種の権威があります。

■原文

六九　今の土淵村には大同《ダイドウ》と云ふ家二軒あり。山口の大同は当主を大洞万之丞《オホホラマンノジヤウ》と云ふ。此人の養母名はおひで、八十を超えて今も達者なり。佐々木氏の祖母の姉なり。魔法に長じたり。まじなひにて蛇を殺し、木に止《トマ》れる鳥を落しなどするを佐々木君はよく見せてもらひたり。昨年の旧暦正月十五日に、此老女の語りしには、昔ある処に貧しき百姓あり。妻は無くて美しき娘あり。又一匹の馬を養ふ。娘此馬を愛して夜《ヨル》になれば厩舎《ウマヤ》に行きて寝《イ》ね、終に馬と夫婦に成れり。或夜父は此事を知りて、其次の日に娘には知らせず、馬を連《ツ》れ出して桑の木につり下げて殺したり。その夜娘は馬の居らぬより父に尋ねて此事を知り、驚き悲しみて桑の木の下に行き、死したる馬の首に縋りて泣きゐたりしを、父は之を悪《ニク》みて斧を以て後《ウシロ》より馬の首を切り落せしに、忽ち娘は其首に乗りたるまま天に昇り去れり。オシラサマと云ふは此時より成りたる神なり。馬をつり下げたる桑の枝にて其神の像を作る。其像三つありき。本《モト》にて作りしは山口の大同にあり。之を姉神とす。中にて作りしは山崎の在家《ザイケ》権十郎《ゴン》と云ふ人の家に在り。佐々木氏の伯母が縁付きたる家なるが、今は家絶えて神の行方を知らず。末にて作りし妹神の像は今附馬牛村に在りと云へり。

七〇　同じ人の話に、オクナイサマはオシラサマの在る家には必ず伴ひて在《イマ》す神なり。されどオシラサマはなくてオクナイサマのみ在る家もあり。又家によりて神の像も同じからず。山口の大同に在るオクナイサマは木像なり。山口の辷石《ハネイシ》たにえと云ふ人の家なるは掛軸《カケヂク》なり。田圃《タンボ》のうちにいませるは亦木像なり。飯豊《イヒデ》の大同にもオシラサマは無けれどオクナイサマのみはいませりと云ふ。

七一　此話をしたる老女は熱心なる念仏者なれど、世の常の念仏者とは様《サマ》かはり、一種邪宗らしき信仰あり。信者に道を伝ふることはあれども、互に厳重なる秘密を守り、其作法に就きては親にも子にも聊かたりとも知らしめず。又寺とも僧とも少しも関係はなくて、在家《ザイケ》の者のみの集《アツマ》りなり。其人の数も多からず。辷石《ハネイシ》たにえと云ふ婦人などは同じ仲間なり。阿弥陀仏の斎日《サイニチ》には、夜中人の静まるを待ちて会合し、隠れたる室にて祈禱す。魔法まじなひを善くする故に、郷党に対して一種の権威あり。

■注釈

オシラサマ　この六九・七〇の話は、家の神として祀られているオシラサマについての話です。このオシラサマについての民俗学の研究を少し解説しておきましょう。オシラサマを最初に学術的な対象として紹介したのは、この遠野の出身の人類学者伊能嘉矩《いのうかのり》（一八六七―一九二五）の「奥州地方に於て尊信せらるゝオシラ神に就きて」『東京人類学会雑誌』第九巻第九八号（明治二十七年〔一八九四〕）でした。その伊能嘉矩は柳田が遠野を訪れたときにすでに親交があり、台湾の原住民族の現地調査と研究で貴重な業績をあげていた人でしたが、残念ながら五十九歳の若さで亡くなってしまいました。次いで研究を進めたのは来日ロシア人の東洋史研究者ニコライ・ネフスキー（一八九二―一九三七）でした。「まんのふ長者物語　オシラ遊びの経文」『民族』第一巻第六号（大正一五年〔一九二六〕）などがあります。柳田はネフスキーとも深い親交があり、その研究を高く評価していました。残念ながらロシア革命の後に帰国した後、スターリンの政権下の一九三七年に、四十五歳の若さで粛清されてしまいました。

一方、柳田國男は昭和三年（一九二八）に「オシラ神の話」「人形舞はし雑考」、続けて「人形とオシラ神」（一九二九）、「鉤占から児童遊戯へ」（一九三一）を発表し、さらにその後『大白神考』（一九五一）を著します。これらにおける柳田のオシラサマについての論点を整理してみると次のとおりです。

⑴同じ東北地方でも日本海側の津軽と太平洋側の南部とではちがいがある。津軽ではオシラサマは旧家でまつるかたちが多い。その旧家にイタコが招かれてオシラサマを遊ばせる。南部ではオシラサマはイタコが持っていて寺などに集まってオシラサマを遊ばせるかたちが多い。

貫頭のオシラサマ　遠野市（遠野市立博物館）

包頭のオシラサマ　遠野市（同）

(2)南部ではオシラサマを遊ばせる日というのがあり、それは家ごとに営むもので、多くは正月、三月、九月の十六日であった。遊ばせる、というのはオシラサマの木を両手にもって手くぐつ、つまり操り人形のように舞わせるものである。

(3)イタコの本業は、死霊の口寄せや、数珠占いや、失せ物、尋ね人の身の上判断などであり、オシラサマを遊ばせることはイタコの本業ではなかった。

(4)幾つかの旧家のオシラ

サマには「オシラ様の取子」といって祭りの日に必ず集まって来る男女の童児があり、それがこの日にはかわるがわるこの木体を背負って「ミヨンコ・ミヨンコ」と唱えつつ座敷中を跳ねまわり、それをオシラサマを遊ばせると謂った。それは佐々木喜善君もよく見かけたものだという。

(5)古く家の神の信仰がまだ濃厚であった頃には、家刀自がこの木体を奉戴して、遠近の有縁を勧進してあるくことが、神をよろこばせる大切な作法ではなかったろうか。石城地方のシンメサマをもち伝えた旧家でも、荘内地方のオクナイサマをお守りする家々でも、主婦は一年に一度、木体を背に負うてホイトをして歩かなければならなかった。

(6)ホイトとは「乞食」のことであるが、以前の乞食は修行であり、信心の表白でもあった。東北には近いころまでその実例がいくらもあった。「ホイトが下賤な食を求める所行となり、家の格式と相容れぬものと見られるやうになつて後、主婦は追々と是から身を引いて、先づ無心な小娘や男の子を代りに立て、更に一歩を進めては巧みな物語によつて、神の啓示を有効にするやうな、技術をもつた遊行女婦に、この任務を託することになつたのではあるまいか」

包頭のオシラサマ　青森県（同）

(7)祭りの木を、手に執る者がいた。それが、巫女その他の専職者に属するよりも前には、家々の主婦であった可能性がある。たとえば、宮城県南部の平野のトデサマ、北隣のオシラサマ、関東諸郡のオシラサマ、羽黒山周囲、荘内地方などのオクナイサマ、北隣のオシラ地域にもオクナイサマ、福島県の沿海地帯、阿武隈川の流域、会津地方から越後の一部のシンメサマなどがその例である。

(8)つまり、南部地方の展開例でみると、主婦に代わり男女の小児へ、そして遊行の女婦へ、イタコへ、という段階変化があったのではないか。

(9)ネフスキーが注目した点についても紹介しています。「オシンメサマを持伝へた旧家の主婦は、夢にしば〳〵神の催促を聴き、一年に一度はこの木像を背に負うて、立出でゝあるきまはらぬと、必らず何とも知れないぶら〳〵病にかゝる。それがつらいので人に隠れ、遠くの村に行つて修業をして廻るのだが、それがいつしか評判になつて、乞食をしなければならぬ家などと言はれる。シンメサマの存在が秘し隠され、又その信仰が尋ね究めにくゝなつた原因の、主要なるものは是らしいと彼は談つた」

(10)歩き巫女の起源がそこにあるのではないか。オシラサマの根源は、神を祭場に迎える方式であり、それがいまの幣束玉串、榊の枝へと展開しているのではないか。北辺のオシラサマ、宮城県南部の平野のトデサマ、羽黒山周囲や、荘内地方などのオクナイサマ、南の方のオシンメサマ、この四つは同じもので別物ではない。

(11)オシラサマの祭りは、正月、三月、九月の年三度の祭りである。しかし、奉仕に倦《う》んでしまった旧家もある。水に流せば逆流して還ってくるし、肉を食べたといって口を曲げられた人もいる。粗末にすれば祟りがあるかもしれないので滅多な所に片付けることもできない。そこで寺へ納める例が多かった。遠野の附馬牛村の東禅寺では本堂の隅などに方々の家から集まってきたオシラサマが何体となく同居している。

オシラサマの祭文　オシラサマをまつるときに唱えられる祭文があります。ニコライ・ネフスキーが集めたものや、今野圓輔（一九一四―一九八二）が集めて『馬娘婚姻譚』（岩崎書店、一九五六）で紹介しているものなどがあります。柳田國男は、『遠野物語』にあるような、娘と馬との悲恋というタイプがかなり多いことについて、このような、養蚕の始まりを、長者の娘と名馬栴檀栗毛《せんだんくりげ》との悲恋の話として語るタイプが、東北地方をはじめ各地にたいへん多いことに注目しています。しかし、その娘と馬の悲恋の話は、もともと中国古代の『捜神記《そうじんき》』や『博異志』が伝えている話と、偶然とは思えないほどの類似と一致を見せていることから、その話は、日本では近世初頭の漢文学や儒学の学者が新たに輸入して紹介していったものであり、古代に伝わっていたものではないといっています。

その一方、養蚕の起源、蚕のはじまりを説く物語に、もう一つのタイプがあることに注目して、それを仮に蚕影山《こかげさん》系と呼ぶといっています。それは、常陸国の筑波山麓の蚕影山という神社で語られている物語です。熊野本宮の中世縁起などとも近いものなので、古くから広く語り伝えられていたものであろうといい、それらのうちで筑波の蚕影山の伝承が有名になったのであろうといっています。

むかし、異国の美しい王女が継母に憎まれて海に流され、そのうつぼ舟が日本のある浜辺に漂着し、土地の老夫婦の心のやさしい者がねんごろに介抱していたが、やがて姫は姿を隠して、跡には無数の小さき虫が産まれ、それが蚕であったというものです。その後半の部分で語られる、蚕の四度の眠りの由来については、物語の事例ごとにさまざまな語りが入っています。そして、この、継子いじめとうつぼ舟の漂着という蚕影山系の物語の方が古い伝承であろうといっています。

つまり、養蚕の起源の物語として、A娘と馬の悲恋（せんだん栗毛）系と、B継子いじめとうつぼ舟（蚕影山）系という二つのタイプがあり、Bが古くAは新しい。Aは中国古典にある話で、近世初頭に移入されそれ以降に点々と東北地方にまで広がっていったのだろうというのが柳田の見解でした。

その後、柳田門下の今野圓輔の研究『馬娘婚姻譚』が出版されています。今野はオシラサマの祭文の類をよく集めて比較しています。そして、オシラサマと蚕の起源伝承については、柳田國男の指摘したように、中国の古典、『捜神記』巻一四（晋代：二六五―四二〇）、『太古蚕馬記』（呉代：二二二―二八〇）、『神女伝』（唐代：六一八―九〇七）に由来するものだとしています。近世前期のその渡来については、林道春（羅山）の『怪談全書』（怪談名作集）に「馬頭娘《ばとうろう》」と題して紹介されていることを指摘しています。その『怪談全書』が紹介している「馬頭娘」という話は、『神女伝』の内容とほぼ同じです。それは次のような話です。

「蜀の国の昔の王に蚕叢《さんそう》という王がいた。その蜀の国に一人の女がいた。その父親はほかの人のために捕らえられていた。家には馬がいた。その女は父親のことを思い悲しみ、ものを食わなかった。母親がみんなに誓っていった。父親を連れて帰ってくれる者がいたら、この娘を与えて妻とさせよう、と。そのことを聞いて馬は奮い立ち、繋がれていた縄を引き切り、馳せて出ていった。そしてしばらくして、父親の居場所を尋ね行き、父親を乗せて帰ってきた。馬はいなないて、ものを食わなかった。母親があの時の誓いを父親に語った。父親はそれを聞いて、人に誓ったのであって馬に誓ったわけではないだろう、人間を畜類にあわせるわけにはいかない。たとえ我が苦を救う功績があったとしても、その誓いは認められないといった。馬はそれで甚だあがき狂った。父親は怒って馬を射殺した。その皮を剥いで庭につるした。にわかに風が吹いて、その皮がめくれあがり、女を巻いていずかたとなく飛び去った。十日ほど経って、その皮がまた飛んできて、桑の木の上にとどまった。その女は、化して蚕となり、桑の葉を食い、糸を吐き出した。これが、糸で絹を織ること

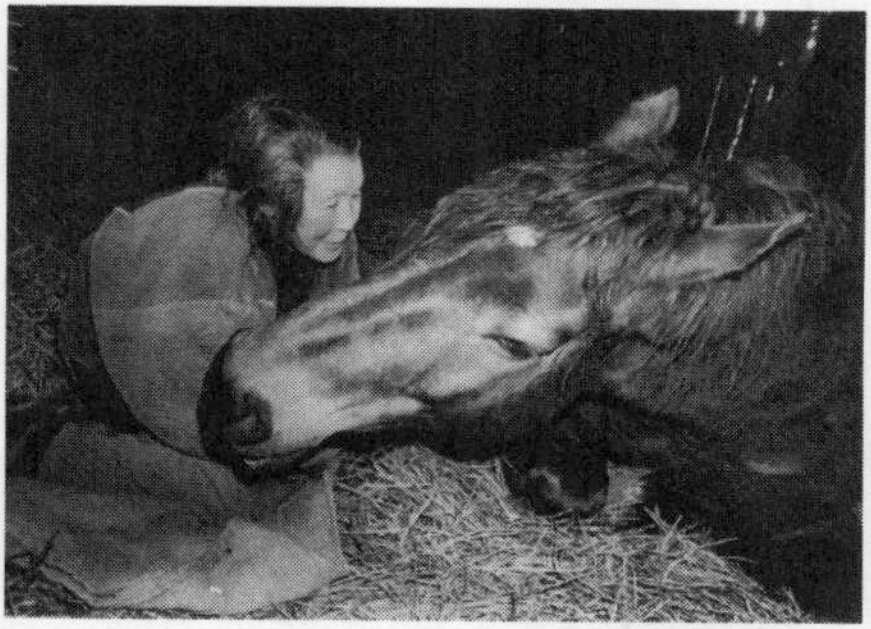
「愛馬」（撮影／浦田穂一）

のはじめである」

これと同じような話が、日本にもたくさん伝えられているところから、今野圓輔は、オシラサマと蚕の起源伝承を、甲「馬頭娘系」（馬と娘の恋物語）、乙「うつぼ舟と蚕系」（お姫さまが〝うつぼ舟〟に乗って、この国の岸に流れつき、その遺骸が化して蚕になる）、丙「継子継母と蚕系」（娘が継母に捨てられ、娘が蚕になる）、の三つに分類しました。そして、柳田が指摘していたように、甲の馬頭娘系よりも、乙のうつぼ舟系が古く先行していたとしています。

娘と馬の話には新旧二つがある　しかし、現在ではこのような柳田や今野の解釈とは異なる新たな解釈が提出されています（宮嵜智子「オシラサマと蚕の起源伝承についての一考察」『伝承文化研究』第一六号、二〇一九）。それによれば、『日本昔話集成』や『日本昔話通観』から、計九十二話を集めて分類し、「馬と娘」「天から虫」「継子いじめ」「船流し」「死体から虫」という五つの要素に注目して、A「娘と馬の物語」系には、A1（古いタイプ）とA2（新しいタイプ）の二つがあると指摘しています。そして、歴史的には、B「継子いじめとうつぼ舟」系は、A1よりは新しく、A2よりは古いと位置づけています。

A1（古いタイプ）の例は、次のようなものがあります。

岩手県一戸町の話。「爺婆と娘がいて、馬を一頭飼っていた。娘は馬好きで毎日仲よくしていると、そのうちに馬と夫婦になる。爺は怒って馬を大きな桑の木に吊るして殺すと、娘は泣いて馬のところへ行く。爺が死んだ馬の皮をはぐと、その皮が飛び上がって娘をさらい天上に飛び去る。ある晩爺と婆は「三月十六日の朝、臼の中を見ると馬の頭の形をした虫が湧いていて、桑の木の葉を食わせると繭をかける」という夢を見る。爺婆はふしぎに思ったが、そのとおりにすると繭ができた。この虫を蚕と言う。蚕の神様はおしら様と言い、馬と娘の事である」

A2（新しいタイプ）の例には、次のようなものがあります。

山形県最上町に伝わる話。「長者である父親の留守の間に母親が死に、一人残された娘が白馬に「父を捜してきてくれ」と言うと、かけ去った白馬は父親を乗せて帰ってくる。娘があまりその白馬をかわいがるので、怒った父親は馬を殺して桑の木に皮を干す。娘がかけつけて泣くと、馬皮は娘を乗せて天旗《たこ》のように天に飛び去る。悲しむ父親の夢に娘が現われ、「三月一六日に天から白い虫を降らせるから、庭の臼の中を見ろ。私と白馬の化身だ。桑の葉で育てると、絹糸の取れるまゆをかけるから、これで暮らしをたててくれ」と告げる。夢のとおりに白い虫が降り、その虫の背中に馬のひづめの型がついている。父親は娘の代わりにこの虫を「お子（蚕）様」と呼んでふやし、「糸とりの長者」と言われる豊かな暮らしをした。蚕が二匹で一粒のまゆをつくる玉まゆは、長者の娘と白馬の血をひく雌と雄が入るものだ」

Bの例は、次のようなものです。

群馬県吉井町の話です。「継親が女の子をいじめて山に捨てると、鹿が助け出してくれたので、蚕のはじめの休みを「シジの休み」と言う。また捨てると、今度は鷹が助け出してくれたので、つぎを「タカの休み」と言う。そのつぎは舟に乗せて捨てたので、3番目を「フナの休み」と言う。その夜継親が夢を見て、翌朝庭を見るとまゆが作ってあったので、最後の休みを「ニワの休み」と言う」

この三者を整理すると、次のとおりです。

A1 娘・馬・父親が馬を殺す・馬の皮をはぐ・皮が娘を包み天へ・虫・桑・蚕

A2 娘・馬・母親か娘かが馬に父親を探すよう、探し出せたら娘を馬にやると約束・馬は父親を探し出してくる・馬が娘に惚れると父は怒り馬を殺す・馬の皮をはぐ・虫

B 継母が継子の娘を殺そうとする（継子を船で流す・継子を河に流す・継子を埋める）・鳥・熊・鷹・鹿・獅子・漁師が娘を助ける・桑・虫・蚕・蚕のやどり・おしらさま

そして、これらの分布状態は次のとおりです。

A1の分布 青森三例・岩手十二例・宮城一例・山形三例・福島二例・群馬三例・神奈川一例・岐阜一例・京都二例、鳥取一例・岡山一例・沖縄一例

A2の分布 岩手一例・山形二例・福島一例・長野一例・静岡一例・京都一例・大阪一例・兵庫二例・鳥取一例・島根一例

Bの分布 岩手一例・宮城一例・山形一例・福島五例・群馬十一例・神奈川二例・山

梨二例・長野一例・新潟一例・京都一例・兵庫二例・広島一例・愛媛二例・沖縄三例

内容からみれば、A1とA2は、いずれも娘と馬との関係を語るものとしては共通しています。しかし、物語の構成としては、A1は、娘と馬の悲恋が中心です。それに対して、A2は、馬との約束、そして馬の活躍と父親の裏切りが中心です。馬が娘を求めているのです。分布の上では、A1の分布は、青森から沖縄まで東西南北に広いのです。A2の分布は、近畿中国東海とやや狭く、東北には数例が伝わっているだけです。Bの内容は、「継子いじめ」「異国から流されて漂着」「うつぼ舟」「四回の休眠」という要素が基本です。A1やA2とはまったく別系統の伝承です。そして、分布の上では、そのBの分布は、岩手から沖縄まで東西南北に広いのです。

せんだん栗毛は固有系、馬頭娘は渡来系　つまり、A2、中国の古典『捜神記』巻一四『太古蚕馬記』『神女伝』の話は、近世前期になって林道春『怪談全書』に馬頭娘として紹介されたものであり、それが近世以降に近畿地方を中心に各地に広まった可能性が高いということです。母親が馬に娘をやると約束したのに、助けてもらった父親がその馬を殺すという話が中心です。それに対して、A1は、娘が馬へ恋をして結ばれたのに、父親が馬を殺すという話が中心です。このA1とA2はまったく異なります。それを一緒にしていたのはやはりまちがいだったということができるでしょう。ですから、A1のせんだん栗毛と娘の悲恋という話が、古い固有の伝承であり、『遠野物語』の六九はそれにあたるも

家でのオシラサマ遊ばせ　中山家、遠野市（撮影／浦田穂一）

のであるというのが結論になります。

この馬と娘の悲恋という話が、いったい何を背景にできてきたのか、それは、馬と娘をめぐる歴史と民俗の中の心象的な深い話へとつながっているようです。遠野もそうでしたが、東北地方では古くから馬が飼われ、しかも馬を飼育するのは女性のだいじな役割とされてきたという歴史があります。ですから、馬と娘の恋という想像から生まれるＡ１のような話が『遠野物語』に収められているということの意味の深さと広がりについてはこれからもさまざまな角度から深く研究されていくことが期待されます。

オシラサマとは不思議な神　オシラサマというのは、ほんとうに不思議な神さまです。①家の守り神、②旧家の主婦が守りながら一緒に遊んであげる神さま、③遊行という乞食のようなまつり方が必要な神さま、④主婦に代わって幼児が遊んであげる神さま、⑤家の主婦や幼児に代わってイタコがまつり、オシラサマ遊ばせをしてあげる神さま、⑥養蚕の起源を伝える神さま、⑦霊験のある神さまで粗末にしては決していけない神さま、というような、さまざまな面を併せもっていて、実に不思議なまつられ方をしてきたのです。

そのご神体は多くが桑の木で、オセンダクといってそれに布や着物を着せるのがたいせつで、それも次々と重ねて着せられているのが特徴です。他の人の祈りによってそのオセンダクで着せられた前の人の布や着物を、次の人が取り除いて取り換えることはせずに、古い布や着物はそのままにして、それに新しく布や着物を重ねて着せていくというのがふつうの祈り方なのです。それはなぜかというと、それこそが個人個人の祈りのしかたであり、前に祈りを込めた人の気持ちをはがすことなく、個人個人が自分の祈りを積み重ねていくというやり方です。たとえていえば、高校野球の甲子園球場での優勝旗、ペナントにその年ごとの優勝校の記念の名前が次々と括り付けられていくかたちに共通しています。それは、日本各地でみられる路傍の地蔵の場合でも、祈願を込める人たちが奉納する赤い涎掛《よだれか》けが、そのまま何枚も次々と重ねられているのと共通する素朴な祈り方なのです。

オシラサマは旧家にまつられており、そのご利益や霊験があらたかな神さまではありますが、家の人にとってはその祭りが重い負担になってしまうことも多く、粗末にできないので、お寺やお堂に納められている例も多くあります。それらの、お寺やお堂、また博物館などに保存されているオシラサマの古いものでは、遠野市域の場合には、天正二十年（一五九二）、文禄三年（一五九四）、慶長四年（一五九九）、慶長十四年（一六〇九）の銘文があるものなど、中世末へとさかのぼる遺品が残っています。ですから、この地域での古くからの信仰であることはまちがいありません。

20　カクラサマの木像は遠野郷のうちに数多《アマタ》あり

——七二・七三・七四

カクラサマという不思議な神さまについての話です。

■訳文

七二　栃内村の字琴畑《ことばた》は深山の沢にあります。家の数は五軒ばかりです。小烏瀬川《こがらせがわ》の支流の水上《みなかみ》です。そこから栃内の集落まで二里（約八キロメートル）を隔てています。琴畑の入口に塚があります。その塚の上には木の座像があります。およそ人間の大きさで、以前は堂の中にあったのが、今は外で雨ざらしです。これをカクラサマといいます。村の子供がそれをもてあそび物にして、引き出して川へ投げ入れたり、また路上を引きずりなどするので、今では鼻も口も見えないようになっています。あるいは子供を叱って戒め、それを制止する大人があれば、かえってその人は祟りを受けて身体を病むことがあるといいます。

○神体や仏像が子供と遊ぶのを好み、これを制止する者を怒られるということはほかにもその例が多くあります。遠江国（静岡県）小笠郡大池村東光寺の薬師仏（『掛川志』）、駿河国（静岡県）安倍郡豊田村曲金の軍陣坊社の神（『新風土記』）、または信濃国（長野県）筑摩郡射手の弥陀堂の木仏（『信濃奇勝録』）などがそれです。

七三　カクラサマの木像は遠野郷のうちに数多くあります。栃内の字西内《にしない》にもあります。山口分の大洞《おおほら》というところにもあったことを記憶する者もいます。カクラサマはとくにこれを信仰する人がありません。粗末な彫刻で、衣裳《いしょう》や頭《かしら》の飾りのありさまもはっきりとしていません。

七四　栃内のカクラサマは右の大小二つです。土淵村では一村で三つか四つあります。いずれのカクラサマも、木の半身像で鉈《なた》で荒削りの無格好なものです。それでも人の顔だということだけは分かります。カクラサマとは以前は神々が旅をして途中で休息される場所の名でしたが、その土地に常にいる神としてそう唱えることとなりました。

■原文

七二　栃内《トチナイ》村の字琴畑《コトバタ》は深山の沢に在り。家の数は五軒ばかり、小烏瀬《コガラセ》川の支流の水上《ミナカミ》なり。此より栃内の民居まで二里を隔つ。琴畑の入口に塚あり。塚の上には木の座像《ザゾウ》あり。およそ人の大きさにて、以前は堂の中に在りしが、今は雨《アマ》ざらし也。之をカクラサマと云ふ。村の子供之を玩《モテアソビ》物《モノ》にし、引き出して川へ投げ入れ又路上を引きずりなどする故に、今は鼻も口も見えぬやうになれり。或は子供を叱《シカ》り戒めて之を制止する者あれば、却りて祟を受け病むことありと云へり。

○神体仏像子共と遊ぶを好み之を制止するを怒り玉ふこと外にも例多し。遠江小笠郡大池村東光寺の薬師仏（掛川志）、駿河安倍郡豊田村曲金の軍陣坊社の神（新風土記）、又は信濃筑摩郡射手の弥陀堂の木仏（信濃奇勝録）など是なり

七三　カクラサマの木像は遠野郷のうちに数多《アマタ》あり。栃内の字西内《ニシナイ》にもあり。山口分の大洞《オホホラ》と云ふ所にもありしことを記憶する者あり。カクラサマは人の之を信仰する者なし。粗末なる彫刻にて、衣裳頭《イシヤウカシラ》の飾の有様も不分明なり。

七四　栃内のカクラサマは右の大小二つなり。土淵一村にては三つか四つあり。何れのカクラサマも木の半身像にてなたの荒削《アラケヅ》りの無格好なるもの也。されど人の顔なりと云ふことだけは分《ワカ》るなり。カクラサマとは以前は神々の旅をして休息したまふべき場所の名なりしが、其地に常います神をかく唱ふることとなれり。

21　女が来て何処《ドコ》へか連れ出すなり

――七五

　この七五は、山女の話です。冒頭の「題目」では、三、四、三四、三五、七五が「山女」の話とされており、七五の一話だけここに入っています。これも山の民と里の民との交流の歴史の一コマを語っているものです。

■訳文

七五　離森の長者屋敷には、この数年前まで燐寸《マッチ》の軸木の工場がありました。その小屋の戸口に夜になると女が伺い寄って来て人を見てげたげたと笑う者がいたので、淋しさに堪えられなくて、ついに工場を大字山口に移しました。その後また、同じ山中に鉄道線路の枕木の伐り出しのために小屋をかけた者がおりましたが、夕方になると人夫の者がどこかへと迷い出て行き、帰ってのちは茫然としていることしばしばでした。そのような人夫が四、五人もあり、その後も絶えず山中のどこへか出ていくことがありました。この者たちが後で言うのを聞けば、女が来てどこかへ連れ出すのでした。帰ってから後は二日も三日もよく物を覚えていないような状態だったといいます。

■原文

七五　離森《ハナレモリ》の長者屋敷にはこの数年前まで燐寸《マッチ》の軸木《ヂクギ》の工場《コウバ》ありたり。其小屋の戸口に夜《ヨル》になれば女の伺ひ寄りて人を見てげたげたと笑ふ者ありて、淋しさに堪へざる故、終に工場を大字山口に移したり。其後又同じ山中に枕木伐出《マクラギキリダシ》の為に小屋を掛けたる者ありしが、夕方になると人夫の者何れへか迷ひ行き、帰りて後茫然としてあること屢《シバシバ》なり。かかる人夫四五人もありて其後も絶えず何方へか出でて行くことありき。此者どもが後に言ふを聞けば、女が来て何処《ドコ》へか連れ出すなり。帰りて後は二日も三日も物を覚えずと云へり。

22　長者屋敷は昔時長者の住みたりし址なりとて

――七六

この七六は長者伝説や黄金伝説の類の一つです。冒頭の「題目」では、前の六七、六八とともに「館の址」として整理されています。

■訳文

七六　長者屋敷はむかし長者が住んでいた址《あと》だといい、そのあたりにも糠森《ぬかもり》という山があります。長者の家の糠を捨てたのがその山になったのだといいます。この山中には五つ葉のうつ木があり、その下に黄金を埋めてあるといって、今もそのうつ木の在処《ありか》を求め歩く者が稀にあります。この長者は昔の金山師だったのでしょうか。このあたりにはふいごの製鉄で出る鉄滓《てっさい》が残っています。恩徳《おんどく》の金山《きんざん》もここから山続きにあり遠くはありません。

○諸国のヌカ塚スクモ塚には多くはこれと同じ長者伝説を伴っています。また黄金埋蔵の伝説も諸国に限りなく多くあります。

■原文

七六　長者屋敷は昔時長者の住みたりし址なりとて、其あたりにも糠森《ヌカモリ》と云ふ山あり。長者の家の糠を捨てたるが成れるなりと云ふ。此山中には五つ葉《イツバ》のうつ木《ギ》ありて、其下に黄金を埋めてありとて、今も其うつぎの有処《アリカ》を求めあるく者稀々にあり。この長者は昔の金山師なりしならんか、此あたりには鉄を吹きたる滓《カス》あり。恩徳《オンドク》の金山《キンザン》もこれより山続きにて遠からず。

○諸国のヌカ塚スクモ塚には多くは之と同じき長者伝説を伴へり。又黄金埋蔵の伝説も諸国に限なく多くあり

23　山口の田尻長三郎と云ふは土淵村一番の物持なり
――七七・七八・七九・八〇・八一・八二・八三

裕福な家の屋敷にまつわる話で、亡くなってまもなくの死者や見知らぬ人物がその姿をさまざまに現すという内容です。なお、冒頭の「題目」では、七七、七九、八一、八二は「まぼろし」、七八は「前兆」、八〇、八三は「家のさま」の項でそれぞれ整理されています。挿絵によって遠野郷の裕福な家と屋敷の配置や間取りのようすがよくわかります。

■訳文

七七　山口の田尻長三郎というのは土淵村で一番の物持ちです。当主の老人の話によると、この人が四十歳あまりのころ、おひで婆さんの息子が亡くなってその葬式の夜、人びとが念仏を終えておのおの帰って行ったあと、自分だけは話し好きなので少しあとになって立ち出でました。そのときに、軒の雨落ちの石を枕にして仰向けに寝ている男がおりました。よく見れば、見たこともない知らぬ人で死んでいるようでした。月のある夜だったのでその光に照らして見ると、膝を立て口を開けておりました。この人は大胆な人物だったので、足で少し揺り動かしてみましたが、その男は身じろぎもしませんでした。道を妨げておりほかに仕方もなかったので、ついにこれを跨《また》いで家に帰りました。次の朝に行ってみれば、もちろんその跡形もなく、また誰もほかにこれを見たという人はいなかったけれど、その枕にしていた石の形とその場所とは昨夜の見覚えのとおりでした。この人の言うには、手をかけて見たらばよかったのだけれど、半ば恐ろしかったのでただ足で触れただけだったから、何物のしわざとも思いつかないとのことでした。

七八　同じ人の話で、その家に奉公していた山口の長蔵という者、今も七十余歳の老翁にて生存しています。かつて夜遊びに出かけて遅くかえって来たときに、主人の家の門は大槌往還に向かって立っているのですが、この門の前で浜の方からくる人に逢いました。雪合羽を着ていました。近づいてきて立ち止まるので、長蔵も怪しく思いその人を見たら、往還を隔てて向こう側にある畠地の方へすっと反れて行きました。あそこには垣根があるはずなのにと思って、よく見ればそこにはやはり垣根はまさしくありました。急に怖ろしくなって長蔵は家の内に飛び込み、主人にこのことを語りましたが、あとになって聞けば、それと同じ時刻に新張村の何某という者が、浜からの帰り道に馬から落ちて死んだとのことでした。

七九　この長蔵の父もまた長蔵といいました。代々田尻家の奉公人であり、その妻とともに仕えていました。若いころ夜に遊びに出かけて、まだ宵のうちに帰って来て、門《かど》の口から入ったときに、洞前《ほらまえ》（ニワの中のウマヤの前あたり）に立っている人影がありました。懐手《ふところで》

（手を懐に入れたまま）をして筒袖《つつそで》の袖口を垂れており、顔はぼんやりしてよく見えませんでした。長蔵の妻は名前をおつねといいました。そのおつねのところに来たヨバヒトの男ではないかと思い、つかつかと近寄っていくと、裏の方へは遁げないで、かえって右手の玄関の方へ歩み寄っていったので、人を馬鹿にするなと思って腹立たしくなり、なお進んでいくと、懐手のまま後ずさりして、玄関の戸の三寸（約九・〇九センチメートル）ばかりあいていたところから、すっと内側に入りました。それでも長蔵はなお不思議とも思わず、その戸の隙間に手を差し入れて中を探ろうとしたら、中の障子はまさしく閉ざしてありました。ここで、始めて気味悪く恐ろしくなり、少し引き下がろうとして上を見れば、今の男が玄関の雲壁《くもかべ》にぴったりと貼りついて私を見下ろすように、その首は低く垂れて私の頭に触れるばかり近く、その眼の球は尺余（約三〇センチメートル）も抜け出ているように思われたといいます。この時はただ恐ろしかっただけで、何ごとの前兆でもありませんでした。

○ヨバヒトというのは、呼ばい人のことでしょう。女に思いを運ぶ人をそのようにいいます。

○雲壁は、長押《なげし》の外側の壁のことです。

八〇　右の話をよく呑みこむためには、田尻氏の家の様子を図にする必要があります。遠野一郷の家の建てかたは、いずれもこれと大同小異です。

門はこの家のは北向きですが、通例は東向きです。右（次頁上）の図で、厩舎のあるあたりにあります。門のことを城前《じょうまえ》といいます。

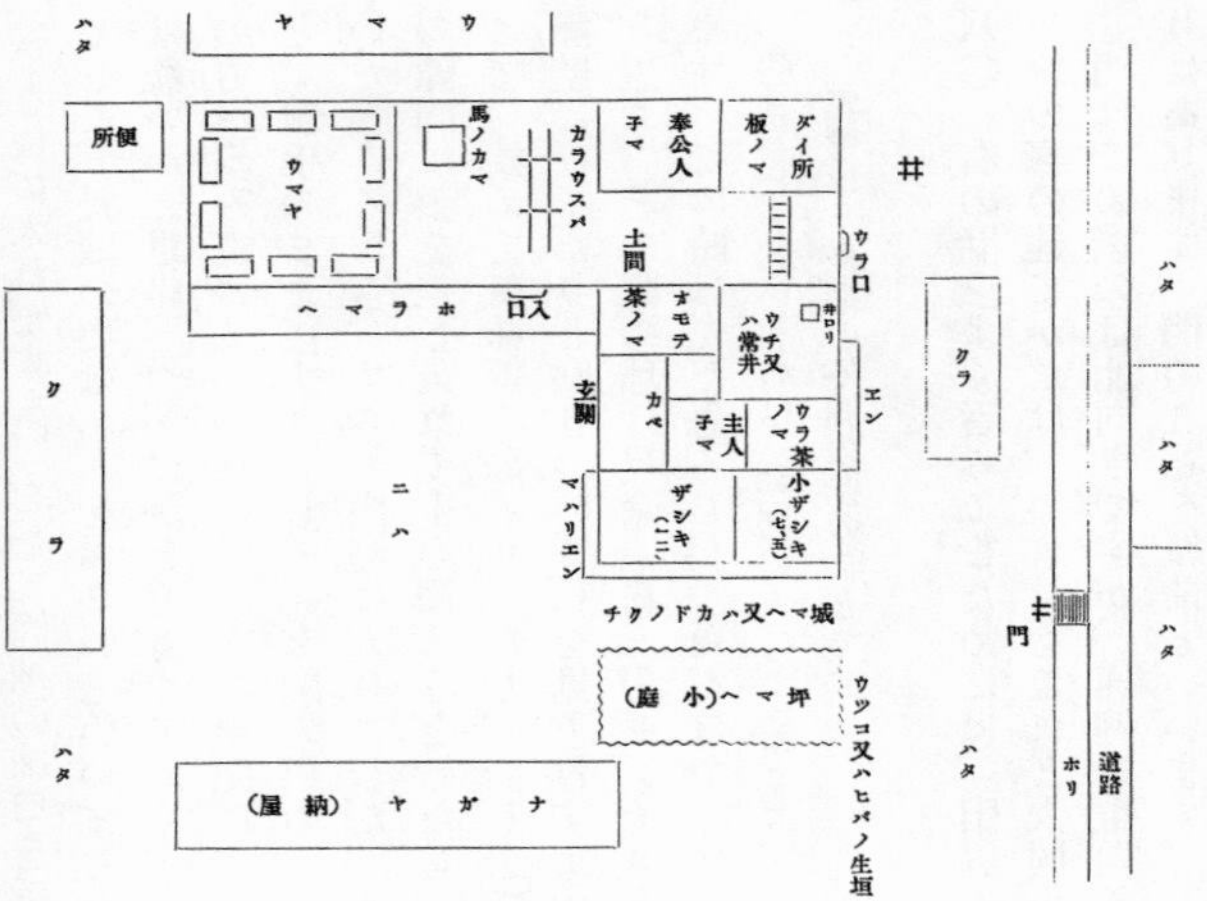
ウマヤ
ハタ
便所
ウマヤ
馬ノカマ
カラウスバ
奉公人ネマ
ダイ所
板ノマ
井
ウラ口
土間
入口
ホラマヘ
茶ノマ
オモテ
ウチ又ハ常井
イロリ
エン
クラ
玄関
カベ
主人ネマ
ウラ茶ノマ
小ザシキ(七、五)
ザシキ(一一)
マハリエン
ニハ
クラ
城マヘ又ハカドノクチ
坪マヘ(小庭)
ウツコ又ハヒバノ生垣
ハタ
ナガヤ(納屋)
ハタ
門
ハタ
ホリ
道路

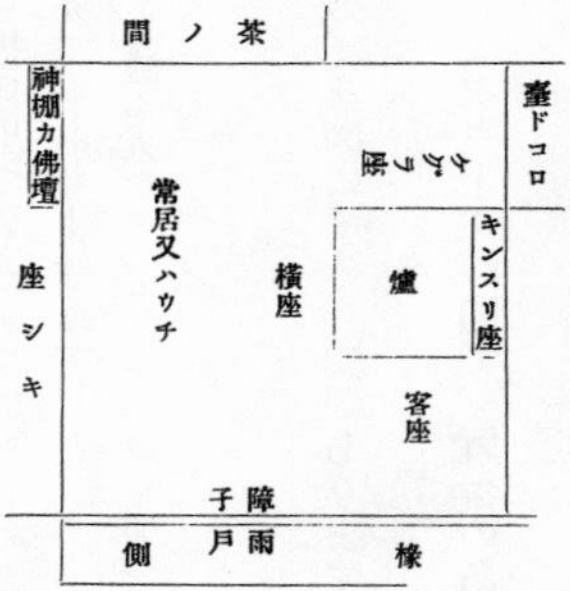
茶ノ間
神棚カ佛壇
臺ドコロ
カカ座
常居又ハウチ
横座
爐
キンスリ座
座シキ
客座
障子
雨戸
椽側

屋敷のまわりは畠で、囲墻《いしょう》（土塀）を設けません。主人の寝室とウチとの間に小さく暗い部屋があります。それを座頭部屋といいます。昔は家に宴会があれば、必ず座頭を喚びました。それを待たせておく部屋です。

○この地方を旅行して最も心にとまるのは、家の形のいずれもがかぎの手であること（鉤のように直角に曲がっていること）です。この家などはそのよい例です。

八一　栃内の字野崎に前川万吉という人がいました。二、三年前に三十余歳にて亡くなりました。この人も死ぬ二、三年前に夜遊びに出て帰ったときに、門《かど》の口から廻《まわ》り椽《えん》に沿ってその角まで来たとき、六月の月夜のことでした。何心なく雲壁を見ると、それにぴったりと貼りついて寝ている男がありました。色の蒼ざめた顔でした。大いに驚いて病気になりましたが、これも何の前兆でもありませんでした。田尻氏の息子の丸吉がこの人と懇親の仲だったのでこの話を聞いたとのことでした。

八二　これは田尻丸吉という人がみずから遭遇したことです。少年の頃、ある夜、常居《じょうい》（居間）から立って便所に行こうとして茶の間に入ったとき、座敷との境に人が立っていました。かすかにぼんやりとしてではありましたが、衣類の縞《しま》も目鼻もよく見え、髪を垂れていました。恐ろしかったけれども、そこへ手を延ばして探ってみると、板戸にがたっと手が突き当たり、戸の桟《さん》（板戸の片側だけに出ている細長い木の部分）にも触りました。それでも

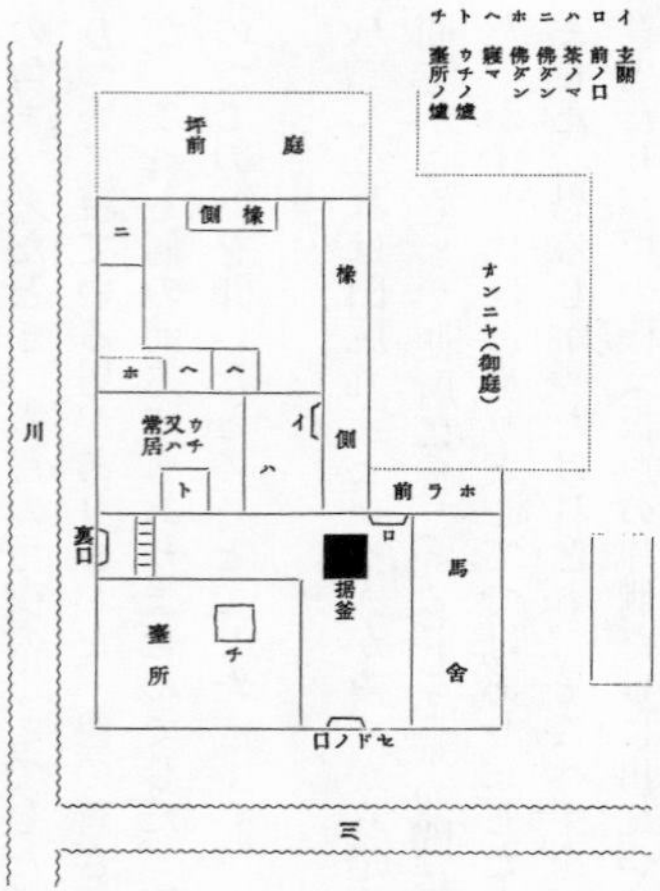

自分の手は見えずに、その上に影のように重なって人の形がありました。その顔のところへ手をやると、その手の上に顔が見えました。そこで、常居に帰って人びとに話し、行灯《あんどん》を持って行って見たら、すでに何物もありませんでした。この人は近代的な考えの人で怜悧な賢明な人です。また虚言をなすような人でもありません。

八三　山口の大同、大洞万之丞の家の建てかたは少しほかの家とはかわっています。その図を次の頁（右の図）に出します。玄関は巽（東南）の方角に向かっています。きわめて古い家です。この家には出して見たら祟りがあるといって決して開かない古文書の葛籠《つづら》が一つあります。

■原文

七七　山口の田尻長三郎と云ふは土淵村一番の物持なり。当主なる老人の話に、此人四十あまりの頃、おひで老人の息子《ムスコ》亡《ナ》くなりて葬式の夜、人々念仏を終り各帰り行きし跡に、自分のみは話好《ハナシズキ》なれば少しあとになりて立ち出でしに、軒の雨落《アマオチ》の石を枕にして仰臥したる男あり。よく見れば見も知らぬ人にて死してあるやうなり。月のある夜なれば其光にて見るに、膝を立て口を開きてあり。此人大胆者にて足にて揺《ウゴ》かして見たれど少しも身じろぎせず。道を妨《サマタ》げて外にせん方《カタ》も無ければ、終に之を跨《マタ》ぎて家に帰りたり。次の朝行きて見れば勿論其跡方も無く、又誰も外に之を見たりと云ふ人は無かりしかど、その枕にしてありし石の形と在《アリ》どころとは昨夜の見覚《ミオボ》えの通りなり。此人の曰く、手を掛けて見たらばよかりしに、半ば恐ろしければ唯足にて触《フ》れたるのみなりし故、更に何物のわざとも思ひ付かずと。

七八　同じ人の話に、家に奉公せし山口の長蔵なる者、今も七十余の老翁にて生存す。曽て夜遊びに出でて遅くかへり来たりしに、主人の家の門は大槌《オホヅチ》往還に向ひて立てるが、この門の前にて浜の方より来る人に逢へり。雪合羽《ユキガッパ》を著たり。近づきて立ちとまる故、長蔵も怪しみて之を見たるに、往還を隔てて向側なる畠地の方へすつと反《ソ》れて行きたり。かしこには垣根ありし筈《ハヅ》なるにと思ひて、よく見れば垣根は正しくあり。急に怖ろしくなりて家の内に飛び込み、主人にこの事を語りしが、後になりて聞けば、此と同じ時刻に新張村《ニヒハリムラ》の何某と云ふ者、浜よりの帰り途に馬より落ちて死したりとのことなり。

七九　この長蔵の父をも亦長蔵と云ふ。代々田尻家の奉公人にて、その妻と共に仕へてありき。若き頃夜遊びに出で、まだ宵のうちに帰り来り、門《カド》の口《クチ》より入りしに、洞前《ホラマヘ》に立てる人影あり。懐手をして筒袖の袖口を垂れ、顔は茫としてよく見えず。妻は名をおつねと云へり。おつねの所へ来たるヨバヒトでは無いかと思ひ、つかつかと近よりしに、裏の方へは遁げずして、却つて右手の玄関の方へ寄る故、人を馬鹿にするなと腹立たしくなりて、猶進みたるに、懐手のまま後《アト》ずさりして玄関の戸の三寸ばかり明きたる所より、すつと内に入《ハイ》りたり。されど長蔵は猶不思議とも思はず、其戸の隙に手を差入れて中を探らんとせしに、中の障子は正しく閉《トザ》してあり。茲に始めて恐ろしくなり、少し引下らんとして上を見れば、今の男玄関の雲壁《クモカベ》にひたと附きて我を見下す如く、其首は低く垂れて我頭に触るるばかりにて、其眼の球は尺余も抜け出でてあるやうに思はれたりと云ふ。此時は只恐ろしかりしのみにて、何事の前兆にても非ざりき。

○ヨバヒトは呼ばひ人なるべし。女に思を運ぶ人をかく云ふ

○雲壁はなげしの外側の壁なり

八〇　右の話をよく呑込む為には、田尻氏の家のさまを図にする必要あり。遠野一郷の家の建て方は何れも之と大同小異なり。

門は此家のは北向なれど、通例は東向なり。右の図にて厩舎のあるあたりに在るなり。門のことを城前《ジヤウマヘ》と云ふ。屋敷のめぐりは畠にて、囲墻を設けず。主人の寝室とウチとの間に小さく暗き室あり。之を座頭部屋と云ふ。昔は家に宴会あれば必ず座頭を喚びたり。之を待たせ置く部屋なり。

○此地方を旅行して最も心とまるは家の形の何れもかぎの手なることなり。此家などそのよき例なり

八一　栃内の字野崎に前川万吉と云ふ人あり。二三年前に三十余にて亡くなりたり。この人も死ぬる二三年前に夜遊びに出でて帰りしに、門《カド》の口《クチ》より廻《マハ》り椽《エン》に沿ひてその角《カド》迄来たるとき、六月の月夜のことなり、何心なく雲壁《クモカベ》を見れば、ひたと之に附きて寝たる男あり。色の蒼ざめたる顔なりき。大に驚きて病みたりしが此も何の前兆にても非ざりき。田尻氏の息子丸吉此人と懇親にて之を聞きたり。

八二　これは田尻丸吉と云ふ人が自ら遭ひたることなり。少年の頃ある夜常居《ジヤウヰ》より立ちて便所に行かんとして茶の間に入りしに、座敷との境に人立てり。幽《カス》かに茫としてはあれど、衣類の縞も眼鼻もよく見え、髪をば垂れたり。恐ろしけれどそこへ手を延ばして探りしに、板戸にがたと突き当り、戸のさんにも触《サハ》りたり。されど我手は見えずして、其上に影のやうに重《カサ》なりて人の形あり。その顔の所へ手を遣れば又手の上に顔見ゆ。常居《ジヤウヰ》に帰りて人々に話し、行灯を持ち行きて見たれば、既に何物も在らざりき。此人は近代的の人にて怜悧なる人なり。又虚言を為す人にも非ず。

八三　山口の大同、大洞万之丞の家の建てざまは少しく外の家とはかはれり。其図次の頁に出す。玄関は巽《タツミ》の方に向へり。極めて古き家なり。此家には出して見れば祟ありとて開かざる古文書の葛籠《ツヅラ》一つあり。

24　海岸の地には西洋人あまた来住してありき
——八四・八五

これらの話は、釜石や山田など三陸の海岸の地に西洋人が来住していたという話です。日本史の教科書では、嘉永六年（一八五三）のペリー来航が開国のはじまりと説明されますが、それはあくまでも公式の外交交渉の開始がペリー来航からだということです。しかし、それ以前から船の難破などで三陸沖に漂着した西洋人がいろいろといたというのが、現実の歴史でした。

■訳文

八四　佐々木氏の祖父は七十歳ばかりで、三、四年前に亡くなった人です。この人の青年のころといえば、嘉永年間（一八四八—一八五四）のころでしょうか。海岸の地には西洋人がたくさん来住していました。釜石にも山田にも西洋館がありました。船越の半島の突端にも西洋人が住んでいたことがありました。耶蘇教（キリスト教）の信仰は内密に行なわれており、遠野郷でもそれを信仰して磔《はりつけ》の刑になった者がありました。浜に行った人の話によると、異人はよく抱き合っては嘗め合う者だなどということを、今でも話題にする老人がいます。海岸地方には「合いの子」がなかなか多かったとのことです。

八五　土淵村の柏崎では、両親ともまさしく日本人で「白子《しらこ》」が二人いる家があります。髪も肌も眼も西洋人のとおりです。今は二十六、七歳位でしょう。家で農業を営んでいます。話す語音も土地の人と同じではありません。声は細くて鋭い声です。

■原文

八四　佐々木氏の祖父は七十ばかりにて三四年前に亡くなりし人なり。此人の青年の頃と云へば、嘉永の頃なるべきか。海岸の地には西洋人あまた来住してありき。釜石にも山田にも西洋館あり。船越の半島の突端にも西洋人の住みしことあり。耶蘇教は密々に行はれ、遠野郷にても之を奉じて磔《ハリツケ》になりたる者あり。浜に行きたる人の話に、異人はよく抱き合ひては嘗《ナ》め合ふ者なりなど云ふことを、今でも話にする老人あり。海岸地方には合《ア》の子《ヒコ》中々多かりしと云ふことなり。

八五　土淵村の柏崎にては両親とも正しく日本人にして白子《シラコ》二人ある家あり。髪も肌も眼も西洋人の通りなり。今は二十六七位なるべし。家にて農業を営む。語音も土地の人とは同じからず、声細くして鋭《スルド》し。

25 後に聞けば其日亡くなりたりとのことなり
——八六・八七・八八

いずれも人の亡くなるに際しての不思議な話です。八七と八八は、臨終に際して死者が寺参りをしていたという話です。冒頭の「題目」では、「魂の行方」として整理されている話です。

■訳文

八六　土淵村の中央で役場や小学校などのあるところを字本宿といいます。そこで豆腐屋を業とする政という者、いま三十六、七歳でしょう。この人の父が大病を病んでまさに死にそうなときのこと、この村と小烏瀬川とを隔てた字下栃内に建築工事があって、地固めの胴突きをしているところへ、夕方にその政の父親がひとりやって来て、みんなに挨拶して、おれも胴突きをしようといってしばらく仲間に入って仕事をして、やや暗くなって皆とともに家に帰りました。あとで人びとはあの人は大病のはずなのにと少し不思議に思ったのでしたが、その後に聞けば、その日に彼は亡くなったとのことでした。人びとはみんなお葬式の悔やみに行き、その日のことを語りあったのですが、その時刻はちょうど病人がまさに息を引き取ろうとしていたそのころだったのでした。

八七　その人の名前は忘れたけれども、遠野の町の豪勢な家で、主人が大患《おおわずら》いをして生死の境に臨んでいたころ、ある日ふと菩提寺を訪れて来ました。和尚は鄭重にもてなしてお茶などをすすめました。世間話をしてやがて帰ろうとするそのときの様子に少々不審なところがあったので、あとから小僧を見せに行かせたところ、門を出てから家の方に向かい、町の角を廻って見えなくなりました。その道ではこの人に逢った人はまだほかにもありました。誰にもよく挨拶をしていつもの状態でしたが、この晩に死去しており、もちろんその時は外出などできるような状態ではありませんでした。後になって寺ではお茶は飲んだのか否かということで茶碗を置いたところをあらためてみたら、お茶は畳の敷き合わせの部分にみんなこぼしてありました。

八八　これも似た話です。土淵村大字土淵の常堅寺は曹洞宗で、遠野郷の十二ヵ寺の触頭《ふれがしら》（本山との連絡やその地域の寺の統制にあたった有力な寺）です。ある日の夕方に村人の何某という者、土淵村の中心の本宿《もとじゅく》から来る路で、何某という老人にあいました。この老人はかねてより大病を患っている者だったので、いつのまによくなりましたかと問うたところ、二、三日気分もよいので、今日はお寺に和尚さんのお話を聞きに行くのですといって、お寺の門前でまた言葉を掛け合って別れました。常堅寺でも和尚はこの老人が訪ねて来たので出迎えて、お茶を進めてしばらく話をして帰りました。このときも和尚は小僧に様子を見させたのですが、寺の門の外で見えなくなったので、驚いて和尚に語り、よく見ればまたお茶は畳の間にこぼしてありました。老人はその日に亡くなったのでした。

■原文

八六　土淵村の中央にて役場小学校などの在る所を字本宿《モトジク》と云ふ。此所に豆腐屋を業とする政と云ふ者、今三十六七なるべし。此人の父大病にて死なんとする頃、此村と小烏瀬川《コガラセ》を隔てたる字下栃内《シモトチナイ》に普請《フシン》ありて、地固めの堂突《ドウヅキ》を為す所へ、夕方に政の父独来りて人々に挨拶し、おれも堂突を為すべしとて暫時仲間に入りて仕事を為し、稍暗くなりて皆と共に帰りたり。あとにて人々あの人は大病の筈なるにと少し不思議に思ひしが、後に聞けば其日亡くなりたりとのことなり。人々悔みに行き今日のことを語りしが、其時刻は恰も病人が息を引き取らんとする頃なりき。

八七　人の名は忘れたれど、遠野の町の豪家にて、主人大煩して命の境に臨みし頃、ある日ふと菩提寺に訪ひ来れり。和尚鄭重にあしらひ茶などすすめたり。世間話をしてやがて帰らんとする様子に少々不審あれば、跡より小僧を見せに遣りしに、門を出でて家の方に向ひ、町の角を廻りて見えずなれり。其道にてこの人に逢ひたる人まだ外にもあり。誰にもよく挨拶して常の体《テイ》なりしが、此晩に死去して勿論其時は外出などすべき様態にてはあらざりし也。後に寺にては茶は飲みたりや否やと茶椀を置きし処を改めしに、畳の敷合せへ皆こぼしてありたり。

25　後に聞けば其日亡くなりたりとのことなり

八八　此も似たる話なり。土淵村大字土淵の常堅寺は曹洞宗にて、遠野郷十二ケ寺の触頭《フレガシラ》なり。或日の夕方に村人何某と云ふ者、本宿《モトジュク》より来る路にて何某と云ふ老人にあへり。此老人はかねて大病をして居る者なれば、いつの間によくなりしやと問ふに、二三日気分も宜しければ、今日は寺へ話を聞きに行くなりとて、寺の門前にて又言葉を掛け合ひて別れたり。常堅寺にても和尚はこの老人が訪ね来りし故出迎へ、茶を進め暫く話をして帰る。これも小僧に見させたるに門の外《ソト》にて見えずなりしかば、驚きて和尚に語り、よく見れば亦茶は畳の間にこぼしてあり、老人はその日失せたり。

26　昔より山の神出づと言伝ふる所なり

——八九

この話は、山の神に行き逢った話です。やはり山の霊威についての話は佐々木の語りの中では多かったことがわかります。

■訳文

八九　山口から柏崎へ行くには、愛宕山の裾を廻ります。田圃に続いている松林で、柏崎の人家が見える辺りから雑木の林となります。愛宕山の頂上には小さな祠があり、参詣のための路は林の中にあります。登口に鳥居が立ち、二、三十本の杉の古木があります。その傍らにはまた一つのがらんとしたお堂があります。そのお堂の前には山神の字を刻んでいる石塔を立てています。昔から山の神が出ると言い伝えているところです。和野の何某という若者、柏崎に用事があって夕方そのお堂のあたりを通ったときのこと、愛宕山の上から降って来る背丈の高い人がおりました。誰だろうと思い、林の中から樹木越しにその人の顔のところを目がけて歩み寄って行ったら、道の曲がり角でぱったり行き逢いました。先方は、思いもかけなかったのでしょう、大いに驚いてこちらを見たその顔は非常に赤く、眼は耀いていかにも驚いたような顔でした。山の神だと知って後も見ずに柏崎の村に走って行きついたのでした。
○遠野郷では、山の神の石塔は多く立っています。その場所はかつて里の人が山の神に逢い、または山の神の祟りを受けた場所で、その神をなだめるために建てた石塔なのです。

■原文

八九　山口より柏崎へ行くには愛宕山の裾を廻《マハ》るなり。田圃に続ける松林にて、柏崎の人家見ゆる辺より雑木《ザウキ》の林となる。愛宕山の頂には小さき祠ありて、参詣の路は林の中に在り。登口《ノボリクチ》に鳥居《トリヰ》立ち、二三十本の杉の古木あり。其旁には又一つのがらんとしたる堂あり。堂の前には山神の字を刻みたる石塔を立つ。昔より山の神出づと言伝ふる所なり。和野の何某と云ふ若者、柏崎に用事ありて夕方堂のあたりを通りしに、愛宕山の上より降《クダ》り来る丈《タケ》高き人あり。誰ならんと思ひ林の樹木越しに其人の顔の所を目がけて歩み寄りしに、道の角《カド》にてはたと行逢ひぬ。先方は思ひ掛けざりしにや大に驚きて此方を見たる顔は非常に赤く、眼は耀《カガヤ》きて且つ如何にも驚きたる顔なり。山の神なりと知りて後《アト》をも見ずに柏崎の村に走り付きたり。
○遠野郷には山神塔多く立てり、その処は曽て山神に逢ひ又は山神の祟を受けたる場所にて神をなだむる為に建てたる石なり

27　松崎村に天狗森と云ふ山あり
——九〇

天狗に相撲を挑んで手足を抜き取られて死んだ若者の話です。これも山の霊威についての話です。

■訳文

九〇　松崎村に天狗森という山があります。その麓にある桑畠で村の若者の何某という者、働いていたときに、しきりに睡《ねむ》くなったので、しばらく畠の畔《くろ》に腰掛けて居眠りをしようとしたそのとき、きわめて大きな男で顔は真っ赤なのが出てきました。若者は気軽な性格でふだんから相撲などが好きな男だったので、この見馴れない大男が自分の前に立ちはだかって上から見下ろすようになっているのをおもしろくないと思い、思わず立ち上がって、お前はどこから来たか、と問うたところ、何の答えもしなかったので、一つ突き飛ばしてやろうと思い、力自慢のままに飛びかかりその大男に手を掛けたと思うやいなや、かえって自分の方が飛ばされて気を失ってしまいました。夕方になって正気づいてみれば、もちろんもうその大男はいませんでした。家に帰ってから、家の人やその他の人にもこのことを話しました。そして、その秋のことでした。早地峯の麓に近いところに、おおぜいの村人とともに馬を曳いて萩の花を苅りに行き、さて帰ろうとするころになってこの男だけその姿が見えませんでした。一同は驚いて探し尋ねたところ、深い谷の奥で手も足も一つ一つ抜き取られて死んでいたといいます。今より二、三十年前のことでしたが、この時のことをよく知っている老人も今もまだ存在しています。天狗森には天狗が多くいるということは昔から人の知るところです。

■原文

九〇　松崎村に天狗森と云ふ山あり。其麓なる桑畠にて村の若者何某と云ふ者、働きて居たりしに、頻に睡くなりたれば、暫く畠の畔《クロ》に腰掛けて居眠りせんとせしに、極めて大なる男の顔は真赤《マッカ》なるが出で来れり。若者は気軽にて平生相撲などの好きなる男なれば、この見馴れぬ大男が立ちはだかりて上より見下すやうなるを面悪く思ひ、思はず立上りてお前はどこから来たかと問ふに、何の答もせざれば、一つ突き飛ばしてやらんと思ひ、力自慢のまま飛びかかり手を掛けたりと思ふや否や、却りて自分の方が飛ばされて気を失ひたり。夕方に正気づきて見れば無論その大男は居らず。家に帰りて後人に此事を話したり。其秋のことなり。早地峯の腰へ村人大勢と共に馬を曳きて萩《ハギ》を苅りに行き、さて帰らんとする頃になりて此男のみ姿見えず。一同驚きて尋ねたれば、深き谷の奥にて手も足も一つ一つ抜き取られて死して居たりと云ふ。今より二三十年前のことにて、此時の事をよく知れる老人も今に存在せり。天狗森には天狗多く居ると云ふことは昔より人の知る所なり。

28 遠野の町に山々の事に明るき人あり

――九一

山の神の話です。山の神の話は、八九にもありましたが、このあとにも、九三、九八、一〇二、一〇七、一〇八があります。

■訳文

九一　遠野の町に山々のことに明るい人がいます。もとは南部男爵家の鷹匠です。町の人はあだ名して鳥御前《とりごぜん》といいます。早地峯、六角牛の木や石や、すべてその形状とその在る所とを知っています。年を取ってのち茸採《きのこと》りに一人の連れの男とともに出かけました。この連れの男というのは水練《すいれん》の名人で、藁と槌とを持って水の中に入り、草鞋《わらじ》を作って出てくるという評判の人でした。さて、遠野の町と猿ケ石川を隔てる向山という山から、綾織村の続石といって珍しい岩のある所の少し上の山に入り、両人は別れ別れになり、鳥御前一人はまたそこから少し山を登りましたが、あたかも秋の空の日影、西の山の端より四、五間（約七―九メートル）ばかりになる時刻でした。ふと大きな岩の陰に赤い顔の男と女とが立って何か話をしているところに出逢いました。彼らは鳥御前が近づくのを見て、手を拡げて押し戻すような手つきをして制止したのですが、それにも構わずに行ったところ女は男の胸にすがるようにしました。その様子からほんとうの人間ではあるまいと思いながら、鳥御前はひょうきんな人なので、ちょっと戯れてやろうと腰に挿している切刃を抜いて、打ちかかるようにしたら、その顔の色の赤い男は足を挙げて鳥御前を蹴りあげたかと思う瞬間、たちまち気を失い前後知らずの状態になりました。連れだっていた男は鳥御前を探しまわり、谷底に気絶しているのを見つけ、介抱して家に帰ったのでした。鳥御前は今日の一部始終を話し、このような事は今までに一度もなかったことだ、自分はこのために死ぬかも知れない、ほかの者には誰にもいうなと語り、三日ほど病んで、そのあと亡くなりました。鳥御前の家の者はあまりにもその死に方が不思議だということで、山臥《やまぶし》のケンコウ院というのに相談したところ、その答えには、山の神たちの遊んでいるところを邪魔したため、その祟りをうけて死んだのだといいました。この鳥御前という人は伊能嘉矩先生（一八六七—一九二五）なども知り合いの人でした。今から十余年前のことです。

■原文

九一　遠野の町に山々の事に明るき人あり。もとは南部男爵家の鷹匠なり。町の人綽名《アダナ》して鳥御前《トリゴゼン》と云ふ。早地峯、六角牛の木や石や、すべて其形状と在所《アリドコロ》とを知れり。年取りて後茸《キノコ》採りにとて一人の連と共に出でたり。この連の男と云ふは水練の名人にて、藁と槌とを持ちて水の中に入り、草鞋を作りて出て来ると云ふ評判の人なり。さて遠野の町と猿ケ石川を隔つる向山《ムケエヤマ》と云ふ山より、綾織村の続石《ツツキイシ》とて珍しき岩のある所の少し上の山に入り、両人別れ別れになり、鳥御前一人は又少し山を登りしに、恰も秋の空の日影、西の山の端より四五間ばかりなる時刻なり。ふと大なる岩の陰に赭《アカ》き顔の男と女とが立ちて何か話をして居るに出逢ひたり。彼等は鳥御前の近づくを見て、手を拡《ヒロ》げて押戻すやうなる手つきを為し制止したれども、それにも構《カマ》はず行きたるに女は男の胸に縋るやうにしたり。事のさまより真の人間にてはあるまじと思ひながら、鳥御前はひやうきんな人なれば、戯れて遣らんとて腰なる切刃《キリハ》を抜き、打ちかかるやうにしたれば、その色赭き男は足を挙げて蹴たるかと思ひしが、忽ちに前後を知らず。連なる男は之を探《サガ》しまはりて谷底に気絶してあるを見付け、介抱して家に帰りたれば、鳥御前は今日の一部始終を話し、かかる事は今までに更になきことなり。おのれは此為に死ぬかも知れず、外の者には誰にも言ふなと語り、三日程の間病みて身まかりたり。家の者あまりに其死にやうの不思議なればとて、山臥のケンコウ院と云ふに相談せしに、其答には、山の神たちの遊べる所を邪魔したる故、その祟をうけて死したるなりと言へり。此人は伊能先生なども知合なりき。今より十余年前の事なり。

29　丈の高き男の下より急ぎ足に昇り来るに逢へり
──九二

山男の話です。冒頭の「題目」では、前半の五、六、七、九と、二八、三〇、三一が「山男」として整理されていますが、それらから離れたこの九二の話も「山男」の話です。佐々木喜善の語りではこのように山の民の話が繰り返し語られていたことがわかります。おそらくは、柳田もその山の民の話にずっと強い興味をもっていたからでしょう。

■訳文

九二　昨年のことです。土淵村の村里の子が十四、五人で、早地峯に遊びに行き、思わず夕方近くになったので、急いで山を下り麓が近くなるころ、背丈の高い男が下の方から急ぎ足で昇ってくるのに逢いました。顔の色は黒く眼はきらきらとしていて、肩には麻かと思われる古い浅葱色の風呂敷に包んだ小さな包みを負っていました。恐ろしかったけれど子どもの中の一人が、どこへ行くのか、とこちらから声を掛けたら、小国へ行くと答えました。この路は小国へ越える方角ではなかったので、立ち止まって不審に思っていたら、行き過ぎたと思うまもなく、すぐに見えなくなりました。あれは山男だよと口々にいってみんな逃げ帰ったといいます。

■原文

九二　昨年のことなり。土淵村の里の子十四五人にて早地峯に遊びに行き、はからず夕方近くなりたれば、急ぎて山を下り麓近くなる頃、丈の高き男の下より急ぎ足に昇り来るに逢へり。色は黒く眼《マナコ》はきらきらとして、肩には麻かと思はるる古き浅葱色《アサギイロ》の風呂敷にて小さき包を負ひたり。恐ろしかりしかども子共の中の一人、どこへ行くかと此方より声を掛けたるに、小国さ行くと答ふ。此路は小国へ越ゆべき方角には非ざれば、立ちとまり不審する程に、行き過ぐると思ふ間もなく、早見えずなりたり。山男よと口々に言ひて皆々遁げ帰りたりと云へり。

30　崖の上より下を覗《ノゾ》くものあり　顔は赭く眼の光りかがやけること前の話の如し

——九三

山の神の話です。このあとにも、九八、一〇二、一〇七、一〇八に山の神の話が語られています。

■訳文

九三　これは和野の人菊池菊蔵という者、妻は笛吹峠の向こうの橋野から来た者でした。この妻が親里へ行っている間に、糸蔵という五、六歳の男の児が病気になったので、昼過ぎから笛吹峠を越えて妻を連れに親里の橋野へ行きました。その名のとおりの六角牛の峯続きの道なので山路は樹木が深く繁っており、とくに遠野分から栗橋分に下ろうとするあたりは、道路はウド（切り通しの道）で両方は岨《そば》（急斜面の崖）でした。太陽の日影がその高い切り通しの岨に隠れてあたりがやや薄暗くなったころ、後の方から菊蔵、と呼ぶ者があったので、振り返って見れば、崖の上から下を覗く者がいました。その顔は赤く眼が光りかがやいているのは前の話のとおりでした。お前の子はもう死んでいるぞ、といいました。この言葉を聞いて恐ろしさよりも先にはっと思ったのでしたが、もうその姿は見えませんでした。急いで夜のうちに妻を伴って自分の家に帰ってみると、はたして子どもは死んでいました。四、五年前のことです。

○ウドとは両側が高く切り込んでいる路のことです。東海道の諸国でも、ウタウ坂、謡坂などというのはすべてこのような小さな切り通しのことだと思われます。

■原文

九三　これは和野の人菊池菊蔵と云ふ者、妻は笛吹峠のあなたなる橋野より来たる者なり。この妻親里へ行きたる間に、糸蔵と云ふ五六歳の男の児病気になりたれば、昼過ぎより笛吹峠を越えて妻を連れに親里へ行きたり。名に負ふ六角牛の峯続きなれば山路は樹深く、殊に遠野分より栗橋分へ下らんとするあたりは、路はウドになりて両方は岨《ソバ》なり。日影は此岨に隠れてあたり稍薄暗くなりたる頃、後の方より菊蔵と呼ぶ者あるに振返りて見れば、崖の上より下を覗《ノゾ》くものあり。顔は赭く眼の光りかがやけること前の話の如し。お前の子はもう死んで居るぞと云ふ。この言葉を聞きて恐ろしさよりも先にはつと思ひたりしが、早其姿は見えず。急ぎ夜の中に妻を伴ひて帰りたれば、果して子は死してありき。四五年前のことなり。

○ウドとは両側高く切込みたる路のことなり。東海道の諸国にてウタウ坂謡坂などいふはすべて此の如き小さき切通しのことならん

31　藤七が曰く　今日はとてもかなはず　さあ行くべしとて別れたり

——九四

狐の話で、先の九三と同じく菊池菊蔵という人の話です。

■訳文

九四　この菊蔵が、柏崎にある姉の家に用事があって行き、ごちそうを振る舞われたあとの残りの餅を懐に入れて、愛宕山の麓の林を過ぎていくときに、象坪《ぞうつぼ》の藤七という大酒呑みで彼と仲よしの友だちに行き逢いました。そこは林の中でしたが、少し芝原があるところでした。藤七はにこにこしてその芝原を指さして、ここで相撲を取らないかといいました。菊蔵はそれを承諾して二人でその芝原でしばらく遊びましたが、このときの藤七はいかにも弱く軽く自由に抱えて投げられるのでおもしろいままに三番まで取りました。藤七がいうには、今日はとてもかなわない、さあもう行こう、といって別れました。そして、四、五間（約七—九メートル）も行ってから気がついたのですが、懐に入れてきた餅がありません。さっきの相撲場に戻って探したのですがありません。それではじめてあれは狐だったのかと思ったけれども、外聞を恥じてこのことは人にもいわなかったのに、四、五日ののち酒屋で藤七に逢いその話をしたら、おれは相撲など取るものか、その日は浜の方へ行っていたんだからといって、いよいよ菊蔵が狐と相撲を取ったということが露顕してしまいました。それでも菊蔵はなお他の人たちにはこのことは包み隠していたのですが、昨年の正月の休みに人びとと酒を飲み狐の話をしたとき、ついおれも実はとこの話を白状して、大いに笑われたのでした。

○象坪は地名であり、かつ藤七の名字です。象坪という地名のことは『石神問答』の中で、私はこれを研究しています。

■原文

九四　この菊蔵、柏崎なる姉の家に用ありて行き、振舞はれたる残りの餅を懐に入れて、愛宕山の麓の林を過ぎしに、象坪《ゾウツボ》の藤七と云ふ大酒呑にて彼と仲善の友に行き逢へり。そこは林の中なれど少しく芝原ある所なり。藤七はにことしてその芝原を指し、ここで相撲を取らぬかと云ふ。菊蔵之を諾し、二人草原にて暫く遊びしが、この藤七如何にも弱く軽く自由に抱へては投げらるる故、面白きままに三番まで取りたり。藤七が曰く、今日はとてもかなはず、さあ行くべしとて別れたり。四五間も行きて後心付きたるにかの餅見えず。相撲場に戻りて探したれど無し。始めて狐ならんかと思ひたれど、外聞を恥ぢて人にも言はざりしが、四五日の後酒屋にて藤七に逢ひ其話をせしに、おれは相撲など取るものか、その日は浜へ行きてありしものをと言ひて、愈狐と相撲を取りしこと露顕したり。されど菊蔵は猶他の人々には包み隠してありしが、昨年の正月の休に人々酒を飲み狐の話をせしとき、おれも実はと此話を白状し、大に笑はれたり。
○象坪は地名にして且つ藤七の名字なり。象坪と云ふ地名のこと石神問答の中にて之を研究したり

32 見たることなき美しき大岩を見付けたり

——九五

山にある不思議な美しい大岩の話です。

■訳文

九五　松崎の菊池某という今年四十三、四歳の男は、庭作りの上手で、山に入って草花を掘ってきては自分の庭に移し植え、形のおもしろい岩などは重いのをいとわず家に担って帰るのをいつものこととしていました。ある日、少し気分が重たかったので家を出て山に遊びにいったところ、今までついに見たことのない美しい大岩を見つけました。いつもの道楽なので、これを持って帰ろうと思い、持ち上げようとしたのですが、非常に重いのでした。ちょうど人が立っているような形をしていて背丈もほとんど人間ほどもありました。それでも欲しさのあまりこれを背負い、がまんして十間（約一八メートル）ばかり歩んだのですが、気の遠くなるくらい重かったので、怪しいなと思い、路の旁らにこれを立てて少しもたれかかるようにしていると、そのまま石とともにすっと空中に昇って行くような心地がしました。雲よりも上になったように思いましたが、そこはじつに明るく清らかなところで、あたりにいろいろの花が咲いて、しかもどこからともなく大勢の人の声が聞こえました。しかし、石はなおますます昇って行き、ついには昇り切ったのか、もう何ごとも覚えないような状態になりました。その後、時が過ぎて気づいた時は、やはり以前のように不思議な石にもたれたままでした。この石を家の内へ持ち込んではどんなことがあるか予測もできないと、恐ろしくなって逃げ帰りました。この石は今も同じところにあります。ときどきはこれを見て再び欲しくなることがあるといいます。

■原文

九五　松崎の菊池某と云ふ今年四十三四の男、庭作りの上手にて、山に入り草花を掘りては我庭に移し植ゑ、形の面白き岩などは重きを厭はず家に担《ニナ》ひ帰るを常とせり。或日少し気分重ければ家を出でて山に遊びしに、今までつひに見たることなき美しき大岩を見付けたり。平生の道楽なれば之を持ち帰らんと思ひ、持ち上げんとせしが非常に重し。恰も人の立ちたる形して丈もやがて人ほどあり。されどほしさの余之を負ひ、我慢して十間ばかり歩みしが、気の遠くなる位《クラヰ》重ければ怪しみを為し、路の旁に之を立て少しくもたれかかるやうにしたるに、そのまま石と共にすつと空中に昇り行く心地したり。雲より上になりたるやうに思ひしが実に明るく清き所にて、あたりに色々の花咲き、しかも何処とも無く大勢の人声聞えたり。されど石は猶益《マスマス》昇《ノボ》り行き、終には昇り切りたるか、何事も覚えぬやうになりたり。其後時過ぎて心付きたる時は、やはり以前の如く不思議の石にもたれたるままにてありき。此石を家の内へ持ち込みては如何なる事あらんも測りがたしと、恐ろしくなりて遁げ帰りぬ。この石は今も同じ所に在り。折々は之を見て再びほしくなることありと云へり。

33 物を投げ付けられたる家 火を発せざることなし

——九六

この九六は、「白痴」の男が急にあたりの人家に石を投げつけて、火事だ火事だと叫ぶと、まもなくその家が火事に見舞われるという不思議な話です。そのような者の無意識の中での言動の中に神霊や霊物の意思の発動があると考える里人の心意が語られている話といってよいでしょう。

■訳文

九六　遠野の町に、芳公馬鹿《よしこうばか》といわれている三十五、六歳になる知的障害のある男が一昨年まで生きていました。この男の癖は路上で木の切れはしなどを拾い、これを捻《ひね》ってつくづくと見つめ、またはそれを嗅ぐことでした。人の家に行っては、柱などにこすりつけてその手を嗅ぎ、どんなものでも眼の先まで取り上げて、よく見てにこにことして、ときどきこれを嗅ぐのでした。この男、往来を歩きながら急に立ち留まり、石などを拾い上げて、それをあたりの人家に向けて打ちつけ、けたたましく火事だ、火事だと叫ぶことがありました。こうすればその晩か次の日か、その石や物を投げつけられた家では火が出て火事にならないことがなかったのでした。同じことが何度となくあったので、のちにはその家々もよく注意して火事の予防をするようにしたのですが、結局は火事を免れた家は一軒もなかったといいます。

■原文

九六　遠野の町に芳公馬鹿《ヨシコウバカ》とて三十五六なる男、白痴にて一昨年まで生きてありき。此男の癖は路上にて木の切れ塵などを拾ひ、之を捻《ヒネ》りてつくづくと見つめ又は之を嗅《カ》ぐことなり。人の家に行きては柱などをこすりて其手を嗅ぎ、何物にても眼の先まで取り上げ、にこにことして折々之を嗅ぐなり。此男往来をあるきながら急に立ち留り、石などを拾ひ上げて之をあたりの人家に打ち付け、けたたましく火事だ火事だと叫ぶことあり。かくすれば其晩か次の日か物を投げ付けられたる家火を発せざることなし。同じこと幾度と無くあれば、後には其家々も注意して予防を為すと雖、終に火事を免《マヌカ》れたる家は一軒も無しと云へり。

34　門の辺にて騒しく我名を喚ぶ者ありてうるさきこと限なけれど

――九七

熱病で死にかけた男が寺の門まで来たのだけれど、親族が懸命に喚び返してくれて生き返ったという話です。臨死体験と蘇生という問題をめぐる話の例です。

■訳文

九七　飯豊《いいで》の菊池松之丞という人が、傷寒《しょうかん》（熱病）を病んで、たびたび息を引きつめた時のことです。ふと気がつくと、自分は田圃に出て、自分の家の菩提寺であるキセイ院へ急いで行こうとしていました。足に少し力を入れたら、思いがけなく空中に飛び上がり、およそ人間の頭の高さのところを次第に前下がりに行きましたが、また少し力を入れるとふたたび最初のときのように昇り始めました。何とも言えぬほど快適でした。寺の門に近づくと人びとが群集していました。なぜだろうと訝《いぶか》りながら門を入って行くと、紅色の芥子《けし》の花が咲き満ちており、見渡すかぎりに広がってその果てもわからないほどでした。ますます気持ちよかったのですが、この花の間に亡くなった父親が立っていました。お前もきたのか、といいました。それに何か返事をしながら、なおも行くと、以前に亡くした自分の男の子がおり、トッチャ、お前もきたか、といいました。お前はここにいたのか、と言いながらその子に近よろうとすると、今きてはいけない、といいました。この時、寺の門のあたりで、騒がしく自分の名前を喚《よ》ぶ者があって、それがうるさいこと限りなかったのでしたが、しかたなく気持ちも重いままにいやいやながら引き返した、と思ったら正気づきました。親族の者たちが寄り集まって顔に水などを打ち注いで喚び返し生き返らせてくれたのでした。

■原文

九七　飯豊《イヒデ》の菊池松之丞と云ふ人傷寒を病み、度々息を引きつめし時、自分は田圃に出でて菩提寺なるキセイ院へ急ぎ行かんとす。足に少し力を入れたるに、図らず空中に飛上り、凡そ人の頭ほどの所を次第に前下《マヘサガ》りに行き、又少し力を入るれば昇ること始の如し。何とも言はれず快し。寺の門に近づくに人群集せり。何故ならんと訝りつつ門を入れば、紅《クレナヰ》の芥子《ケシ》の花咲満ち、見渡す限も知らず。いよいよ心持よし。この花の間に亡《ナ》くなりし父立てり。お前も来たのかと云ふ。これに何か返事をしながら猶行くに、以前失ひたる男の子居りて、トツチヤお前も来たかと云ふ。お前はここに居たのかと言ひつつ近よらんとすれば、今来てはいけないと云ふ。此時門の辺にて騒しく我名を喚ぶ者ありて、うるさきこと限なけれど、拠なければ心も重くいやいやながら引返したりと思へば正気付きたり。親族の者寄り集ひ水など打ちそそぎて喚生《ヨビイ》かしたるなり。

35 路の傍に山の神 田の神 塞《サヘ》の神の名を彫りたる石を立つるは常のことなり ——九八

遠野郷では山の神などの石碑を立てる例が多いという話です。その写真の例を参考としてここにあげておきましょう。

■訳文

九八　道路の傍に、山の神、田の神、塞の神の名を彫った石を立てるのはふつうのことです。また、早地峯山、六角牛山の名前を刻した石は、遠野郷にもあるけれど、それよりも浜の方にとくに多くあります。

■原文

九八　路の傍に山の神、田の神、塞《サヘ》の神の名を彫りたる石を立つるは常のことなり。又早地峯山六角牛山の名を刻したる石は、遠野郷にもあれど、それよりも浜に殊に多し。

35　路の傍に山の神 田の神 塞の神の名を彫りたる石を立つるは常のことなり

山の神の石碑　遠野郷によく見られる
（遠野市立博物館）

36 先年の大海嘯《オホツナミ》に遭ひて妻と子とを失ひ生き残りたる二人の子と共に
――九九

この話は、大津波で亡くした妻が、生前、自分と結婚する前に深く心を通わせていた男と夫婦になっているのを深い霧の中にみた夫が、悲しみ久しく体調をくずしたという話です。このような死者をめぐる不思議な話は、今も山田町など浜の方ではときどき聞かれる話です。その大津波というのは、明治二十九年（一八九六）の三陸大津波のことです。六月十五日（旧暦五月五日）夜八時頃に襲ってきたもので、波高三八・二メートル、死者二万一九五九人、流失・全半壊八八九一戸、船の被害七〇三二隻というものでした。大槌町ではそのとき日清戦争の凱旋花火大会が海岸で行なわれており、その参加者は一瞬にして全滅となったといわれています。

■訳文

九九　土淵村の助役の北川清という人の家は字火石にあります。代々の山臥の家で、祖父は正福院といい、学者で著作も多く、村のために尽くした人でした。清の弟に福二という人があり、その弟は海岸の田の浜の家へ聟に行ったのですが、先年の大海嘯にあい、妻と子を失い生き残った二人の子とともに元の屋敷の土地に小屋を掛けて一年ばかり経っていました。夏の初めの月夜に便所に起きましたが、便所は遠く離れたところにありそこに行く道も浪の打つ渚《なぎさ》でした。霧の出ている夜で、その霧の中から男女二人が近よってくるのを見れば、女はまさしく亡くなった自分の妻でした。思わずその跡をつけて、はるばると船越村の方へ行く崎の洞のあるところまで追って行き、その名前を呼ぶと、妻は振り返ってにこっと笑いました。男は誰かとみればこれも同じ村里の者で、あの海嘯の難で死んだ者でした。自分が聟に入るより以前に、その二人はたがいに深く心を通わせた仲だったということを聞いたことのある男でした。今はこの人と夫婦になっているのです、というので、子供は可愛くはないのかというと、女は少し顔の色を変えて泣きました。死んでいる人と話をしているとは思われず、悲しく情けなくなったので、足元を見ていましたが、その間に、男女は再び足早にそこを立ち退いて、小浦へ行く道の山陰を廻り、見えなくなってしまいました。追いかけて見たのですが、ふともう妻も死んだ者なのだと心づき、夜明けまで道の途中に立って考え、朝になって帰りました。その後長いあいだ病気で身体の具合が悪かったといいます。

■原文

九九　土淵村の助役北川清と云ふ人の家は字火石《ヒイシ》に在り。代々の山臥にて祖父は正福院と云ひ、学者にて著作多く、村の為に尽したる人なり。清の弟に福二と云ふ人は海岸の田の浜へ聟に行きたるが、先年の大海嘯《オホツナミ》に遭ひて妻と子とを失ひ、生き残りたる二人の子と共に元の屋敷の地に小屋を掛けて一年ばかりありき。夏の初の月夜に便所に起き出でしが、遠く離れたる所に在りて行く道も浪の打つ渚《ナギサ》なり。霧の布《シ》きたる夜なりしが、その霧の中より男女二人の者の近よるを見れば、女は正しく亡くなりし我妻なり。思はず其跡をつけて、遥々と船越村の方へ行く崎の洞ある所まで追ひ行き、名を呼びたるに、振返りてにこと笑ひたり。男はと見れば此も同じ里の者にて海嘯の難に死せし者なり。自分が聟に入りし以前に互に深く心を通はせたりと聞きし男なり。今は此人と夫婦になりてありと云ふに、子供は可愛くは無いのかと云へば、女は少しく顔の色を変へて泣きたり。死したる人と物言ふとは思はれずして、悲しく情なくなりたれば足元を見て在りし間に、男女は再び足早にそこを立ち退きて、小浦《ヲウラ》へ行く道の山陰を廻《メグ》り見えずなりたり。追ひかけて見たりしがふと死したる者なりしと心付き、夜明まで道中《ミチナカ》に立ちて考へ、朝になりて帰りたり。其後久しく煩ひたりと云へり。

37　吉利吉里《キリキリ》より帰るとて 夜深く四十八坂のあたりを通りしに
――一〇〇・一〇一

いずれも狐が殺された話なのですが、一〇〇は女に化けた狐、一〇一は家を覗いていたほんとうの狐の話です。

■訳文

一〇〇　船越の漁夫の何某という者、ある日仲間の者とともに吉利吉里から帰るというので、夜も深い時間帯に四十八坂のあたりを通っていたところ、小川のあるところで一人の女に逢いました。見れば、自分の妻です。それでもこのような夜中にひとりでこの辺に来るわけもないので、きっと化け物だろうと思い、やにわに魚切り庖丁を持って後の方から差し通したら、悲しい声を立てて死にました。しばらくの間は、その正体を現さなかったので、さすがに気にかかり、後のことを連れの者に頼み、自分は急いで駆け足で家に帰りましたが、妻は何事もなく家で自分の帰るのを待っていました。妻は、今、恐ろしい夢を見ました。あまりに帰りが遅いので、夢の中で途中まで見に出かけたら、途中の山路で何とも知れぬ者に脅かされて命を取られるのではと思っていたそのとき目が覚めたのです、といいました。さてはと合点して、再び以前の場所へ引き返してみれば、山路で殺した女は、連れの者が見ているあいだについに正体をあらわし一匹の狐になったといいました。夢の中で野山を行くときには、霊狐が獣の狐の身体を借りることもあるのだと思われます。

一〇一　旅人が豊間根《とよまね》村を過ぎ、夜更けて疲れたので、知りあいの者の家に灯火が見えるのを幸いに、その家に入って休息しようとしたら、ちょうどよい時に来合わせたね、今日の夕方に死人があり、留守の者がいなくてどうしようかと思っていたところです。しばらくの間、留守を頼むといってその家の主人は他の人を喚びに行きました。迷惑千万な話ですが仕方なく、囲炉裡の側で煙草を吸っていたところ、死人は老女で奥の方に寝させてあったのですが、ふと見れば床の上にむくむくと起き直りました。胆がつぶれましたが心を鎮め静かにあたりを見廻すに、台所の流し元の水口の穴のところに狐のような物がおり、顔面をさし入れてしきりに死人の方を見つめていました。さてこそ、そうだったのか、老女を起こしたのは狐のせいだったのかと思い、身を潜めてひそかに家の外に出て、背戸の方に廻って見れば、まさしくそれは狐で、首を流し元の穴に入れ、後足を爪立《つまだ》てていました。有り合わせた棒をもってこれを打ち殺しました。

〇下閉伊郡豊間根村大字豊間根。

■原文

一〇〇　船越の漁夫何某、ある日仲間の者と共に吉利吉里《キリキリ》より帰るとて、夜深く四十八坂のあたりを通りしに、小川のある所にて一人の女に逢ふ。見れば我妻なり。されどもかかる夜中に独此辺に来べき道理なければ、必定化物ならんと思ひ定め、矢庭に魚切庖丁を持ちて後の方より差し通したれば、悲しき声を立てて死したり。暫くの間は正体を現はさざれば流石に心に懸り、後の事を連の者に頼み、おのれは馳せて家に帰りしに、妻は事も無く家に待ちてあり。今恐ろしき夢を見たり。あまり帰りの遅ければ夢に途中まで見に出でたるに、山路にて何とも知れぬ者に脅《オビヤ》かされて、命を取らるると思ひて目覚めたりと云ふ。さてはと合点して再び以前の場所へ引返して見れば、山にて殺したりし女は連の者が見てをる中につひに一匹の狐となりたりと云へり。夢の野山を行くに此獣の身を傭《ヤト》ふことありと見ゆ。

一〇一　旅人豊間根《トヨマネ》村を過ぎ、夜更け疲れたれば、知音の者の家に灯火の見ゆるを幸に、入りて休息せんとせしに、よき時に来合せたり、今夕死人あり、留守の者なくて如何にせんかと思ひし所なり、暫くの間頼むと云ひて主人は人を喚びに行きたり。迷惑千万なる話なれど是非も無く、囲炉裡の側にて煙草を吸ひてありしに、死人は老女にて奥の方に寝させたるが、ふと見れば床《トコ》の上にむくむくと起直る。胆潰れたれど心を鎮め静かにあたりを見廻《ミマハ》すに、流し元の水口の穴より狐の如き物あり、面《ツラ》をさし入れて頻に死人の方を見つめて居たり。さてこそと身を潜め窃かに家の外に出で、背戸《セト》の方に廻りて見れば、正しく狐にて首を流し元の穴に入れ後足《アト》を爪立《ツマタ》てて居たり。有合はせたる棒をもて之を打ち殺したり。

○下閉伊郡豊間根村大字豊間根

38 正月十五日の晩を小正月と云ふ
――一〇二・一〇三・一〇四・一〇五

いずれも一月十四・十五日の小正月の行事に関する話です。一〇二は、小正月の晩には子どもたちが村内の家々を訪れて福の神が舞い込んだという祝いの言葉を唱えて餅をもらう行事についての話です。でも夜半を過ぎると山の神が出てきて遊ぶというので、気をつけなければならないという話で、実際に背丈の高い男に出逢ってしまった少女の体験談です。一〇三は雪女の話です。一〇四と一〇五は、小正月が新年の作物の豊凶を占う行事であったということにまつわる話です。小正月の行事は新年の初満月を祝う行事でもあり、ドンド焼きや左義長、サイト焼きやドウロクジン焼きなどと呼ばれる正月の期間に飾られていた注連縄などを焼く行事がよく知られています。しかし、小正月行事の中心は、農作物の豊作祈願や年占いなどです。初満月にその年の豊作を祈願するのです。それに対して、大正月と呼ばれる旧暦十二月の大晦日から元旦を中心とする行事は新月の闇夜から夜明けの初日の出を祝う行事で、人びとが新しく年を取る年取りを中心とする行事です。遠野郷では、明治のころに小正月の行事が豊かに伝えられていたことがわかります。

■訳文

一〇二　正月十五日の晩を小正月という。宵のほどは子どもらは福の神といって四、五人で群れを作り、袋を持って人の家に行き、明けの方から福の神が舞い込んだと唱えて餅をもらう習慣があります。宵を過ぎればこの晩に限り人びとは決して家の外に出ることはありません。小正月の夜半過ぎは山の神が出て遊ぶと言い伝えているからです。山口の字丸古立におまさといういま三十五、六歳の女が、まだ十二、三歳のころのことです。どういうわけでかただ一人で福の神の行事に出ていき、ところどころを訪ね歩いて遅くなり、淋しい路を帰ってきたとき、向こうの方から背丈の高い男が来てすれちがいました。顔はたいへん赤く、眼はかがやいていました。少女は袋を捨てて遁げ帰り、その後大いにわずらい体調をくずしたといいます。

一〇三　小正月の夜または小正月でなくても冬の満月の夜は、雪女が出て遊ぶといいます。児童をたくさん引き連れてくるといいます。里の子どもは冬は近辺の丘に行き、橇《そり》遊びをしておもしろさのあまり夜になることがあります。十五日の夜にかぎり、雪女が出るから早く帰れと戒められるのはいつものことです。でも実際に雪女を見たという者は少ないです。

一〇四　小正月の晩には行事がたいへん多いです。月見というのは六つの胡桃《くるみ》の実を十二に割り、いっときに囲炉裡の火にくべていっときにこれを引き上げ、一列に並べて右から正月、二月、と数えるもので、その月の満月の夜に晴れになるであろう月はいつまでも赤く、曇るであろう月にはすぐに黒くなり、風がある月にはフー、フー、と音をたてて火が振るえるのです。何べんくりかえしても同じことです。村中のどの家でも同じ結果を得るのは霊妙です。翌日はこのことを語り合い、たとえば八月の十五夜が風とあれば、その年の稲の苅り入れを急ぎます。

○このような五穀の占い、月の占いは、多少のヴァリエテ（変化形）をもって日本各地で行なわれています。陰陽道から出たものでしょう。

一〇五　また世中見《よなかみ》というのは、同じく小正月の晩に、いろいろの米で餅をこしらえて鏡餅として、同種の米をお膳の上に平らに敷き、鏡餅をその上に伏せ、鍋を被せて置き翌朝にこれを見るものです。餅についた米粒の多いものがその年は豊作だとして、その年に植えるのに早稲《わせ》、中稲《なかて》、晩稲《おくて》の中からどれがよいか択《えら》んで決めるのです。

■原文

一〇二　正月十五日の晩を小正月と云ふ。宵《ヨヒ》の程は子供等福の神と称して四五人群を作り、袋を持ちて人の家に行き、明《アケ》の方から福の神が舞込んだと唱へて餅を貰《モラ》ふ習慣あり。宵を過ぐれば此晩に限り人々決して戸の外に出づることなし。小正月の夜半過ぎは山の神出でて遊ぶと言ひ伝へてあれば也。山口の字丸古立《マルコダチ》におまさと云ふ今三十五六の女、まだ十二三の年のことなり。如何なるわけにてか唯一人にて福の神に出で、処々をあるきて遅くなり、淋しき路を帰りしに、向の方より丈の高き男来てすれちがひたり。顔はすてきに赤く眼はかがやけり。袋を捨てて遁げ帰り大に煩ひたりと云へり。

一〇三　小正月の夜又は小正月ならずとも冬の満月の夜は、雪女が出でて遊ぶとも云ふ。童子をあまた引連れて来ると云へり。里の子ども冬は近辺の丘に行き、橇遊《ソリツコアソビ》をして面白さのあまり夜になることあり。十五日の夜に限り、雪女が出るから早く帰れと戒めらるるは常のことなり。されど雪女を見たりと云ふ者は少なし。

一〇四　小正月の晩には行事甚だ多し。月見と云ふは六つの胡桃の実を十二に割り、一時に炉の火にくべて一時に之を引上げ、一列にして右より正月二月と数ふるに、満月の夜晴なるべき月にはいつまでも赤く、曇るべき月には直《スグ》に黒くなり、風ある月にはフーフーと音をたてて火が振《フル》ふなり。何遍繰返しても同じことなり。村中何れの家にても同じ結果を得るは妙なり。翌日は此事を語り合ひ、例へば八月の十五夜風とあらば、其歳の稲の苅入《カリイレ》を急ぐなり。

○五穀の占、月の占多少のヴリエテを以て諸国に行はる。陰陽道に出でしものならん

一〇五　又世《ヨ》中見《ナカミ》と云ふは、同じく小正月の晩に、色々の米にて餅をこしらへて鏡と為し、同種の米を膳の上に平らに敷き、鏡餅をその上に伏せ、鍋を被せ置きて翌朝之を見るなり。餅に附きたる米粒の多きもの其年は豊作なりとして、早中晩の種類を択び定むるなり。

39　海岸の山田にては蜃気楼　年々見ゆ　常に外国の景色なりと云ふ　――一〇六

遠野の東方、陸中海岸の山田町でよくみられるという蜃気楼の話です。

■訳文

一〇六　海岸の山田では、蜃気楼が毎年見えます。いつも外国の景色だといいます。それは見なれない都会のようすで、路上の車や馬の往来が多く、人びとの往来もめざましいばかりです。年ごとに家の形などみんな少しも違うことなく繁栄しているといいます。

■原文

一〇六　海岸の山田にては蜃気楼年々見ゆ。常に外国の景色なりと云ふ。見馴れぬ都のさまにして、路上の車馬しげく人の往来眼ざましきばかりなり。年毎に家の形など聊も違ふこと無しと云へり。

40　娘は此日より占《ウラナヒ》の術を得たり

――一〇七・一〇八

いずれも山の神から占いの術を授けられたという不思議な女や男の話です。

■訳文

一〇七　上郷村に河ぷちのうちという家があります。早瀬川の岸にあります。この家の若い娘、ある日河原に出て石を拾っていたら、見馴れない男が来ました。その男は木の葉とか何とかを娘にくれました。背丈が高く顔面が朱色のような人でした。娘はこの日から、占いの術を得たのでした。その異人は山の神で、娘はきっと山の神の子になったのだといわれました。

一〇八　山の神が自分に乗り移ったといって占いをなす人はところどころにいます。附馬牛村にもいます。本業は木挽き（材木を伐り出す仕事）です。柏崎の孫太郎もその一人です。以前は「発狂」して失神したこともありましたが、ある日山に入って山の神からその占いの術を得たあとは、不思議に人の心中を読むこと実に驚くばかりです。その占いの法は世間一般の占いの者とはまったく異なります。何の書物をも見ず、頼みにきた人と世間話をして、その途中でふっと立ちあがり常居《じょうい》（居間）の中をあちこちとあるき出すと思っているうちに、その依頼人の顔は少しも見ないで心に浮かんだことをいうのです。それが当たらずということはないのです。たとえば、お前の家の板敷きを剝がして取り離し、土を掘ってみよ。古い鏡やまたは刀の折れたのがあるだろう。それを取り出さなければ、近いうちに家に死人があるとか、家が焼けるとかいうのです。依頼人が家に帰って掘ってみると、必ずそれがあるのです。このような例は指折り数えてもきりがないほどです。

■原文

一〇七　上郷村に河ぷちのうちと云ふ家あり。早瀬川の岸に在り。此家の若き娘、ある日河原に出でて石を拾ひてありしに、見馴れぬ男来り、木の葉とか何とかを娘にくれたり。丈高く面朱のやうなる人なり。娘は此日より占《ウラナヒ》の術を得たり。異人は山の神にて、山の神の子になりたるなりと云へり。

一〇八　山の神の乗り移りたりとて占を為す人は所々に在り。附馬牛《ツクモウシ》村にも在り。本業は木挽《コビキ》なり。柏崎の孫太郎もこれなり。以前は発狂して喪心したりしに、ある日山に入りて山の神より其術を得たりし後は、不思議に人の心中を読むこと驚くばかりなり。その占ひの法は世間の者とは全く異なり。何の書物をも見ず、頼みに来たる人と世間話を為し、その中にふと立ちて常居《ジャウヰ》の中《ナカ》をあちこちとあるき出すと思ふ程に、其人の顔は少しも見ずして心に浮びたることを云ふなり。当らずと云ふこと無し。例へばお前のウチの板敷を取り離し、土を掘りて見よ。古き鏡又は刀の折れあるべし。それを取り出さねば近き中に死人ありとか家が焼くるとか言ふなり。帰りて掘りて見るに必ずあり。かかる例は指を屈するに勝へず。

41　盆の頃には雨風祭とて藁にて人よりも大なる人形を作り

――一〇九

お盆の季節の雨風祭りについての話です。藁人形を作って雨風の被害を除けようというのですが、その人形には陰陽の性器の形があるのに、同じ藁人形でも虫送りの祭りの人形には、それはないということに注意をしています。

■訳文

一〇九　盆のころには、雨風祭りといって藁で人間よりも大きな人形を作り、道の岐《ちまた》（辻）に送って行って立てます。紙で顔を描き瓜で陰陽の形を作ってそれに添えたりします。虫祭りの藁人形にはこのようなことはなく、その人形の形も小さいものです。雨風祭りのときは、一つの部落で頭屋《とうや》を択《えら》んで定め、里人が集まって酒を飲んでそののち、一同で笛や太鼓で囃しながらこれを道の辻まで送って行くのです。笛の中には桐の木で作ったホラなどがあり、これを音も高く吹くのです。さてそのときの歌は『二百十日の雨風まつるよ、どちらの方さ祭る、北の方さ祭る』というものです。

○『東国輿地勝覧』によれば、韓国でも厲壇、つまり禍を鎮める祭壇を必ず城の北方に作るということが見えます。ともに玄武神の信仰から来たものでしょう。

■原文

一〇九　盆の頃には雨風祭とて藁にて人よりも大なる人形を作り、道の岐《チマタ》に送り行きて立つ。紙にて顔を描き瓜《エガウリ》にて陰陽の形を作り添へなどす。虫祭の藁人形にはかかることは無く其形も小さし。雨風祭の折は一部落の中にて頭屋《トウヤ》を択《エラ》び定め、里人集りて酒を飲みて後、一同笛太鼓にて之を道の辻まで送り行くなり。笛の中には桐の木にて作りたるホラなどあり。之を高く吹く。さて其折の歌は『二百十日の雨風まつるよ、どちの方さ祭る、北の方さ祭る』と云ふ。

〇東国輿地勝覧に依れば韓国にても厲壇を必ず城の北方に作ること見ゆ。共に玄武神の信仰より来れるなるべし

■注釈

この一〇九の雨風祭りの藁人形については、柳田は序文でも「道ちがへの叢の中には雨風祭の藁人形あり。恰もくたびれたる人の如く仰臥してありたり」と記していました。そして、その藁人形には陰陽の男女の性器を添えるが、同じ藁人形でも虫送りの藁人形にはそれがないということに注意しています。柳田はそれについてこののちとくに論究することはしていませんが、民俗学、民俗伝承学の見地からいえば重要な問題でもありますから、ここで少し解説をしておくことにしましょう。

祓具の人形と性器の人形　人形をめぐる歴史と民俗の中で注意されるのは、A陰陽の性器を添えるものと、B添えないものという二つのタイプがあるということです。添えないBタイプというのは、祓えのための祓具、ヒトガタ（人形）の系列です。それは古くは、八世紀の「神祇令」にも記されている六月と十二月の大祓で、東西の文部《ふひとべ》が禄人を捧げて天皇の身の禍災を除かんことを請う宮中の儀式に通じるものです。禄人とは九世紀の『貞観儀式』に御贖物《おんあがもの》の料物とされている鉄偶人三十六枚にあたるもので、天皇の身のけがれをうつして祓え清めるための人形です。祓具の撫物《なでもの》です。それは陰陽道の信仰に由来するも

遠野の雨風祭りの藁人形（遠野市立博物館）

遠野の虫送りの藁人形（撮影／浦田穂一）

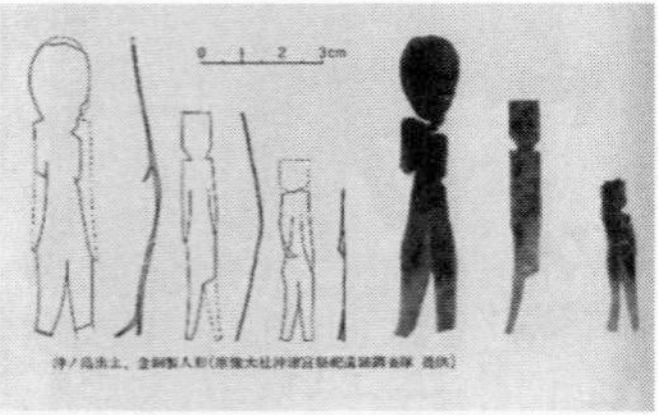

沖ノ島出土の金銅製人形　『沖ノ島1 宗像大社沖津宮祭祀遺跡昭和44年度調査概報』

三月節供のひな人形

ので、日本古代の宮廷にも取り入れられていたのです。左上の写真は、宗像沖ノ島の七世紀の遺跡からの出土遺物ですが、それに通じる祓具と考えられます。そのようなヒトガタ人形による祓えの系譜は、『源氏物語』（須磨）にある三月上巳の節供に源氏の犯した罪穢れを人形に託して水辺に流し祓えやったという陰陽師の儀礼にもつながるものでした。人形に災厄や疫病を託して祓えやる行事は、民俗行事の中では、三月節供の流しびなやひな飾り、また神社でのヒトガタ人形による祓え、またその一方では初夏の農村の虫送りの藁人形へと展開して、現在へと至っています。遠野の虫送りの藁人形はこの系列のBタイプの典型的な例だといってよいでしょう。Bタイプの人形は、陰陽の性器を添えられる人形ではないという点がその特徴です。

田の神タイプと道祖神タイプ　一方、Aタイプの男女の陰陽の性器を添える人形の例はさらに二つのタイプに分かれます。一つは、田の神など農作物の豊穣祈願のための人形です。もう一つは村境に祀られて村人を疫病や災厄から守る道祖神のたぐいの人形です。このAタイプの内の二つのタイプを、A1田の神タイプとA2道祖神タイプに分けて整理してみます。A1田の神タイプとは、上の写真にみるような愛知県小牧市の田縣神社の豊年祭や、東京都板橋区徳丸の北野神社の田遊びなど、日本各地の豊作祈願の祭りにみられるものです。

豊年祭　田縣神社、愛知県小牧市

類感呪術 Imitative Magic　では、A1田の神タイプとA2道祖神タイプについて、その両者を比較の観点からみてみましょう。A1田の神タイプの特徴は男性器から連想される生殖力、生命力です。ですから農作物の豊作祈願に使われています。新春の豊作祈願の予祝の意味をもつ田遊びなどの芸能や、春三月の五穀豊穣・子孫繁栄を願う豊年祭などに登場しており、その類例は日本各地にたくさん伝えられています。遠野のコンセイサマやオコマサマも、男性器の生命力への連想から信仰されているものであり、

田遊び　北野神社、東京都板橋区徳丸

ショウキサマ　新潟県旧鹿瀬町夏渡戸

ショウキサマ　新潟県旧津川町大牧

A1田の神タイプの類例と位置づけることができます。それらは社会人類学の先駆者であるJ・G・フレイザー（一八五四―一九四一）が『金枝篇 *The Golden Bough*』で説いた古典的な類感呪術 Imitative Magic と接触呪術 Contagious Magic という両者の分類理論のうちの、前者の事例と位置づけることができるものです。

しかし、それに対して、A2道祖神タイプの特徴については、男性器とともに女性器も添えられている例が多く、単純な男性器の生命力への連想だけではないといわねばなりません。それは単純な類感呪術の理論で読み解けるものではありません。

そのA2道祖神タイプとは、たとえばここに掲載した写真にみるような新潟県旧津川町大牧のショウキサマや旧鹿瀬町夏渡戸のショウキサマ、秋田県旧山内村田代沢のカシガサマなどをはじめとする東日本各地で村境の神として祀られているものです。正月から二月へかけての新春の行事で村人によって秋に収穫された稲穂の新藁を主な材料として作られ、村境にまで運ばれて放置されたり安置されたり

ドウラクジン焼き　新潟県十日町市新水

カシガサマ　秋田県旧山内村田代沢

しているものです。その中には小正月のドウロクジン焼きで焼き払われる例もあります。それら焼き払われる例は新潟県下から群馬、山梨などを経て神奈川県下までの南北の帯状の地帯に多くみられます。そして、その帯状の地帯に沿ってその西側に隣接する地帯では藁人形ではなく、石像の道祖神というかたちが一定の範囲で多くみられます。その石像の道祖神は、江戸時代前期の寛文年間（一六六一―一六七三）に造立が始まったこと、造立者の名前と出身地を記す傾向があること、などから信州の高遠の石工の活動があったことが知られています。その石像も村境に安置されている例が多いのですが、中には小正月の行事で火の中に投げ込まれて焼かれて黒焦げになっている、静岡県御殿場市域のような事例もあります。身代わりの石塊を投げ込んでいる例もあります。神さまを焼くなどとんでもない何ごとか、と思うのですが、現地の人たちがいうには、道祖神というのはその年に病気にする村人の名前を書いた

男女双体の道祖神石像　長野県をはじめ中部地方に多い

サイトウ焼き　静岡県御殿場市萩蕪、サイノカミの身代わりの石塊を火中に投じるところ

帳面を持っているので、正月に焼き払わなければならない、そうしなければ村人が病気になるというのです。一方、石像の道祖神では、男女双体像が多くみられます。その男女についても奇妙な話が伝えられています。それは兄と妹という関係で、近親相姦の禁忌を犯した二人だというのです。罪穢れを犯した二人だから村にはいられないので村境の路傍に祀られているのだというのです。石像ではありませんが九州地方北部では点々と父娘相姦という話が伝えられています。

そこで、あらためてこのA2道祖神タイプの具体的な事例の情報を集めて整理してみます。すると、次頁の表1のようになります。藁人形を焼くという事例は、山形・福島・新潟・長野・神奈川・東京の一部まで帯状の地帯に分布しています。しかし、その東北側の秋田・岩手・青森への一帯では村境に放置するかたちであり、焼くことはしません。だから、この遠野の雨風祭りの藁人形も焼かれているの

表1　村境の道祖神のタイプ

タイプ		分布（例）
タイプ藁人形	a.安置する	新潟県旧津川町大牧のショウキサマ　他
	b.焼く	新潟県十日町市新水のドウラクジン焼き　他
		*ケガレを依り付けた藁で作った人形の例が多い
タイプ石像	a.安置する	関東、中部など広く分布
	a′.柴を供える	中部、東海と四国、九州に分布
	a″.灰を塗る	中部、東海に分布
	b.焼く	静岡県御殿場市萩蕪のサイトウ焼き　他
		*道祖神は人々を病気にする帳面を持っているので焼くという例が多い *男女双体　兄妹婚　性器の強調

ドンジンサマ　秋田県大館市雪沢字小雪沢

ではなく、柳田が「道ちがへの叢の中には雨風祭の藁人形あり。恰もくたびれたる人の如く仰臥してありたり」（序文）、「道の岐《チマタ》に送り行きて立つ」（一〇九）と記しているように、村境に放置されているだけで焼くことはされていません。

一方、石像の道祖神の場合には、御殿場市域のように焼く事例もありますが、多くは焼くことまではしないが、灰を塗るという事例が、分布の上では、焼く事例からみてその西側の新潟・静岡・岐阜に、また柴を供えるという事例が岐阜や愛知など各地に点々と分布しています。前述のように、石像の道祖神の造立が流行したのは江戸時代の寛文期から以降のことで、中部地方から関東地方の範囲でのことでしたから、それは東北地方にまでは広がっていません。だから、遠野の石像や石碑や石仏類には、山の神や湯殿山や金毘羅講などが多くありますが、遠野には道祖神の石像はありません。

道祖神の歴史記録　ここで道祖神の歴史記録を確かめてみましょう。すると、次のことがわかってきます。

①『倭名類聚抄』（承平年間［九三一―九三八］成立）の辞書に、「道祖　和名佐倍乃加美」とあります。

②『小野宮年中行事』（藤原実資［九五七―一〇四六］撰）に、「道饗祭事。天慶元年（九三八）九月一日外記記云。近日東西両京大小路衢刻木作神。相対安置。凡厥体像髣髴大夫頭上加冠鬢辺垂纓。以丹塗身成緋衫色。起居不同。逓各異貌。或所又作女形。対大夫而立之。臍下腰底刻絵陰陽。搆几案於其前。置坏器於其上。児童猥雑。拝礼慇懃。或捧幣帛或供香花。号曰岐神。又称御霊。未知何祥。時人奇之」とあります。この記事によれば、道饗祭に際して、平安京の街路の大小の巷に木造で丹塗りの、性器を強調した男女の人形が祀られており、それを岐神《ふなどのかみ》とか御霊《ごりょう》と呼んでいたことがわかります。これと同じ内容の記事は、『扶桑略記』（平安後期成立）や『本朝世紀』（平安末期成立）にもありますから、平安京ではよく知られた信仰であったことがわかります。

③『今昔物語集』（十二世紀前半成立）には「天王寺僧道公誦法花救道祖語第三十四」と

いう記事があります。ただ、長いのでその要点だけを紹介しましょう。道祖神は翁の姿なのですが、男性器が強調される下劣な形の神で路傍に放置されています。行疫神の前使として疫病をまき散らし、行疫神の命令に従わないと、笞で打たれ言葉で罵られるみじめな神だというのです。その道祖神がもうこんな身はいやだといって、通りかかった天王寺の僧の道公に救済を懇願します。そこで道公が三日三晩、心をこめて法花経を誦したことによって、道祖神はその身を離れ、補陀落山に生まれ変わり観音の眷属となり、やがて菩薩の位にのぼることができた、という話です。

道祖神と近親相姦の禁忌　④『宇治拾遺物語』（一二一三―一二二一頃成立）にあるのは道祖神と男女の性愛の話です。読経の名手で好色の僧道命阿闍梨が、和泉式部といつものように同衾した夜、ふと目が覚めて法華経を心をこめて読誦していたところに、五条の斎、つまり五条のさいのかみ、道祖神が現れた。あなたが身を清めて法華経を読誦されるときは梵天、帝釈など高貴な方々が聴聞されるので、自分のような下劣な者は近くに参上できません。しかし、今宵は同衾のあと行水もしないで法華経を読まれたので私のような下劣なものでも聴聞することができて、うれしくて一生忘れがたいものになりました、というのでした。

⑤室町物語草子『和泉式部』では、その性愛が母子相姦という話になっています。和泉式部が十三歳、橘保昌十五歳のとき二人は契りを結ぶ。式部が十四歳の年に男子を出産する。二人はその子を五条の橋に捨てる。町の人が拾って養育する。やがてその子は比叡山

に学び、学識深く詩歌の道にも明るく将来の法灯を継ぐ者として頼もしく育った。出家してからは道命阿闍梨と名乗りその名を知られた。十八歳の時、宮中に招かれ内裏の法華八講をつとめ、そのときに見かけた和泉式部に恋慕の情をいだき、その身を柑子《こうじ》商人にやつして宮中に入り込み、和泉式部の感心をひくことができた。その後、道命がある小家に宿をとり、和泉式部がその宿を訪れ、二人はともに寝て夜具の下で深い契りで結ばれた。しかし、道命が身につけていた守刀と産着の綾の小袖とで、和泉式部が五条の橋に捨てたわが子だと判明する。過ちを犯した罪の意識から、式部は播磨の国の書写山の性空上人のもとで出家する。そのとき詠んだ歌が、「暗きより暗き道にぞ入りにけるはるかに照らせ山の端の月」でした。

この母子相姦の話のような平安京で流行した近親婚の話としては、ほかにもあります。『拾遺往生伝』（三善為康［一〇四九―一一三九］撰）の鎮西の安楽寺の大法師順源が娘を妻として批判されたのに対して、何も問題ないと答えたという話や、また、『宝物集』（平康頼［一一四六―一二二二］撰）の下野国出身の明達律師が知らずに母親を犯し、順源法師は知りながら娘を嫁にしたという話などです。そして、驚くことには、自分の娘を嫁にした順源法師は流転生死の往因を観じており「いづれの人か我父母ならむはあるとて、むすめを妻とする也、つゐに往生の素懐をとげたる人なり」という話になっているのです。近親婚がタブー視されずに、その僧は極楽往生したというのです。

歴史記録と民俗伝承　道祖神の信仰について、こうして歴史記録と民俗伝承資料の双方から関連情報を収集し整理してみると、相互の関係性が浮上してきます。民俗の上で道祖神が路傍の神であり男女の性器を特徴とするのは、『小野宮年中行事』の話に対応していま す。道祖神が焼き払われるのは、疫病神の使いだからという『今昔物語集』の話に対応し ています。兄妹相姦や父娘相姦という近親婚の禁忌を犯したという話は、『宇治拾遺物 語』や『和泉式部』、『拾遺往生伝』、『宝物集』の話に対応しています。つまり、十世紀ご ろからそれ以降に平安京で流行した道祖神の民俗信仰が、その後、伝承されながらも変化して東国方面へ伝播し定着していき、それぞれの土地でまた変化を重ねていったという伝承とその変遷の動態が想定されるのです。

兄妹婚の伝承は、その分布傾向からみて東国へは主として中山道沿いのルートが想定できるでしょう。疫病神の配下だから焼き払うというのは、民俗の分布の上では前述のように、東日本では、山形・福島・新潟・長野・神奈川・東京の一部までという帯状の地帯に分布しています。しかし、それ以北の秋田・岩手・青森への一帯までは分布していません。この遠野の雨風祭りの藁人形も、むしろ近親相姦禁忌以前からの古いかたちの道祖神の信仰を伝えているものといえます。そして、その東北地方の北半分には、十世紀の『小野宮年中行事』が描写していた丹色を身体に塗った木像の道祖神の例が、たとえば秋田県大館市雪沢字小雪沢では今も伝えられています。筆者は二〇一〇年に現地を訪ねてそれを確認することができました。柳田がのべているように、民俗の分布にはいろいろな意味があり、平安京から発信された文化事象が時代の経過の中で遠隔の地に伝播していき、各地に点々とその伝承の変化の過程を示すさまざまな変化形が伝えられており、もっとも遠隔の地にはより古いかたちが伝えられている可能性があるということが注目されるのです。青森県の北端の陸奥湾に面した平内町を二〇一二年に訪れたとき、デンデンムシ、カタツムリのことをナメクジと呼んでいる昭和二十三年（一九四八）生まれの女性に偶然出逢いました。それにより、柳田『蝸牛考』（一九三〇）の指摘は正しいものであったことが、その他の日本各地の調査もふまえて再確認できました。

ケガレという概念　一般的に性器の表象といえば、前述の類感呪術 Imitative Magic という社会人類学の理論で説明されるのですが、道祖神の性器はその理論では解読できません。卑猥で異様で汚穢な性器が生命を生み殖やす力であるという点について読み解く必要があります。そこで、民俗学・民俗伝承学の視点から、汚穢なもののもつ力について考えるために、ケガレという分析概念を設定してみました。

ケガレという概念についての議論が注目されたのは、一九八〇年代に文化人類学の波平恵美子と民俗学の桜井徳太郎との間でハレ・ケ・ケガレをめぐる議論がさかんだった時でした。ハレとケは、もともと柳田國男が設定した生活のリズムをとらえる概念で、ハレは晴れ着や晴れ舞台など、祭礼や年中行事や冠婚葬祭のような特別な時間と空間、ケはふだん着を意味するケギ（褻着）や日常食を意味するケシネ（褻稲）など、仕事で忙しい中でのふだんの日常生活の中の時間と空間、という意味から抽象化された民俗学の概念でした。ハレは特別、ケは日常というレベルの概念でした。それに対して波平は、ハレは清浄

表2　ケガレの具体例と特徴

（身体）	糞尿・血液・体液・垢・爪・毛髪・怪我・病気・死など	不潔 危険 強力 感染	死
（社会）	貧困・暴力・犯罪・戦乱など		
（自然）	天変地異・旱魃・風水害・病害虫・飢饉・不漁・不猟など		

性・神聖性、ケは日常性・世俗性、ケガレは不浄性を示す概念としての自論を提唱しました。ただし、それは柳田の「ハレとケ」、E・デュルケムの「聖と俗」、E・リーチやM・ダグラスの「浄と不浄」という対概念の流用と折衷であり、独創的なものではありませんでした。桜井は、ハレとケの概念を説明するよりもケガレが気枯れとか毛枯れとしてケの生命力が枯渇している状態だと説明しました。波平のも桜井のも独自の概念ではなく、一般社会に向けてのハレとケの説明として一時は流通しましたが、学術的な概念としての議論の深化はありませんでした。そこで、波平が論拠としたリーチやダグラスの「浄と不浄」の不浄 uncleanness, dirty/pollution という語については、日本の文化を読み解くための概念としては不十分であり不適切であるとして、あらためて日本の歴史と民俗の中から筆者が設定したのがケガレ *kegare* という概念でした。それは、表2にみるような具体例と特徴を有するもので、ケガレは不潔で危険で強力で感染力があり、生命あるものを死に至らしめる力があります。しかし、生命活動というもの自体が排泄物を出す営み、つまり、ケガレの再生産に他ならないということになります。そこで、まずはケガレとは死、死の力 power of death であるという仮

説を設定しました。ケガレは、不潔で危険で強力で感染力があり死に至らしめる力がありますから放置できません。具体的には洗浄や掃除が必要であり、儀礼的には禊ぎ祓えが必要とされてきています。

そこで、そのケガレの処理についての歴史と民俗の情報を集めてみることにしました。まず、ケガレという概念のもととなる穢れという日本語について整理してみました。歴史的には八世紀の記紀の語る死穢の国、黄泉の国から帰還したイザナギの禊ぎ祓えの神話、『続日本紀』の称徳朝の穢れの文言の頻出、九、十世紀以降の摂関政治期の「触穢思想」の高揚について追跡しました。それにより、ケガレに対しては忌みという感覚と禊ぎ祓え清めという儀礼が不可欠とされてきた歴史が確認できました。

またその一方、民俗の中の死穢や血穢、また災厄や罪穢れなどへの対応とその処理についても整理してみました。そして、注目されたのが、ケガレの逆転という現象でした。前述の新潟県旧津川町のショウキサマも、その材料は村人の痛いところや病んでいるところを擦りつけた新藁であり、それが村境に運ばれて祓えやるという儀礼を経ることによってショウキサマという神へと逆転しているのです。身体の悪いところを擦りつけているというところからすると、Bタイプの人形、祓具と同じで、それに共通する人形ということもできます。しかし、決定的なちがいがあります。それは、Bタイプの人形には男女の性器はありませんが、このA2タイプの道祖神には男女の性器があり、それが不可欠だという点です。

村境の性器　では、道祖神にとって不可欠の性器とは何を意味しているのでしょうか。注意されるのは、男女の性器からの連想の二重性です。人びとのケガレを託した藁で作られる人形の性器が強調されている、また、兄妹相姦や父娘相姦を犯した男女ということが強調されている、ということは、そこに男女の性器にまつわるケガレの部分が連想されているということです。性器がケガレの表象であるという面からすれば、その機能の上で想定されるのは、図3にみるような相関構造ではないかと考えられるのです。性器は性交や体液を連想させるものであり、性交や体液は一面ではケガレである、ケガレは死へとつながる、しかし、もう一面では性交や体液は生殖、妊娠、出産という生へとつながる、生と生命はカミの基本的な属性である、ここに、ケガレ（死）がカミ（生）へと逆転するという構造が隠喩表象されている、ということが指摘できるのです。

図3　性器をめぐる相関構造の模式図

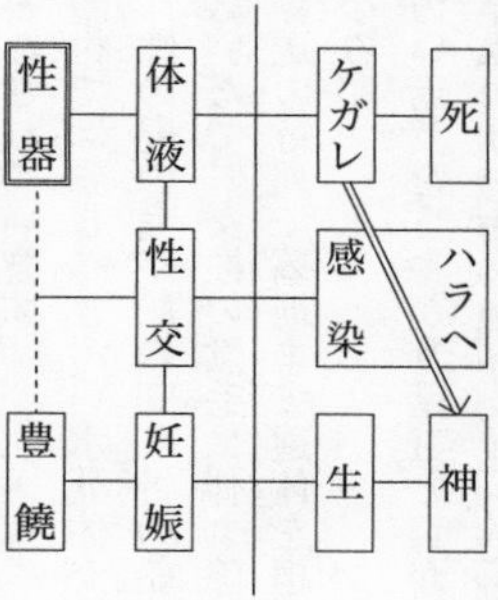

ケガレ・ハラヘ・カミ *kegare, exorcise, kami*：ケガレの逆転 *kegare inversion*　ケガレの逆転の例は、ケガレを集めた道祖神のほかにも民俗伝承の中にはたくさんあります。

①神社の賽銭。これは人びとの災厄などのケガレを貨幣に依りつけて託してお祓いしている例です。

②正月の門付け芸能民やその儀礼的表象であるナマ

ハゲやトシドンは厄払いのための物貰いですが、それが折口のいうマレビト（来訪神）ともみなされています。
③漁村では忌むべき汚い水死体が漂流してくると逆にエビス神として祀られる。
④女性の髪の毛が船の守り神の船玉《ふなだま》さまのご神体とされている。また、戦時中は兵士たちのあいだで、女性の陰毛に弾丸除けの御利益があるという俗信があった。
⑤葬送の行列で墓地まで遺体を担いで行った人たちの脱いだ草履を拾って履くと足が丈夫になる。
⑥汚い馬糞をうっかり踏むと背が高くなるとか足が速くなるという。
⑦年末の酉の市の熊手のようにゴミを集める道具が縁起物になっているなど、その他にも、汚穢なものが逆に縁起物になるという例はそれこそ数限りなくあります。
⑧そして、記紀神話でも、黄泉の国から帰還したイザナギが死の穢れに染まった身心を筑紫の日向の橘の小門の阿波岐原に至り、清流で禊ぎ祓えをしたときに、左の目を洗ったとき天照大御神が、右の目を洗ったとき月読命が、鼻を洗ったとき建速須佐之男命が生まれたと記されています。そこには、ケガレが禊ぎ祓えという儀礼を経ることによって、ケガレの力が無化するわけではなく、そこから逆にカミが生まれる、というメカニズムが語られているのです。

以上のような検討によって、ケガレとは死の力 power of death であり、カミとは生の力 power of life である、ということが結論づけられました。「ハレとケ」は柳田と折口が設定した日本の民俗文化を読み解く対概念でしたが、それに学びながら、いま私たちの民俗学つまり民俗伝承学は、新たに「ケガレとカミ」という対概念を設定できるのです（新谷尚紀『ケガレからカミへ』木耳社、一九八七、同「ケガレの構造」『岩波講座　日本の思想』第六巻、岩波書店、二〇一三、同「日本民俗学と國學院大學」『國學院雑誌』第一一八巻第四号、二〇一七）。

42 ゴンゲサマの霊験は殊に火伏《ヒブセ》に在り

——一一〇

ゴンゲサマという神さまについての話です。遠野の八幡宮のゴンゲサマがよく知られています。山伏神楽の神楽衆が奉じる獅子頭で、神楽組ごとに権現舞が奉納されます。子どもは頭を噛んでもらうなどすると厄除けや病除けの効験があるといいます。

■訳文

一一〇 ゴンゲサマというのは、神楽舞《かぐらまい》の組ごとに一つずつ備わっている木彫の像で、獅子頭とよく似ていて少しだけ異なっています。たいへんご利益のあるものです。新張《にいばり》の八幡社の神楽組のゴンゲサマと土淵村字五日市の神楽組のゴンゲサマと、かつて道の途中で、争いをしたことがありました。新張のゴンゲサマが負けて片耳を失ったということで今も片耳がありません。毎年、村々を舞って歩くので、これを見知らぬ者はいません。ゴンゲサマの霊験はとくに火伏せにあります。その八幡の神楽組がかつて附馬牛村に行って日が暮れて宿を取り兼ねたときに、ある貧しい者の家で快く泊めてもらえました。五升桝を伏せてその上にゴンゲサマを据えて置き、人びとは寝たのですが、夜中にがつがつと物を噛む音がするのに驚いて起きてみれば、家の軒端に火が付き燃え始めていたところでした。桝の上にあったゴンゲサマが飛び上がり、飛び上がりしてその火を喰い消していたのでした。また、子どもの頭を病む者などは、よくゴンゲサマを頼んでその病を噛んで治してもらうことがあります。

■原文

一一〇　ゴンゲサマと云ふは、神楽舞《カグラマヒ》の組毎に一つづつ備はれる木彫《キボリ》の像にして、獅子頭とよく似て少しく異なれり。甚だ御利生のあるものなり。新張《ニヒバリ》の八幡社の神楽組のゴンゲサマと、土淵村字五日市の神楽組のゴンゲサマと、曽て途中にて争を為せしことあり。新張のゴンゲサマ負けて片耳を失ひたりとて今も無し。毎年村々を舞ひてあるく故、之を見知らぬ者なし。ゴンゲサマの霊験は殊に火伏《ヒブセ》に在り。右の八幡の神楽組曽て附馬牛村に行きて日暮れ宿を取り兼ねしに、ある貧しき者の家にて快く之を泊《ト》めて、五升桝を伏せて其上にゴンゲサマを座ゑ置き、人々は臥したりしに、夜中にがつがつと物を噛む音のするに驚きて起きて見れば、軒端に火の燃え付きてありしを、桝の上なるゴンゲサマ飛び上り飛び上りして火を喰ひ消してありし也と。子供の頭を病む者など、よくゴンゲサマを頼み、その病を嚙みてもらふことあり。

43　ダンノハナと云ふ地名あり　その近傍に之と相対して必ず蓮台野と云ふ地あり
——一一一・一一二・一一三・一一四

一一一、一一二、一一四はダンノハナと蓮台野についての話です。一一三はジョウヅカ森についてです。一一一の六十歳を超えた老人が蓮台野に送られるという話は、他にも信州の姥捨山伝説など、棄老伝説のたぐいとして日本各地にあります。それが現実の歴史であったとする研究者はあまりいません。ただ、妙なリアリティーがあるという論者はまたそれなりにいて議論になっているところです。ただし、ここで、ハカダチとハカアガリという語について解説しておくと、その意味は明白です。ハカが墓だと連想する人もいますが、それは誤解です。民俗学の観点からすれば、ハカとは一日の仕事の量を指す言葉です。ハカドルというのもその意味です。遠野でもハカは仕事の量であり、ハカアガリは一日の仕事が終わったという意味だということは、すでに高橋喜平『遠野物語考』（一九七六）も指摘しています。なお、ダンノハナやジョウヅカの話は、古い遺跡にまつわる話です。

■訳文

一一一　山口、飯豊、附馬牛の字荒川東禅寺、および火渡、青笹の字中沢ならびに土淵村の字土淵に、ともにダンノハナという地名があります。その近くにはそれと相対して、必ず蓮台野という地があります。昔は六十歳を超えた老人はすべてこの蓮台野へ追い遣るという慣習がありました。老人はいたずらに死んでしまうこともできないので、日中は里へ下りて農作業をして食料などの糧を得ました。そのために今でも山口や土淵の辺りでは、朝に野良に出るのをハカダチといい、夕方に野良から帰ることをハカアガリというといっています。

○ダンノハナは壇の塙なのでしょう。すなわち丘の上に塚を築いた場所なのでしょう。境の神を祭るための塚であると自分は信じています。蓮台野もこの類であろうということは『石神問答』の九八頁に書いてあります。

デンデラノ（蓮台野）　土淵町山口

一一二　ダンノハナはむかし館のあった時代に、囚人を斬り殺した場所だろうといいます。地形は山口のも土淵や飯豊のもほぼ同様で、村境の岡の上です。仙台にもこの地名があります。山口のダンノハナは大洞へ越える丘の上で、館址からの続きです。蓮台野はこれと山口の民家のある場所を隔てて相対しています。蓮台野の四方はすべて沢です。東はすなわちダンノハナとの間の低地で、南の方を星谷といいます。この所には蝦夷屋敷という四角に凹んだところが多くあります。その跡はきわめて明白です。たくさんの石器を出土します。石器や土器の出るところが山口に二ヵ所あります。他の一つは小字をホウリョウといいます。ここホウリョウの土器と蓮台野の土器とは様式が全然異なります。後者のは技巧が少しもなく、ホウリョウのは模様なども巧みです。埴輪もここから出土します。また石斧や石刀の類も出土します。蓮台野には蝦夷銭といって土で銭の形にした径二寸（約六センチメートル）ほどの物が多く出ます。それには単純な渦紋などの模様があります。字ホウリョウには丸玉・管玉も出土します。ここの石器は精巧にして石の質も一致しているのに、蓮台野の石器は原料がいろいろです。ホウリョウの方は何の跡ということも言い伝えがなく、狭い一町歩（約一ヘクタール）ほどの場所です。星谷はその底の方は今は田んぼになっています。蝦夷屋敷はその両側に連なってあったといいます。このあたりを掘れば祟りがあるという場所が二ヵ所ほどあります。

○ほかの村々でもこの二つの場所の地形および関係は、これとよく似ているといいます。

○星谷という地名も諸国にあり、星を祭ったところです。

○ホウリョウ権現は、遠野をはじめ奥羽一円に祀られている神です。蛇の神だといいます。そのホウリョウという名前の意味はわかりません。

一一三　和野にジョウヅカ森というところがあります。象を埋めた場所だといっています。ここだけには地震なしといって、近辺では地震のときはジョウヅカ森へ逃げよと昔から言い伝えています。これは確かに人を埋めた墓です。塚のめぐりには堀があります。塚の上には石があります。これを掘れば祟りがあるといいます。

○ジョウヅカは定塚、庄塚または塩塚などと書いて諸国にたくさんあります。これも境の神を祀ったところで、地獄のショウヅカの奪衣婆《だつえば》の話などと関係があることは『石神問答』で詳細に記してあります。また、象坪などの象頭神とも関係があれば、象の伝説は理由のないことではありません。塚を森ということも東国の風習です。

一一四　山口のダンノハナは今は共同墓地です。岡の頂上にうつ木を植えめぐらしその入口は東方に向かって門口めいている所があります。その中ほどに大きな青石があります。かつて一たびその下を掘った者がありましたが、何物も発見しませんでした。のちに再びこれを試みた者は大きな瓶があるのを見ました。村の老人たちが大いに叱ったので、またもとのままにしておきました。館の主の墓なのだろうといいます。この所に近い館の名はボンシャサの館といいます。いくつかの山を掘り割りして水を引き、三重、四重に堀を取り廻らせています。寺屋敷・砥石森などという地名もあります。井の跡といって石垣が残っています。山口孫左衛門の祖先がここに住んでいたといいます。『遠野古事記』に詳細が記されています。

■原文

一一一　山口、飯豊、附馬牛の字荒川東禅寺及火渡《ヒワタリ》、青笹の字中沢並に土淵村の字土淵に、ともにダンノハナと云ふ地名あり。その近傍に之と相対して必ず蓮台野と云ふ地あり。昔は六十を超えたる老人はすべて此蓮台野へ追ひ遣るの習ありき。老人は徒《イタヅラ》に死んで了《シマ》ふこともならぬ故に、日中は里へ下り農作して口を糊《ヌラ》したり。その為に今も山口土淵辺にては朝《アシタ》に野らに出づるをハカダチと云ひ、夕方野らより帰ることをハカアガリと云ふと云へり。

○ダンノハナは壇の塙なるべし。即ち丘の上にて塚を築きたる場所ならん。境の神を祭る為の塚なりと信ず。蓮台野も此類なるべきこと石神問答の九八頁に言へり

一一二　ダンノハナは昔館《タテ》の有りし時代に囚人を斬りし場所なるべしと云ふ。地形は山口のも土淵飯豊のも略《ホボ》同様にて、村境の岡の上なり。仙台にも此地名あり。山口のダンノハナは大洞《オホホラ》へ越ゆる丘の上にて館址《タテアト》よりの続きなり。蓮台野は之と山口の民居を隔てて相対す。蓮台野の四方はすべて沢なり。東は即ちダンノハナとの間の低地、南の方を星谷と云ふ。此所には蝦夷屋敷と云ふ四角に凹みたる所多く有り。其跡極めて明白なり。あまた石器を出す。石器土器の出る処山口に二ケ所あり。他の一は小字をホウリヤウと云ふ。ここの土器と蓮台野の土器とは様式全然殊なり。後者のは技巧聊かも無く、ホウリヤウのは模様《モヤウ》なども巧《タクミ》なり。埴輪《ハニワ》もここより出づ。又石斧石刀の類も出づ。蓮台野には蝦夷銭《エゾセン》とて土にて銭の形をしたる径二寸ほどの物多く出づ。是には単純なる渦紋《ウツモン》な

どの模様あり。字ホウリヤウには丸玉管玉《クダタマ》も出づ。ここの石器は精巧にて石の質も一致したるに、蓮台野のは原料色々なり。ホウリヤウの方は何の跡と云ふことも無く、狭き一町歩ほどの場所なり。星谷は底の方《カタ》今は田と成れり。蝦夷屋敷は此両側に連りてありし也と云ふ。此あたりに掘れば祟《タタリ》ありと云ふ場所二ケ所ほどあり。

○外の村々にても二所の地形及関係之に似たりと云ふ

○星谷と云ふ地名も諸国に在り星を祭りし所なり

○ホウリヤウ権現は遠野を始め奥羽一円に祀らるる神なり。蛇の神なりと云ふ。名義を知らず

一一三　和野にジヤウヅカ森と云ふ所あり。象を埋めし場所なりと云へり。此処だけには地震なしとて、近辺にては地震の折はジヤウヅカ森へ遁げよと昔より言ひ伝へたり。此は確かに人を埋めたる墓なり。塚のめぐりには堀あり。塚の上には石あり。之を掘れば祟ありと云ふ。

○ジヤウヅカは定塚、庄塚又は塩塚などとかきて諸国にあまたあり。是も境の神を祀りし所にて地獄のシヤウヅカの奪衣婆の話などと関係あること石神問答に詳にせり。又象坪などの象頭神とも関係あれば象の伝説は由なきに非ず、塚を森と云ふことも東国の風なり

一一四　山口のダンノハナは今は共同墓地なり。岡の頂上にうつ木を栽ゑめぐらし其口は東方に向ひて門口《モン》めきたる所あり。其中程に大なる青石あり。曾て一たび其下を掘りたる者ありしが、何物をも発見せず。後再び之を試みし者は大なる瓶あるを見たり。村の老人たち大に叱《シカ》りければ、又も

とのままに為し置きたり。館の主の墓なるべしと云ふ。此所に近き館の名はボンシヤサの館と云ふ。幾つかの山を掘り割りて水を引き、三重四重に堀を取り廻《メグ》らせり。寺屋敷砥石森《トイシモリ》など云ふ地名あり。井の跡とて石垣残れり。山口孫左衛門の祖先ここに住めりと云ふ。遠野古事記に詳かなり。

44　御伽話《オトギバナシ》のことを昔々《ムカシムカシ》と云ふ

——一一五・一一六・一一七・一一八

遠野で「昔々」といわれているおとぎ話の中の、ヤマハハの話と、紅皿欠皿の話とが紹介されています。柳田國男の『遠野物語』の重要な視線は現実の山の民、山男や山女の存在に向けたものでした。しかし、遠野で語られている話の中には、おとぎ話のたぐいもあり、それについてもこのように紹介しています。それでもやはり、ヤマハハの話がもっとも多いといい、そのヤマハハはやはり現実の山姥のことと思われると柳田はいっています。山の民をめぐる現実の世界とともに空想の世界、その両方が遠野では語られていたのです。

■訳文

一一五　御伽話のことを昔々といいます。ヤマハハの話がもっとも多くあります。ヤマハハは山姥のことなのでしょう。その一つ、二つを次に記します。

一一六　昔々あるところにトトとガガとあり。娘を一人持っていました。娘を置いて町へ行くということで、トトとガガは誰が来ても戸をあけるな、ときつく言い聞かせて、家に鍵をかけて出かけました。娘は恐ろしかったので、一人で囲炉裡にあたりながら緊張して身体をすくませてちぢこまっていました。するとまだ真昼間でしたが戸を叩いてここを開けろと呼ぶ者がおりました。開けなければ蹴破《けやぶ》るぞとおどすので、仕方なく戸をあけたら、入ってきたのはヤマハハでした。ヤマハハは囲炉裡の横座《よこざ》に大股を開いて坐り火にあたりながら、飯を炊いて食わせろといいました。娘はその言葉に従い、お膳を支度してヤマハハに食わせ、その間に家を遁げ出したのですが、ヤマハハは飯を食い終わって娘を追いかけて来ました。

そのうちにだんだんとその間が近くなり今にも娘の背にヤマハハの手が触れるばかりになったとき、山の陰で柴を苅っている翁に逢いました。わたしはヤマハハに追っかけられています。隠してくださいと頼み、苅り置いてあった柴の中に隠れました。ヤマハハが尋ねて来て、どこに隠れたかといい柴の束をのけようとして柴を抱えたまま山から滑り落ちました。そのすきにここを遁れて、また萱を苅っている翁に逢いました。私はヤマハハに追っかけられています。隠してくださいと頼み、苅り置いてあった萱の中に隠れました。ヤマハハがまた尋ねて来て、どこに隠れたかといい萱の束をのけようとして萱を抱えたまま山から滑り落ちました。そのすきにまたここを遁れ出て、大きな沼の岸に出ました。これよりはもう行くべき方向もなかったので、娘は沼の岸の大木の梢に昇って居ました。ヤマハハはどこへ行ったって逃がすものかといって、沼の水に娘の姿が映っていたのを見てすぐに沼の中に飛び込みました。その間にふたたびそこから走って逃げ出して、一つの笹小屋があるのを見つけて、中に入って見れば、若い女がいました。ここでも同じように、ヤマハハに追いかけられています、隠してくださいと告げて、そこにあった石の唐櫃《からうど》の中へ隠してもらったところへ、ヤマハハがまたここにも飛んできて、娘のありかを問いましたが、若い女が隠して知らないと答えたら、いや来ぬはずはない、人間くさい臭いがするじゃないかといいました。それは今、私が雀を炙《あぶ》って食ったためでしょうと言ったら、ヤマハハも納得して、そんなら少し寝ることにしよう、石のからうどの中にしようか、木のからうどの中がよいか、石はつめたいので、木のからうどの中に、と言って、木の唐櫃の中に入って寝ました。その小屋の女はこれに鍵を下ろして、娘を石のからうどから連れ出し、わたしも実はヤマハハに連れて来られた者なので、いっしょにこのヤマハハを殺して二人で里へ帰ろうということで、錐を紅く焼いて木の唐櫃の中に差し通したところ、ヤマハハはそうとも知らず、ただ二十日鼠《はつかねずみ》がきた、と言いました。そこで、それから熱湯を煮立てて焼き錐の穴から注ぎ込んで、ついにそのヤマハハを殺し、二人ともどもに親々の家に帰りました。御伽話の「昔々」の話の終わりは、みんな、コレデドンドハレ、という言葉をもって結ぶのです。

一一七　昔々、これもあるところにトトとガガとがあり、娘の嫁に行く支度を買いに町へ行くとて、家の戸を鎖し、誰が来てもあけるなよと娘にいいました。娘がはァと答えたので、買い物に出かけました。昼のころにヤマハハがやって来て、娘を取って食い、娘の皮を被って娘になりすましていました。夕方になり、二人の親が帰ってきて、おりこひめ、ぶじでいたか、と家の門の口から呼べば、あ、いました、早かったですね、と答え、二親は買って来たいろいろの嫁入り支度の物を見せて、娘の悦ぶ顔を見ました。次の日の夜の明けた時、家の鶏が羽ばたきして、糠屋《ぬかや》の隅《すみ》っ子《こ》見ろじゃ、けけろと啼きました。はて、いつもと変わった鶏の啼きようかな、と二親は思いました。しかし、それよりも花嫁を送り出すということで、ヤマハハが顔の皮を被っているにせもののおりこひめを、馬に載せて、今や引き出そうとするとき、また鶏が啼きました。その声は、おりこひめを馬に載せないでヤマハハを載せた、けけろと聞こえました。鶏がこれを繰り返して歌ったので、二親も始めて気づき、ヤマハハを馬から引き下ろして殺しました。それから糠屋の隅を見に行ったところ、ヤマハハに食われた娘の骨がたくさんありました。

○糠屋とは、物置きのことです。

一一八　紅皿欠皿《べにざらかけざら》の話も、遠野郷には伝えられています。ただ欠皿の方はその名をヌカボといっています。ヌカボは糠穂、空穂《うつほ》のことです。継母に憎まれたけれど、神の恵みがあって、終に長者の妻となるという話です。エピソードにはいろいろな美しい絵様《えよう》があります。折があれば詳しく書き記すつもりです。

■原文

一一五　御伽話《オトギバナシ》のことを昔々《ムカシムカシ》と云ふ。ヤマハハの話最も多くあり。ヤマハハは山姥《ヤマウバ》のことなるべし。其一つ二つを次に記すべし。

一一六　昔々ある所にトトとガガとあり。娘を一人持てり。娘を置きて町へ行くとて、誰が来ても戸を明けるなと戒しめ、鍵を掛けて出でたり。娘は恐ろしければ一人炉にあたりすくみて居たりしに、真昼間《マヒルマ》に戸を叩きてここを開けと呼ぶ者あり。開かずば蹴破るぞと嚇《オド》す故に、是非なく戸を明けたれば入り来たるはヤマハハなり。炉の横坐《ヨコザ》に蹈みはたかりて火にあたり、飯をたきて食はせよと云ふ。其言葉に従ひ膳を支度してヤマハハに食はせ、其間に家を遁げ出したるに、ヤマハハは飯を食ひ終りて娘を追ひ来り、追々に其間《アヒダ》近く今にも背《セナ》に手の触《フ》るるばかりになりし時、山の蔭にて柴を苅る翁に逢ふ。おれはヤマハハにぼつかけられてあるなり、隠して呉れよと頼み、苅り置きたる柴の中に隠れたり。ヤマハハ尋ね来りて、どこに隠れたかと柴の束《タバ》をのけんとして柴を抱《カカ》へたるまま山より滑《スベ》り落ちたり。其隙《ヒマ》にここを遁《ノガ》れて又萱を苅る翁に逢ふ。おれはヤマハハにぼつかけられてあるなり。隠して呉れよと頼み、苅り置きたる萱の中に隠れたり。ヤマハハは又尋ね来りて、どこに隠れたかと萱の束をのけんとして、萱を抱へたるまま山より滑り落ちたり。其隙に又ここを遁れ出でて大きなる沼の岸に出でたり。此よりは行くべき方も無ければ、沼の岸の大木の梢に昇りゐたり。ヤマハハはどけえ行つたとて遁がすものかとて、沼の水に娘の影の映《ウツ》れるを見てすぐに沼の中に飛び入りたり。此間に再び此所を走り出で、一つの笹小屋のあるを見付け、中に入りて見れば若き女ゐたり。此にも同じことを告げて石の唐櫃《カラウド》のありし中へ隠してもらひたる所へ、ヤマハハ又飛び来り娘のありかを問へども隠して知らずと答へたれば、いんね来ぬ筈は無い、人くさい香がするものと云ふ。それは今雀を炙《アブ》つて食つた故なるべしと言へば、ヤマハハも納得《ナットク》してそんなら少し寝《ネ》ん、石のからうどの中にしやうか、木のからうどの中がよいか、石はつめたし木のからうどの中にと言ひて、木の唐櫃の中に入りて寝たり。家の女は之に鍵を下《オロ》し、娘を石のからうどより連れ出し、おれもヤマハハに連れて来られたる者なれば共々に之を殺して里へ帰らんとて、錐《キリ》を紅《アカ》く焼きて木の唐櫃の中に差し通したるに、ヤマハハはかくとも知らず、只二十日鼠《ハツカネヅミ》が来たと言へり。それより湯を煮立《ニタ》てて焼錐の穴より注《ツ》ぎ込みて、終に其ヤマハハを殺し二人共に親々の家に帰りたり。昔々の話の終は何《イツ》れもコレデドンドハレと云ふ語を以て結ぶなり。

一一七　昔々これもある所にトトとガガと、娘の嫁に行く支度を買ひに町へ出で行くとて戸を鎖《トザ》し、誰が来ても明けるなよ、はアと答へたれば出でたり。昼の頃ヤマハハ来りて娘を取りて食ひ、娘の皮を被《カブ》り娘になりて居《ヲ》る。夕方二人の親帰りて、おりこひめこ居たかと門の口より呼べば、あ、ゐたます、早かつたなしと答へ、二親は買ひ来たりし色々の支度の物を見せて娘の悦ぶ顔を見たり。次の日夜《ヨ》の明けたる時、家の鶏羽《ハ》ばたきして、糠屋《ヌカヤ》の隅《スミ》ツ子《コ》見ろぢや、けけろと啼く。はて常に変りたる鶏の啼きやうかなと二親は思ひたり。それより花嫁を送り出すとてヤマハハのおりこひめこを馬に載せ、今や引き出さんとするとき又鶏啼く。其声は、おりこひめこを載せなえでヤマハハのせた、けけろと聞《キコ》ゆ。之を繰り返して歌ひしかば、二親も始めて心付き、ヤマハハを馬より引き下《オロ》して殺したり。それより糠屋の隅を見に行きしに娘の骨あまた有りたり。

○糠屋は物おきなり

一一八　紅皿欠皿《ベニザラカケザラ》の話も遠野郷に行《オコナ》はる。只欠皿の方はその名をヌカボと云ふ。ヌカボは空穂《ウツボ》のことなり。継母《ママハハ》に悪《ニク》まれたれど神の恵ありて、終に長者の妻となると云ふ話なり。エピソードには色々の美しき絵様《エヤウ》あり。折あらば詳しく書記すべし。

■注釈

日本各地で語られている「三枚のお札」と呼ばれる多くの昔話の類話について参考にしながら、この『遠野物語』のヤマハハの昔話の位置づけと、その意味について分析してみましょう。それについて最近のよい研究があるので、それをここで紹介しておきます（津金澤乃「昔話「三枚のお札」と謡曲「黒塚」「山姥」山と里の対比から」『国立歴史民俗博物館研究報告』第二四〇集、二〇二三）。その研究の論点を整理すると以下のとおりです。

⑴昔話「三枚のお札」の類話を、『日本昔話通観』（一九七七―一九九八）を参考にその初出の書籍も追跡して、日本各地から計五百六十一事例集めて比較してみたところ、A「鬼婆系」とB「山姥系」の二つに分類できる。

⑵A「鬼婆系」とは、鬼婆が子どもを取って食うという話である。たとえば、山形県最上郡及位《のぞき》村（現真室川町）の事例（武田正『及位の昔話（四）』一九八〇）では、次のような話が伝承されている。寺の小僧が、仏様にあげる盆花を採りに出かけ、山奥に入って日

が暮れる。灯りを見つけて家を訪ねると、婆さまがいて泊めてくれる。夜中に物音で目が覚め、戸の隙間から見ると鬼婆んばが包丁を研いでいる。小僧は便所に行き、便所の神様からお札をもらい、お札が返事をしているうちに逃げる。鬼婆んばが追いかけてくるので、小僧はお札を投げ、川、菖蒲と蓬の山を出し、寺へ逃げ込んで和尚に匿《かくま》ってもらう。和尚は化け競べを持ちかけ、鬼婆んばを豆に化けさせて飲んでしまう。

(3)B「山姥系」とは、山姥が山の領域を主張するという話である。たとえば、青森県五戸町(能田多代子『手っきり姉さま』未來社、一九五八)の事例では、婆が寺までやって来て「小僧は自分の山へ断りなしにはいって来たから、殺さねばならない。もし、小僧を生かして置いたら、町へ帰って山の話をするといけないから帰されない」という。新潟県小千谷市(水沢謙一『黒い玉・青い玉・赤い玉　越後の三枚の札』野島出版、一九七二)の事例では、小僧が山で花を採っていると山んばさが「こぞう、そら、おれが花だぞ」「こんにゃ、おらどこに泊まれば、あすのあさは、その花、ンな、お前にくれら」という。

(4)このA「鬼婆系」とB「山姥系」の話の構成と構成要素を整理してみると、次のようになる。

A　寺—小僧—山—花摘み(盆・彼岸・亡者)—鬼婆—便所—逃走(三枚のお札)

B　寺—小僧—山—栗拾い(山の領域主張)—山姥—便所—逃走(三枚のお札)

Aはお盆の花摘み—鬼婆、Bは栗拾い—山姥、この二つが特徴といえる。

(5)Aの鬼婆は、お盆の死者供養や亡者の来訪の話の中で語られているという部分がその特徴である。なぜ鬼婆が子どもを取って食うのか、という点について参考になるのは、柳田の『先祖の話』の中の「柿の葉と蓮の葉」の論及である。柳田はそこで、「以前は遠い田舎では子の無い老女などを罵つて、柿の葉めがと謂つたといふ話がある」といい、子の無い女性は亡くなっても祀ってくれる子孫がなく、お盆の行事でも柿の葉に供物を盛られるような無縁仏となってしまう、そのためかつて家の継承と先祖祭祀が重視されていた封建的な社会の中では差別視されていたということをのべている。そして柳田は、「私の先祖の話をして見たくなつた動機も、一つには斯ういふ境涯に在る者の心寂しさを、由無いことだと思ふからである」といっている。現在ではもうありえない話であるが、歴史的な世界で参考になるのは、近世後期の山東京伝の『骨董集』の「比比丘女の図」である。そこでは鬼が子どもを取って食おうとするのを地蔵菩薩が守っているという構図が描かれている。そして、それが喜田川守貞の『近世風俗志』の描くような近世の子どもたちの「子をとろ子とろ」の遊びになっているのである。

(6) Bの山姥がなぜ山の領域を主張するのか、という点について参考になるのは、『遠野物語』から『山の人生』（一九二五）に至る柳田の一連の山人論である。すなわち、先住民の系譜を引くと想定していた山人や山姥の出没に際して、里人の間で形成された恐怖感や差別感がそこに作用しているのではないかと推定される。

(7)『遠野物語』一一六のヤマハハに追いかけられて逃げる娘の話は、A「鬼婆系」とB「山姥系」の二つの分類枠に対して、もう一つ別の、C「ヤマハハ系」の分類枠を設定させる。この第三のC「ヤマハハ系」の設定については、この一一六の話によく似た類話が他にも存在するからである。山姥にさらわれた人物がもう一人登場する事例が「三枚のお札」の類話の中にもあり、鹿児島県川辺町、長崎県小浜町などの例があげられる。また、「寺」「便所」「お札」などの要素が欠けている事例が「三枚のお札」にもあり、山形県上山市、栃木県藤原町、徳島県西祖谷山村など、その根拠となる類話を多く提示することができる。

そこで、あらためて、AとBとCの構成と構成要素とを比較して整理すると次のとおりである。

A　寺―小僧―山―花摘み（盆・彼岸・亡者）―鬼婆―便所―逃走（三枚のお札）

B　寺―小僧―山―栗拾い（山の領域主張）―山姥―便所―逃走（三枚のお札）

C　□―娘―山―□（山の領域主張）―ヤマハハ―□―逃走（□）

そして、このCのヤマハハは、炉の火をよろこび、米の飯を欲しがる様子から、Bの山姥と同じく、柳田のいう先住民の末裔につながる山人のイメージを背景としているものと想定される。

(8)昔話「三枚のお札」の類話の中で比較すると、Cヤマハハ系がより古いかたちであり、それに寺や便所やお札の要素が加わったB山姥系が新しいかたち、そして山姥にかわって鬼婆が登場するA鬼婆系が、さらに新しいかたちであると位置づけることができる。Cヤマハハ系と、B山姥系の話が形成された背景には、里人にとっての山の異文化世界と山人に対する恐怖感が想定される。それが時代を経る中で、そのような山の異文化世界と山人に関する記憶や印象が薄れていき、むしろ里人の生活の中で子の無い老婆への差別視とその裏返しとしての恐怖感がリアリティーをもつようになり、山婆から鬼婆へといういわば要素変換がおこり、Aの鬼婆系がその変化形として語られるようになってそれが広く受容されてきたものと考えられる。

(9)このような山姥から鬼婆へという話の展開の想定が、架空のものではなく、現実に歴史の中に刻まれてきていたことを示すのが、中世以来の芸能の、謡曲「黒塚」や謡曲「山姥」の存在である。謡曲「黒塚」が鬼婆を主人公とする演目であり、謡曲「山姥」が山姥を主人公とする演目である。

(10)謡曲「黒塚」のシテは、年を重ねた子の無い女性であり人を食う鬼女である。そして最後には仏教の力で祈り伏せられてしまう。昔話「三枚のお札」のAの鬼婆も、子をとって食う恐い鬼婆である。昔話「三枚のお札」のA鬼婆のイメージと謡曲「黒塚」の鬼女のイメージとは重なっている。

(11)謡曲「山姥」では、山姥の山廻りが語られているが、その山廻りは妄執であり苦しいものであると地謡によって謡われている。領域の主張を山姥の妄執だというのであるが、しかしそれは仏教的な里人的な価値観によるものであり、地謡は山姥も救われるのだと救済を説くが、しかしそれに対して山姥は、「山また山に、山廻り、山また山に、山廻りして、行方も知らず、なりにけり」という展開になっている。つまり、山姥は山廻りを続けるまま、仏教的な解釈の枠の外へと去っていくのである。山姥は、里の領域とは異なる山の領域に属する存在として描かれて終わっている。作者は、このような「山の異文化」への一定の理解をもっていた人物であった可能性が高い。

⑿『世子六十以後申楽談儀』は、世阿弥の次男元能が世阿弥の講釈を聞書したもので、奥書によれば永享二年（一四三〇）、出家に際して、おそらくは父に贈ったものであろうといわれている。その中に、「山姥」について、「祝言のほかには、井筒・通盛など、直ぐなる能なり。実盛・山姥も、傍へゆきたるところあり。ことに神の御前、晴の申楽に、通盛したきなりと存ずれども、上の下知にて、実盛・山姥を当御前にてせられしなり」という記述がある。つまり、この「山姥」は世阿弥も上演した能であることがわかる。世阿弥の作とされている「実盛」とともにこの「山姥」を上演したというのである。そして、先行研究では、この「山姥」は世阿弥の作であった可能性が高いと指摘されている（香西精『能謡新考　世阿弥に照らす』一九七二）。

このような新しい研究によって、一一六のヤマハハの話は、現在流通している古典芸能の謡曲「山姥」や「黒塚」の内容にも通じる話であり、そして同時に一方では民間伝承の昔話「三枚のお札」の内容にも通じる話であることが明らかになってきています。そして、それらと比較してみると、『遠野物語』の一一六の話は、そのような洗練された謡曲や素朴な昔話よりも、よりさらに素朴な段階での山人や山女という存在について語っている古い伝承であり、その貴重な歴史情報を発信しているものといってよいのです。

45　遠野郷の獅子踊に古くより用ゐたる歌の曲あり

——一一九

最後の話は、遠野郷に古くから伝えられている獅子踊りで歌われる歌の紹介です。柳田に提供された、歌詞の筆写されたものを紹介しています。現地の言葉でわかりにくい部分が多いのですが、ここでは遠野市在住の佐藤誠輔氏が方言やなまりを修正し福田八郎氏の著書や獅子踊り保存会その他の有識者からの助言を参考にして書いておられる訳語（『口語訳　遠野物語』所収）を参考にしながら、筆者なりにもわかる範囲内で漢字をあてた現代語訳を紹介しておきます。

■訳文

一一九　遠野郷の獅子踊りに、古くから用いられてきた歌の曲があります。村によりまた人によって少しずつの相異がありますが、自分が聞いたのは次のようなものです。百年あまり以前に筆写されたものです。

○獅子踊りは、この地方ではそれほど古いものではありません。中世にこれを輸入したものであることを人びとはよく知っています。

橋ほめ

一　参り来てこの橋を見申せや、いかな猛者は踏み初めたやら、渡るか苦界あらざるもの
一　この御馬場を見申せや、杉原七里大門まで

門ほめ

一　参り来てこの門を見申せや、檜木、椹《さわら》で門立てて、これぞ目出たい白金の門
一　門の扉押し開き見申せや、新の御世代

〇

一　参り来てこの御本堂を見申せや、いかな大工は建てたやら
一　建てた御人は御手と柄、むかしの飛騨の匠の立てた寺なり

小島ぶし

一　小島では檜木、椹で門立てて、是ぞ目出たい白金の門
一　白金の門扉押し開き見申せや、新の御世代
一　八つ棟造りに檜皮葺きの、上に生いたるから松
一　から松の右に左に涌く泉、汲めども呑めども尽き干ざるもの
一　朝日さす夕日かがやく大寺なり、さくら色の稚児は百人
一　天から落ちる千代硯水《けんずい》、まって立たれる

馬屋ほめ

一　参り来てこの御台所見申せや、雌釜雄釜に釜は十六

遠野郷の獅子踊り　柳田はこの踊りを天神の山、菅原神社で見たという（遠野市立博物館）

一　十六の釜で御台炊く時は、四十八の馬で朝草苅る
一　その馬で朝草に桔梗、小萱を苅りまぜて、花でかがやく馬屋なり
一　かがやく中の鹿毛駒は、世帯あがれと足がきする

〇

一　この庭に歌の上手はありと聞く、あそびながらも心恥ずかし
一　われわれは昨日習いし今日あそぶ、そつ事ごめんなり
一　頌詞《しょうじ》申せや限りなし、一礼申して立てや友だち

桝形ほめ

一　参り来てこの桝を見申せや、四方四角桝形の庭なり
一　参り来てこの宿を見申せや、人の情けの宿と申す

町ほめ

一　参り来てこのお町を見申せや、竪町十五里横七里、△△出羽に迷うな友だち

〇出羽の字もじつは不明です。

検断ほめ

一　参り来てこの検断様を見申せや、御町間中にはたを立て前
一　まいは立町油町
一　検断殿は二階座敷に昼寝して、銭を枕に金の手遊び
一　参り来てこの御札見申せば、御師が色付けあるまじき札

一　高き処は城と申し、低き処は城下と申すなり

橋ほめ

一　参り来てこの橋を見申せば、黄金の辻に白金の橋

上ほめ

一　参り来てこの御堂見申せや、四方四面くさび一本

一　扇とりすず取り、上さ参らばりそうあるもの

○すずは数珠、りそうは利生か。

家ほめ

一　こりばすらに黄金の垂木に、水の瀬懸かる棟《ぐし》に波立ち

○こりばすらは文字不分明。

浪合

一　この庭に歌の上手はありと聞く、歌いながらも心恥ずかし

一　おんげんべりこおらいべり、大和花ござ是《これ》の御庭へさらさら敷かれ

○おんげんべりこおらいべりは、雲繝縁、高麗縁です。

一　蒔絵の台に玉の盃択り据えて、是《これ》の御庭へ直し置く

一　十七は銚子ひさげて御手にもちお酌廻れや御庭かがやく

一　この御酒一つ引き受けたもるなら、命長く寿命栄える

一　肴には鯛もすずきもござれ共、音に聞こえし唐の唐梅

一　頌詞《しょうじ》申すや限りなし、一礼申して立てや友だち、京

柱懸り

一　仲立ち入れよや仲入れろ、仲立ちなけりゃ庭は素気《すげ》ないゝ
一　すかの子は生まれて落ちりゃ山廻る、我らも廻る庭めぐるゝ
○すかの子は鹿の子のことです。遠野の獅子踊りの面は鹿のようです。
一　これの御庭匂い柱の立つときは、ちのみがき若くなるものゝ
○ちのみがきは鹿の角磨きでしょう。
一　松島の松を育てて見たとすれば、松にからまるちたのえせものゝ
○ちたは蔦。
一　松島の松にからまる蔦の葉も、縁が無れりゃそろりほぐれるゝ
一　京で九貫の唐絵のびよぼ、三よえにさらり立て廻す
○びよぼは屏風です。三よえは三四重か、この歌は最もおもしろいものです。

めずすぐり

一　仲立ち入れろや仲入れろ、仲立ちなけりゃ庭は素気《すげ》ないゝ
○めずすぐりは鹿の妻択びでしょう。
一　鹿の子は生まれて落ちりゃ山廻る、我らもめぐる庭を廻るなゝ
一　女鹿たずねて行かんとして白山《はくさん》の御山かすみかかるゝ
○して、字は〆てとあります。不明。

一　うるすやな風はかすみを吹き払うて、今こそ女鹿あげてたずねるゝ
　○うるすやなは嬉しやなです。
一　何と女鹿はかくれてもひと村すすきあけてたずねるゝ
一　笹の木の葉の女鹿子《めじしこ》は、何とかくてもおびき出さる
一　女鹿雄鹿のふりを見ろ、鹿の心都なるものゝ
一　奥の深山の雄鹿は今年はじめておどり出来候《そろ》ゝ
一　女鹿取られてあこがれて心落ちする狂い鹿かなゝ
一　松島の松を育てて見たとすれば松にからまる蔦のえせものゝ
一　松島の松にからまる蔦の葉も、縁がなけりゃぞろりほぐれるゝ
一　沖の途中の浜千鳥、ゆらりこがれるそろりたつ物ゝ
　　なげくさ
一　投げ草をいかな御人は御出しあった、出した御人は心ありがたい
一　この代をいかな大工はお指しあった、四つ角で宝遊ばすゝ
一　この御酒をいかな御酒だと思し召す、音に聞こえし加賀菊の酒ゝ
一　この銭をいかな銭だと思し召す、伊勢お初撒き銭熊野参りの遣いあまりかゝ
一　此紙をいかな紙と思し召す、はりまだんぜかかしま紙か、折り目にそうて遊ばす
　○播磨檀紙でしょうか。
一　扇のお所いぢくなり、扇の御所三内の宮、内で締めるは要なりゝ、折り目にそうて重な

る

○いぢくなりはいずこなるでしょう。三内の字は不明。仮にこのように読みました。

■原文

一一九　遠野郷の獅子踊に古くより用ゐたる歌の曲あり。村により人によりて少しづつの相異あれど、自分の聞きたるは次の如し。百年あまり以前の筆写なり。

○獅子踊はさまで此地方に古きものに非ず。中代之を輸入せしものなることを人よく知れり

橋ほめ

一　まゐり来て此橋を見申せや、いかなもをざは蹈みそめたやら、わだるがくかいざるもの

一　此御馬場を見申せや、杉原七里大門まで

門ほめ

一　まゐり来て此もんを見申せや、ひの木さわらで門立てて、是ぞ目出たい白かねの門

一　門の戸びらおすひらき見申せや、あらの御せだい

○

一　まゐり来てこの御本堂を見申せや、いかな大工は建てたやら

一　建てた御人は御手とから、むかしひたのたくみの立てた寺也

小島ぶし

一　小島ではひの木さわらで門立てて、是ぞ目出たい白金の門

一　白金の門戸びらおすひらき見申せや、あらの御せだい
一　八つ棟ぢくりにひわだぶきの、上におひたるから松
一　から松のみぎり左に涌くいぢみ、汲めども呑めどもつきひざるもの
一　あさ日さすよう日かがやく大寺也、さくら色のちごは百人
一　天からおづるちよ硯水、まつて立たれる
　　馬屋ほめ
一　まゐり来てこの御台所見申せや、め釜を釜に釜は十六
一　十六の釜で御代たく時は、四十八の馬で朝草苅る
一　其馬で朝草にききやう小萱を苅りまぜて、花でかがやく馬屋なり
一　かがやく中のかげ駒は、せたいあがれと足がきする
　　○
一　此庭に歌のぞうじはありと聞く、あしびながらも心はづかし
一　われわれはきによならひしけふあすぶ、そつ事ごめんなり
一　しやうぢ申せや限なし、一礼申して立てや友だつ
　　桝形ほめ
一　まゐり来てこの桝を見申せや、四方四角桝形の庭也
一　まゐり来て此宿を見申せや、人のなさげの宿と申
　　町ほめ

一　参り来て此お町を見申せや、竪町十五里横七里、△△出羽にまよおな友たつ
○出羽の字も実は不明なり

けんだんほめ

一　まゐり来てこのけだん様を見申せや、御町間中にはたを立前
一　まいは立町油町
一　けんだん殿は二かい座敷に昼寝すて、銭を枕に金の手遊
一　参り来てこの御札見申せば、おすがいろぢきあるまじき札
一　高き処は城と申し、ひくき処は城下と申す也

橋ほめ

一　まゐり来てこの橋を見申せば、こ金の辻に白金のはし

上ほめ

一　まゐり来てこの御堂見申せや、四方四面くさび一本
一　扇とりすず取り、上さ参らばりそうある物
○すずは数珠、りそうは利生か

家ほめ

一　こりばすらに小金のたる木に、水のせ懸るぐしになみたち
○こりばすら文字不分明

浪合

一　此庭に歌の上ずはありと聞く、歌へながらも心はづかし
一　おんげんべりこおらいべり、山と花ござ是の御庭へさらすかれ
一　○雲繝縁、高麗縁なり
一　まぎゐの台に玉のさかすきよりすゑて、是の御庭へ直し置く
一　十七はちやうすひやけ御手にもぢをすやく廻や御庭かかやく
一　この御酒一つ引受たもるなら、命長くじめうさかよる
一　さかなには鯛もすずきもござれ共、おどにきこいしからのかるうめ
一　正ぢ申や限なし、一礼申て立や友たつ、京

柱懸り

一　仲だぢ入れよや仲入れろ、仲たづなけれや庭はすんげないゝ
一　すかの子は生れておりれや山めぐる、我等も廻る庭めぐるゝ
○すかの子は鹿の子なり。遠野の獅子踊の面は鹿のやうなり
一　これの御庭におい柱の立つときは、ちのみがき若くなるものゝ
○ちのみがきは鹿の角磨きなるべし
一　松島の松をそだてて見どすれば、松にからまるちたのえせものゝ
○ちたは蔦
一　松島の松にからまるちたの葉も、えんが無れやぶろりふぐれるゝ
一　京で九貫のから絵のびよぼ、三よへにさらりたてまはす

○びよぼは屏風なり。三よへは三四重か此歌最もおもしろし

めずすぐり

一　仲たぢ入れろや仲入れろ、仲立なければ庭すんげなえゝ

○めずすぐりは鹿の妻択びなるべし

一　鹿の子は生れおりれや山廻る、我らもめぐる庭を廻るなゝ

一　女鹿たづねていかんとして白山の御山かすみかかるゝ

○して字は〆てとあり不明

一　うるすやな風はかすみを吹き払て、今こそ女鹿あけてたちねるゝ

○うるすやなは嬉しやな也

一　何と女鹿はかくれてもひと村すすきあけてたつねるゝ

一　笹のこのはの女鹿子は、何とかくてもおひき出さる

一　女鹿大鹿ふりを見ろ、鹿の心みやこなるものゝ

一　奥のみ山の大鹿はことすはじめておどりでき候ゝ

一　女鹿とらてあうがれて心ぢくすくをろ鹿かなゝ

一　松島の松をそだてて見とすれば松にからまるちたのえせものゝ

一　松島の松にからまるちたの葉も、えんがなければぞろりふぐれるゝ

一　沖のと中の浜す鳥、ゆらりこがれるそろりたつ物ゝ

なげくさ

一　なげくさを如何御人は御出あつた、出た御人は心ありがたい
一　この代を如何な大工は御指しあた、四つ角て宝遊ばしゝ
一　この御酒を如何な御酒だと思し召す、おどに聞いしがゝ菊の酒ゝ
一　此銭を如何な銭たと思し召す、伊勢お八まち銭熊野参の遣ひあまりかゝ
一　此紙を如何な紙と思し召す、はりまだんぜかかしま紙か、おりめにそたひ遊はし
　○播磨壇紙にや
一　あふぎのお所いぢくなり、あふぎの御所三内の宮、内てすめるはかなめなりゝ、
　おりめにそたかさなる
　○いぢくなりはいづこなるなり。三内の字不明。仮にかくよめり

付録

I 『遠野物語 増補版』（昭和十年［一九三五］）について

折口信夫、金田一京助らは、柳田國男の六十歳の還暦祝賀の会の開催を懇願しましたが、これを柳田は固辞しました。まだ自身を若いと思っていた柳田は、自分が構想している新しい学問、日本民俗学の構築へと意欲をたぎらせているときであり、それはありがたい話ではあるが、老人扱いの隠居の押し付けはめいわくな話だとして固辞したのです。

その柳田の意図を酌んで進められたのが、昭和十年七月三十一日、柳田六十一歳の誕生日に開催された日本民俗学講習会と、『遠野物語 増補版』の刊行でした。その増補版は、もとの『遠野物語』と、その後佐々木喜善が集めていた話を収めた『遠野物語拾遺』とを一緒にしたものでした。初版本からその増補版の刊行までへの紆余曲折については、柳田の「再版覚書」に詳しいので、それをここで紹介しておきます。

柳田は、佐々木の集めた文芸としての昔話と、自分が注目していた生活史の情報としての事実を反映している口碑とを区別しようとしていたことがわかります。ただ、残念ながら佐々木喜善は、一九三一年に『聴耳草紙』を出版してまもなく、四十八歳の若さで亡くなってしまいました。『遠野物語拾遺』は、佐々木の死を惜しみながらも、佐々木が残した原稿の半分を柳田が筆を執って書き改め、残りは折口信夫の弟子鈴木脩一（棠三）が柳田と同じ方針の下に刪定整理の労をとったものでした。

柳田の学問をよく理解し、佐々木の功績を金田一京助とともに日本のグリムとも評してよく認めていた折口信夫の、この『遠野物語　増補版』に寄せた「後記」もここに紹介しておきます。そして、次の項に、折口信夫の「遠野物語」という和歌を紹介しておきます。

柳田國男「再版覚書」

前版の遠野物語には番号が打つてある。私は其第一号から順に何冊かを、話者の佐々木君に送つた記憶がある。其頃友人の西洋に行つて居る者、又是から出かけようとして居る者が妙に多かつたので、其人たちに送らうと思つて、あの様な扉の文字を掲げた。石黒忠篤君が船中で此書を読んで、詳しい評をしておこされた手紙などは、たしかまだどこにか保存してある。外国人の所蔵に属したものも、少なくとも七八部はある。其他の三百ばかりも、殆ど皆親族と知音とに頒けてしまつた。全くの道楽仕事で、最初から市場に御目見えをしようとはしなかつたのである。

此書の真価以上に珍重せられた理由は是だと思ふ。今度も同じ様な動機で覆刻を急ぐことになつたのだが、以前にも私は写しますなどといふ人が折々は有るので、多少の増訂をして二版を出さうと思ひ、郷土研究社には其予告をさせ、且つ古本商には警告を与へ、佐々木君にはもつと材料があるなら送つて来るやうに言つて遣つた。同君も大いに悦び、手帖にあるだけを全部原稿紙に清書して、或時持つて来て、どさりと私の机の上に置いた。これを読んで見ると中々面白いが、何分にも数量が多く、又重複があり出したくないものがまじつて居る。これを選り別けて種類を揃へ、字句を正したり削つたりする為に、自分でもう一度書き改めようとした。或はきたなくとも元の文章に朱を加へた方が早かつたかも知れない。自分の原稿がまだ半分ほどしか進まぬ内に、待ち兼ねて佐々木君が聴耳草紙を出してしまつた。

聴耳草紙は昔話集であるのだが、あの中には私がこちらへ載せるつもりで居た口碑類を若干は取入れてある。昔話も二つか三つ、是非とも遠野物語の拾遺として出さうと思つて居たものが、聴耳の方で先に発表せられてしまつた。さうで無くても後れがちであつた仕事が、是で愈々拍子抜けをして、終に佐々木君の生前に、もう一度悦ばせることが出来なかつたのは遺憾である。

今度は事情がちがふから、二十五年前の遠野物語を、重版するだけに止めて置かうかといふ意見もあつたが、それでは是に追加するつもりで、折角故人の集めて置いた資料が、散逸してしまふかも知れぬ懸念があるので、やはり最初の計画の通り、重複せぬ限りは皆是を附載することにした。此中には自分が筆を執つて書き改めたものが約半分、残りは鈴木君が同じ方針の下に、刪定整理の労を取つてくれられた。順序体裁等はほぼ本編に準ずることにして、是亦同君に一任し、更に郷土研究其他の雑誌に散見する佐々木君の報告で、性質の類似するものだけは此中に加へて置いた。斯うして見ると初版の遠野物語ばかりが、事柄は同じであるのに文体がちがひ、且つ引離されてあることが如何にも理に合はない。或は是も書き改めて、類を以て集めた方がよかつたのかも知れぬが、それでは自分に取つて記念の意味があまりに薄くなるのみならず、一方旧本に対する無益の珍重沙汰が、尚いつ迄も続かぬとも限らぬ。さう大したもので無かつたといふことを、弘く告白する為にも原形を存して置いた方がよいと思ふのである。

実際遠野物語の始めて出た頃には、世間は是だけの事物すらもまだ存在を知らず、又是を問題にしようとする或一人の態度を、奇異とし好事と評して居たやうである。しかし今日は時勢が全く別である。斯ういふ経験はもう幾らでも繰返され、それが一派の学業の対象として、大切なものだといふことも亦認められて来た。僅か一世紀の四分の一の間にも、進むべきものは必然に進んだ。是に比べると我々の書斎生活が、依然として一見一聞の積み重ねに労苦して居ることは、寧ろ耻ぢ且つ歎かねばならぬのである。少なくとも遠野の一渓谷ぐらゐは、今少しく説明しやすくなつて居てもよい筈であつたが、伊能翁は先づ世を謝し、佐々木君は異郷に客死し、当時の同志は四散して消息相通ぜず、自分も亦年頃企てて居た広遠野譚の完成を、断念しなければならなくなつて居る。此の如きは明かに蹉跌の例であつて、毫も後代に誇示すべきものではない。嗣いで起るべき少壮の学徒は、寧ろ此一書を繙《ひもと》くことによつて、相戒めて更に切実なる進路を見出さうとするであらう。それが又我々の最も大なる期待である。

柳田國男

折口信夫「後記」

六角牛《ロッコオシ》の翠微を望んで、暫らくはほうとして居た。夏霞は晴れた日の「遠野」の空に、小雨でも降るやうに、うつすりとかかつて居る。山の鼻を廻ると、一時にこれだけの見渡しを目にした。半時間も別れて居た猿个石の速瀬が、今は静かになつて、目の前にせせらいだ。軽便で来る道々も、川と軌道と県道とが、岐れ岐れになつて、山に這入つて行つてるぐあひが、目に沁みた。

瞥見《べつけん》には、茶店と思はれる小家《イヘ》があつて、その背戸から直に、思ひがけない高い処へ、白々と道がのぼつてゐる様子など、とても風情があつた。まして二十年前、若い感激に心をうるまして、旅人は、道の草にも挨拶したい気もちを抱いて過ぎたことであらう。目前にけたたましく揚る響きは、上閉伊郡聯合青年団の運動競技会の号砲ではないか。現に私どもが、此から土淵まで行かうと言ふので、佐々木さんが肝をいつて、やつと引つぱり出して見えた自動車の車掌があつた。昼から酔ひつぶれて、河童とでも相撲とりさうな、ただの山の百姓になつて居た。盆花《バナ》も、きのふ今日と言ふのに、秋祭りでも来た様に、顔を赤くした人々で、道は車の乗りとほせぬ程、雑沓して居た。その町どほりを、あつちへ寄り、こつちへよろけ、よたよたと走つては、思ひ出した様に、さあかすもどきの挙手を、行きあふ知り人に投げた。その車掌が、である。

此が、この本の前記と、私の書く後記との間に横る小半世紀の内に、あつた変改であつた。遅れて来た私にとつては、仙人峠の上から、蒼茫として風の立つ遠野平を顧み勝ちに去つて行かれた先生の姿は、思ひ見るだけでも、羨みに堪へなかつた。

雲雀は、空に揚り尽して、凡近代行事に関心を持たない女年寄りだけが、墓掃除に余念もなく、ここかしこの叢に出没して居た。実はそのために、佐々木夫人なども、昨日一足先に、仙台から還つて来てゐられるはずであつた。

鍵の手になつた建て物の、門通《ジヨウ》に近い座敷のまはり縁に出て、山の夕日の直射を避けて居ると、いろいろな考へが浮んで来る。

もうここの家にも、萩刈りを急がなければならぬやうな牛馬も居なくなつて居る様子だ。家のあとを立てて居る息子夫婦は、孫ぐるみ遠い都会に出てしまつて、女隠居ひとりであつた。縁者に当る者とかで、家を持たぬ百姓一家を住して、先祖の家を、木まぶりの様に守りとほして暮して居る人である。

寝部屋など見せて下さい、と言ひ出したら、藪入りに戻つて居たここの主人が案内に立つてくれたのは、どうも奉公人のねまの方であつたらしい。私の与へられた座敷とからかみをしきつた後《ウ》は、小座敷になつてゐるはずである。とかく此辺が、ざしきわらしの常居になつてゐるらしい気がしてならなかつた。今晩あたり寝苦しからうなどと思ひながら、ひつそりとした村の田を見に出たことであつた。その時から又、凡十年の月日が立つて居る。若々しくばかり思つて事へて来た先生も、ことしは、ちようど人生の暦一ぱいの年に達せられた。と言ふことは、まだどう考へても、しつくりと胸に来ない。初版のままの表紙をかけて見ると、少し茶つぽい赤みの調子が、心祝ひの色あひを出してくれてゐるやうな気がする。

「唯、鏡石子は、年僅に二十四五、自分も之に十歳長ずるのみ」とあつた佐々木喜善さんも、早ことし三回忌の仏になつてしまはれた。

「遠野物語」後《ゴ》、二十年の間に、故人の書き溜めた採訪記は、ずゐぶんのかさに上つた。先生はもう、再版の興味などは、持つて居られなかつた。でもその間に、「広遠野物語」出版の計画に燃えた岡村千秋さんなどがあつて、昭和の初年には、公表したもの、未発表の分一切、先生の手もとに届けてあつたやうである。

念者の先生だから、楽しみ為事に書き直し書き直しして行かれて、稍半に達した頃、其中に包含せられて居た物が、「聴耳草紙」の形で、世間に出てしまつたので、此は永久日の目を見ない事になるもの、とあきらめて居た。

去年以来、せめてその計画の一部だけでも、実現して見たい、と言ふ志を起すものがあつて、待ち望んだ人々に喜んで頂く方に向いて来た訣である。だが何しろ、師匠の作物と言へば、過去の謙徳に育てられた者は、誰しもちよつと、手出しの出来かねるものである。此は専ら、若役に属するものと言ふ事から、一等骨惜しみをしない鈴木脩一さんに、編輯為事を引きうけて貰つた次第である。で、その後新しく著手した為事は、かの残りの半分に当る未整理の部分である。

私などは、まことに悠々と、高みで見物して居て、出来あがつた今頃、そろそろおりて来て、こんな後記を書いて居るのだから、真実、先生に申し訣もなし、脩一さんの努力に対してもちよつと相すまぬ気がする。胸に浮んで来るのは、あの蟇猿餅とりの猿の姿である。手が長く、脚のはだかつた、あの山の横著者になつた気がする。

だが、先生の最記念すべき書物に、こんな事でも書して頂けるのは、弟子としては、本懐至極、身に余る喜びである。

元来、先生の聞き書は、私どもが曽て想像して来たよりも遥かに苦労がかけられて居るので、初稿本の後、又再稿本が出来て居たのである。印本「遠野物語」は、此が台本になつた訣だ。蟻地獄の様な書痴の人々の為に、書いて置く事は、其初・再両稿本の外に、遠野物語の最整うた校正刷り一揃ひ、すべて三部、嘗て先生の手もとに保存せられて居た。其が、悉く譲られて、池上隆祐さんの蔵書となつて居る事である。今度の本に、写真版となつたのは、其二部の稿本の中から、選んだものなのだ。

遠野物語前記に見えた、高雅な孤独を感ぜしめる反語は、二十何年前、私どもを極度に寂しがらしたものである。其民俗学の世界にも、先生一代の中に、花咲く春が来て、赤い頭巾を著て、扇ひろげて立つて居られる先生の姿を見る時が、ここに廻り合せて来たのである。此豊けさと共に、心は澄みわたるものの声を聞く。それは早池峰おろしの微風に乗るそよめきの様でもある。ざしきわらし・おしらさまから、猿のふつたち・おいぬのふつたちに到るまで、幽かにささやき合つてゐるのであらう。我が国の「心」と「土」とに、最即《ソク》した斯学問の長者の為に、喜び交す響きに違ひない。寒戸《サムト》の婆も、この風に馭して来るであらう。故人鏡石子も、今日ごろはひそかに還つて、私どもの歓喜に、声合せてゐるのではないかと思ふ。

昭和十年盆の月夜

折口信夫

三　礼

II　折口信夫の和歌「遠野物語」

（昭和十四年［一九三九］『ドルメン』第五巻第一号所収）

大正三年（一九一四）の冬、二十八歳の折口信夫が、神田神保町の古本屋で見つけて、震えるほどの感動で、立ったまま夢中になって読んだときの記憶から詠まれた和歌です。

大正の三とせの冬の
凩のふく日なりけむ—。
駿河台を　神保町によこをれて
入り来るあたり、

今の如　家潔からず。
町並みは　低くつづきて、
家毎に物買ふ声の高だかと
道に響きし——。
あはれ　その軒陰占めて、
露店《ホシミセ》ぞ　牀《ユカ》を列《ツラナ》並め、町尻へ遠くひしめく。

ふらんけつと赤く濁れる、
はた　青の　黄に褪《カヘ》色りたる
押し張りて牀をくみたり。
そのうへに　積める古書《フミ》。
ある群れは高くそそりて、
ある群れは低くなびきて、
堆《ウヅタカ》さ　塚をなしたり。

　これ五銭　それぞ拾銭
ここもとは拾五銭など
おのもおのも盛りてわかてる書のうへに

薄日流らへ、
　衢風《チマタ》　沙吹きこぼす。

沙風のひと時たゆみ、
夕つけて　冱《サ》えつのり来る
軒の端《ハ》の　一つの店の、
かんてらも　いまだ照り出でず　ふすぶれる
油煙の底の　ほのかなる明りの照りに、
我はもよ　見いでたりけり。
これの世の珍宝《ウツタカラ》
我が為の道別《チワ》きのふみ—。

握りもつ白銅ひとつ
商《アキ》びとに価《アタヒ》とくれて、
狂《クルホ》しき人　とか見らむあき人の　心も覚《シ》らず
　書《フミ》塚の中なる一つ
桃花鳥色《ツキイロ》に匂へるものを、
取り奪ひ逃ぐるが如く、

町角に来たりし時に、
がす灯のもとに佇み、とどろける胸うち鎮め、
とり出でて　ねもごろ　我が見つ―。

清かりし表紙やつれて、書の背《セナ》まろくすれたり。
然《シカ》はあれど、目にしむものは、
うち開くぺいじの面《オモテ》
つしやかにおしたる活字。
その文字の落ち居のよさや―。
文字と文字　さやかにかなひ、
　くだりくだり清く流れぬ。

何処なる　誰とふ人の
読みふるす書にか　あらむ。
持ち出でて、かく　売るべしや―。
末ずゑは、ぺいじも截らず
　さながらにおきし幾枚《ヒラ》。
指《オヨビ》もて我は截りつつ、

立ちながら読めり──幾枚《ヒラ》。
喜びは渦汐《ウツシホ》なして　うつそみの　心ゆすりぬ──。
風の音の　遠野物語。

東京に侘びつつ住めば、
頻々《シクシク》に恋《コホ》し　ふる里。
明日もかも　国に還らむ。
今日らもや　親は待つらむ。
かにかくに思ひ惑ひしそのかみは　いぶせかりしか。
昔べぞ苦しかりける。

、、、、
とをなから　五銭がぜにと
辱《アザ》む人あらば名のらせ。
乏しらの銭の中より、
我が憑む師のつくり書《ブミ》
買ひ得たる我が喜びを
そしる人　もし世にありや──。

物語書かしし大人のみ面《オモ》すら
いまだ知らずて、おもかげに恋ひける時に、
ゆくりなく我がえし　み書、
膝におき　つくゑに伏せて
歎息《ナゲキ》せしことぞ　幾たび―。
早池峰《ハヤチネ》の雲とそそりて、
猿《サル》个石《イシ》の湍《タギ》ちと深く
仰ぎ見も　俯《ノゾ》みも及《シ》かね―。
三分《サンブ》しんのらんぷ掻上《カカ》げて、
さ夜深く読み立つ声の　わが声を
屢々《シマシマ》ひそめ、
若ければ、涙たりけり。遠野物語のうへに

反　歌

ものがたり　あはれに告げし　遠野びと過ぎ
て聞えず。そのこわねすら

Ⅲ 『遠野物語』研究史

『遠野物語』について言及した著作は膨大にあります。関連する参考文献も際限のないくらいにたくさんあります。しかし、ここでは研究者による論著とその要点にしぼって紹介しておきましょう。柳田の論著やその他の事業について最初に、その価値を見出したのは、フランス文学で著名な桑原武夫の昭和十二年（一九三七）の文章でした。

■桑原武夫「『遠野物語』から」

それは、『文学界』昭和十二年七月号に掲載された「『遠野物語』から」です。いまも再版が重ねられている岩波文庫『遠野物語　山の人生』に収められていますので、ぜひ読んでみてください。

「柳田さんの方法を感得しえないのは情ないことだと思うが、もしもっと論理的にそれをとらえねばという人々には、共立社『現代史学大系』中の『民間伝承論』を勧めたい。そうすれば氏が単なる民俗学者でなく、わが国文化科学の領域における、最も見識にとんだ実証的な学者の一人だとする私の信念に恐らく諸君は賛成されるにちがいない」といっています。この単なる民俗学者ではない、というのは単なるフォークロア folklore という翻訳学問の学者ではないという意味です。そして、「「学問が実際生活の疑惑に出発するものであり、論断が事実の認識を基礎とすべきものである限り、国の前代の経過を無視した文化論は有り得ない」とは私もまた信じるところである」といい、「柳田国男氏の諸作が一般の人々のあいだにも丁寧に読まれることを切望してやまない」と結ばれています。

この桑原の文章は、この著書の価値に言及した人が昭和十年の『遠野物語』再版当時、金田一京助をのぞいてほとんど皆無であったことに対する公憤から生まれたものだといっています。桑原が柳田をもっともよく理解できた一人であったことがわかります。

■一九六〇年代から二〇一〇年代まで

『遠野物語』が注目を集めるようになったのは、戦後日本の高度経済成長期（一九五〇年代から七〇年代前半）という、日本社会の経済と社会の変化の中でのことでした。電化製品や自動車の普及などで便利になっていく生活の中で、失われていく古い日本の農村や町場の生活への懐古があったのです。その当時から二〇一〇年代までの、『遠野物語』への言及および関連動向を整理してみると、以下のようになります。

昭和四十二年（一九六七）　ガイドブック『遠野物語ガイド』

昭和四十三年（一九六八）　吉本隆明『共同幻想論』

昭和四十五年（一九七〇）　【岩手国体。遠野はサッカー会場となる】

三島由紀夫「『遠野物語』」『読売新聞』（六月十二日）

【市民向けパンフレットの公募によるキャッチフレーズ「民話のふるさと遠野」「高原が呼ぶ民話がささやくみちのく遠野」】

昭和四十六年（一九七一）【遠野駅前に「遠野物語の碑」建立。語り部の草分け的な人物が、観光客相手に旅館や自宅で昔話を語り始める】

昭和四十七年（一九七二）『遠野物語　増補版』（一九三五）を復刻した『遠野物語』刊行

昭和五十年（一九七五）【柳田國男生誕百年記念。『遠野物語』ブーム】

ロナルド・A・モース『英訳　遠野物語』、観光ガイドブック『遠野路』

昭和五十一年（一九七六）井上ひさし『新釈 遠野物語』、高橋喜平『遠野物語考』

昭和五十二年（一九七七）ロナルド・A・モース『近代化への挑戦　柳田国男の遺産』、NHK番組「遠野物語をゆく　柳田國男の風景」

昭和五十五年（一九八〇）【遠野市立博物館開館（日本初の民俗専門博物館）】

昭和五十八年（一九八三）岩本由輝『もう一つの遠野物語』

昭和五十九年（一九八四）【常堅寺のカッパ淵の近くに観光施設「遠野伝承園」開設】

昭和六十年（一九八五）岩崎敏夫『柳田國男と遠野物語』

昭和六十一年（一九八六）【「とおの昔話村」開村（昔話の語り部の拠点）】

昭和六十二年（一九八七）【遠野常民大学発足】

三浦佑之『村落伝承論　『遠野物語』から』

平成四年（一九九二）佐藤誠輔『口語訳 遠野物語』、野村純一他編『遠野物語小事典』

平成六年（一九九四）赤坂憲雄『遠野／物語考』

平成八年（一九九六）【「遠野ふるさと村」開村（移築された南部曲り家での生活体験）】
平成九年（一九九七）後藤総一郎監修・遠野常民大学編著『注釈 遠野物語』
平成十二年（二〇〇〇）遠野市立博物館図録『オシラ神の発見』、石井正己『遠野物語の誕生』
平成十五年（二〇〇三）石井正己『柳田国男と遠野物語』、石井正己監修・青木俊明他編『遠野物語辞典』
平成十八年（二〇〇六）遠野市立博物館図録『遠野、この郷の記憶　写真家・浦田穂一の世界』
平成二十二年（二〇一〇）遠野市立博物館図録『遠野物語の１００年　その誕生と評価』
平成二十四年（二〇一二）遠野市立博物館図録『柳田國男の生涯　『遠野物語』から『海上の道』へ』
平成三十年（二〇一八）遠野文化研究センター編『遠野学叢書一二 遠野の河童』、遠野市立博物館図録『遠野物語と河童』
平成三十一年（二〇一九）遠野文化研究センター編『遠野学叢書一三 遠野のザシキワラシ』
令和元年（二〇一九）遠野市立博物館図録『遠野物語と神々　家の神・里の神・山の神』

この整理からみると、戦後の『遠野物語』への論及は、一九六〇年代の吉本隆明『共同幻想論』が早い時期のものだったことがわかります。その論著は反響の大きかったものであり、社会的にも『遠野物語』の存在を知らしめる効果がありました。

一九七〇年の三島由紀夫の短文「『遠野物語』」は、読売新聞に掲載された記事ですが、三島が著名人であったことにより社会的にも影響力があったものと思われます。一九七二年の『遠野物語　増補版』の復刻は、その三年後に迎える柳田國男生誕百年に向けての記念事業のひとつでした。高橋喜平『遠野物語考』もその生誕百年を意識して書かれたもので、テレビ番組NHK特集「遠野物語をゆく　柳田國男の風景」もそのブームの中でのものでした。当時アメリカ国務省勤務のロナルド・A・モースの『近代化への挑戦　柳田国男の遺産』は柳田國男についての論評で、『遠野物語』についてではありませんでしたが、そのモースには別に一九七五年刊『英訳　遠野物語』がありました。

それらに対して、その後の一九八〇年代は、柳田國男の民俗学とその方法論に対する無理解と批判とが高まった時期であり、岩本由輝『もう一つの遠野物語』はそのような中でのものでした。そして、八〇年代末の三浦佑之『村落伝承論　『遠野物語』から』から二〇〇〇年の石井正己『遠野物語の誕生』にいたるまでの約十年間に、文学、思想史、文化論の各分野から論及があいつぎました。そして、二〇〇〇年代以降は、現地の遠野市立博物館が中心となって調査と展示の活動や図録類の刊行が続き研究成果が蓄積されてきています。

■吉本隆明『共同幻想論』

吉本はこの本で、「わたしはここで拠るべき原典をはじめからおわりまで『遠野物語』と『古事記』の二つに限って論をすすめた」、「『遠野物語』は、原始的あるいは未開的な幻想の現代的な修正（その幻想が現代に伝承されていることからくる必然的な修正）の資料の一典型としてよみ、『古事記』は種族の最古の神話的な資料の典型とみなし、この二つだけに徹底して対象をせばめることにした」といっています。

ただし、「『遠野物語』にも『古事記』にもそれぞれ編者たちの問題意識の自然なあらわれとしてそれぞれの〈方法〉がつらぬかれている。そしてこれらの〈方法〉は、わたしの問題意識とはちがっている」、「そのため引用にさいしては、わたしの問題意識にそって要約や読解や勝手な引用がなされた」、ともいっています。つまり、最初から『遠野物語』を読み解こうとするものではなく、自分の主題である「共同幻想」をめぐる議論の材料として使っているにすぎないという点が明らかです。

柳田國男に対しても、「無方法の泰斗柳田國男」といって新しい学問の創生をめざしている柳田に対して、理解にみせかけた揶揄に近い表現を使っています。学問とは独自の視点と方法とが不可欠な営みです。それに対して「無方法の泰斗柳田國男」といういい方がいかに非礼かつ無理解なものか、それはあきらかでしょう。あれほど柳田が丹念に事実をだいじにして学問の上での問題点を発見し、その後の論考でも情報整理を積み重ねていった「山人」に対して、それらを熟読することなく自分流の単純化表現で「山人譚の〈恐怖の共同性〉」などといい、自分が主張したい幻想論の中に歪曲し矮小化しているといってよいでしょう。

次に触れる三島由紀夫とはちがい、柳田の序文を熟読玩味していなかったのでしょう。一九六〇年代に始まる『遠野物語』の読み解きが、この吉本のような個々の自由な論者の自己主張の上での素材とされ断片的に流用されていったということは、民俗学という学問にとって決して幸福なことではなかったといえます。時代ごとの売れ筋の論者によって『遠野物語』の名前が広く知られるようになり読者をふやしていった幸福の裏には、このような不幸も並走していたことにも注意しておいた方がよいでしょう。

■三島由紀夫「『遠野物語』」

三島由紀夫のこの文章は短文ではありますが、柳田の『遠野物語』を読む上でたいへん貴重な視点を示しているものといってよいでしょう。ここには全文を紹介しておきます。

柳田国男氏の「遠野物語」は、明治四十三年に世に出た。日本民俗学の発祥の記念塔ともいうべき名高い名著であるが、私は永年これを文学として読んできた。殊に何回よみ返したかわからないのは、その序文である。名文であるのみではなく、氏の若き日の抒情と哀傷がにじんでいる。魂の故郷へ人々の心を拉《らっ》し去る詩的な力にあふれている。

「天神の山には祭ありて獅子踊あり。茲にのみは軽く塵たち紅き物聊かひらめきて一村の緑に映じたり。獅子踊と云ふは鹿の舞なり。(中略)笛の調子高く歌は低くして側にあれども聞き難し。日は傾きて風吹き酔ひて人呼ぶ者の声も淋しく女は笑ひ児は走れども猶旅愁を奈何ともする能はざりき」

この一章の、

「茲にのみは軽く塵たち紅き物聊かひらめきて……」

という、旅人の旅情の目に映じた天神山の祭りの遠景は、ある不測の静けさで読者の心を充たす。不測とは、そのとき、われわれの目に、思いもかけぬ過去世の一断面が垣間見られ、遠い祭りを見る目と、われわれ自身の深層の集合的無意識をのぞく目とが、——一定の空間と無限の時間とが——、交叉し結ばれる像が現出するからである。

又、採訪された聞書の無数の挿話は、文章の上からいっても、簡潔さの無類のお手本である。言葉を吝《お》しむこと金を吝しむが如くするエコノミーの極致が見られる。しかも、完結しないで、尻切れとんぼで、何ら満足な説明も与えられない断片的挿話が多いから、それはもちろん語り手の責任であるが、それが却って、言いさしてふと口をつぐんだような不測の鬼気を呼ぶ。

柳田氏の学問的良心は疑いようがないから、ここに収められた無数の挿話は、ファクトとしての客観性に於て、間然するところがない。これがこの本のふしぎなところである。著者は採訪された話について何らの解釈を加えない。従って、これはいわば、民俗学の原料集積所であり、材木置き場である。しかしその材木の切り方、揃え方、重ね方は、絶妙な熟練した木こりの手に成ったものである。データそのものであるが、同時に文学だというふしぎな事情が生ずる。すなわち、どの話も、真実性、信憑性の保証はないのに、そのように語られたことはたしかであるから、語り口、語られ方、その恐怖の態様、その感受性、それらすべてがファクトになるのである。ファクトである限りでは、学問の対象である。しかし、これらの原材料は、一面から見れば、言葉以外の何ものでもない。言葉以外に何らたよるべきものはない。遠野という山村が実在するのと同じ程度に、日本語というものが実在し、伝承の手段として用いられるのが言葉のみであれば、すでに「文学」がそこに、軽く塵を立て、紅い物をいささかひらめかせて、それを一村の緑に映しているのである。

さて私は、最近、吉本隆明氏の「共同幻想論」（河出書房新社）を読んで、「遠野物語」の新しい読み方を教えられた。氏はこの著書の拠るべき原典を、「遠野物語」と「古事記」の二冊に限っているのである。近代の民間伝承と、古代のいわば壮麗化された民間伝承とを両端に据え、人間の「自己幻想」と「対幻想」と「共同幻想」の三つの柱を立てて、社会構成論の新体系を樹てているのである。そこには又、

「ここまできて、わたしたちは人間の〈死〉とはなにかを心的に規定してみせることができる。人間の自己幻想（または対幻想）が極限のかたちで共同幻想に〈侵蝕〉された状態を〈死〉と呼ぶというふうに。〈死〉の様式が文化空間のひとつの様式となってあらわれるのはそのためである」（一一三ページ）

などという、きわめて鋭い創見が見られる。

そういえば、「遠野物語」には、無数の死がそっけなく語られている。民俗学はその発祥からして屍臭の漂う学問であった。死と共同体をぬきにして、伝承を語ることはできない。このことは、近代現代文学の本質的孤立に深い衝撃を与えるのである。

しかし、私はやはり「遠野物語」を、いつまでも学問的素人として、一つの文学として玩味することのほうを選ぶであろう。ここには幾多の怖ろしい話が語られている。これ以上はないほど簡潔に、真実の刃物が無造作に抜き身で置かれている。その一つの例

は、第十一話であろう。嫁と折り合いのわるい母が息子に殺される話は、現代でも時折り三面記事に散見するから、それ自体、決して遠く忘れ去られた物語ではない。しかしメリメ（引用者注：フランスの作家プロスペル・メリメ。一八〇三―一八七〇。簡潔な文体の短編小説で知られる）のような残酷な簡潔さで描かれたこの第十一話は、人間の血縁とは何かという神話的問題についての、もっともリアリスティックな例証になるであろう。

以上、この三島由紀夫の読み解きは、折口信夫の読み方と共通するほど深いものといってよいでしょう。とくに「柳田氏の学問的良心は疑いようがないから、ここに収められた無数の挿話は、ファクトとしての客観性に於て、間然するところがない」「私はやはり「遠野物語」を、いつまでも学問的素人として、一つの文学として玩味することのほうを選ぶであろう」というのは、民俗学に対しては「いつまでも学問的素人として」、文学に身をおく自身の立ち位置を明確にした上での、正確無比な論評といってよいでしょう。つまり、自分の専門外である民俗学の著書として読むことは控えて、文学として読む、という選択を明言していたのでした。

■一九七〇年代の柳田ブーム

この三島由紀夫の文章は一九七〇年のものでしたが、その時期との関連性から一九六八年の吉本の論及と一緒にここでは整理しておいたところです。それとは別の社会的な波が一九七〇年代には起こってきます。それは一九七五年の柳田國男生誕百年記念に関連する柳田ブームでした。

和歌森太郎やその他の関係者による「柳田國男生誕百年記念国際シンポジウム」が、東京のホテル・グランドパレスで開催されたのは昭和五十年（一九七五）七月二十九日でした。七月三十一日の柳田の誕生日を前にした日取りでした。その活動報告書は一九七六年三月に刊行されています。

もう一つの動きが、谷川健一・後藤総一郎・宮田登・伊藤幹治が中心となった雑誌『季刊柳田國男研究』の刊行でした。一九七三年二月の第一号から一九七五年の第八号まで計八冊が刊行されています。その谷川はまた、戦前の一九三五年に郷土研究社から刊行されていた『遠野物語　増補版』を一九七二年に大和書房から『遠野物語』として再版刊行しています。

この一九七〇年代の『遠野物語』に関する研究上の動向として注目されるのは、先ほどまとめた年表にみるように、高橋喜平の著作と、テレビ番組NHK特集の放送、ロナルド・A・モースの著作でした。井上ひさしの『新釈　遠野物語』はオマージュの絶品であり、『遠野物語』を世に知らせる上でそれも大きな役割を果たしたといってよいでしょう。

■高橋喜平『遠野物語考』

岩手県で農林省国立林業試験場に長年勤務した高橋は、自身の経験から、『遠野物語』にみえる記述について自然観察の観点から貴重な知見を提供しています。たとえば、五三の郭《かっ》公《こう》と時鳥《ほととぎす》の姉妹の話の中の芋について、柳田は注で「この芋は馬鈴薯のことなり」と書いています。しかし、それは誤りで、ヤマノイモにちがいないといいます。馬鈴薯の栽培と食用が東北地方にまで広まったのは、近世の天明、天保の大凶作を経てからのことで、東北の山村で生まれ育った者ならこのような昔話で、芋といえばだれでもヤマノイモだと思うというのです。ちなみに、里芋はイエノイモといい、ヤマノイモとそのイエノイモとが長く食べられてきたというのです。また、一一一の、ハカダチとハカアガリについても、ハカという語から死者や墓を連想することはまちがいで、東北地方の現地の言葉遣いでも、ハカとはしごとやしごとの量の意味だというのです。「はかどる」の「はか」です。

高橋は、『遠野物語』が出版された明治四十三年（一九一〇）の生まれで、父親が佐々木喜善と岩手医学校で同級生であったという奇縁と、すでに『山の人生』や『雪国の春』など柳田の著作はたくさん読んでいたものの、『遠野物語』はまだ五年前に初めて読んだばかりだが、そこに書かれている内容が、みんな自分の幼少のころの体験そのものだったことに衝撃を受け魅せられて、何回も読み返したといいます。そして、ちょうど柳田生誕百年というブームの中で執筆したというのですが、その動機は、『遠野物語』を材料にして自然科学とか博物誌的立場から民俗学を眺めてみたらどういうことになるだろうか、ということでした。そして、まだ自然科学と民俗学との間には壁があり、その壁を取り除いていくことが、両者にとってだいじではないか、という貴重な提言をしています。

■ＮＨＫ特集「遠野物語をゆく　柳田國男の風景」

この番組は、学術や文化に造詣の深かったディレクター吉田直哉によって制作されたもので、柳田國男の民俗学の基本がよく描かれています。民俗伝承の事実を、伝承されている現場で丹念に収集すること、そしてそれを日本各地、東北から九州まで広い範囲でできるだけ多く収集すること、それらをよく見て比較することによって、生活文化が古いものから新しいものへと変遷していることがわかる、という柳田の肉声もふんだんに使われている貴重な映像資料です。映像ももちろん貴重であり、ＮＨＫアーカイブスに保存されていて、近年では、二〇二一年十一月二十三日（第一部）・三十日（第二部）に４Ｋ画像にリマスターされたものが放送されたところです。

■一九八〇年代の柳田への批判

一九七〇年代の柳田ブームへの反作用、逆作用のように、一九八〇年代には柳田國男への批判が高揚し増幅しました。もともと、七〇年代の柳田ブームも、実は柳田の民俗学に対する理解の上に立ったものではなく、すでに大学アカデミズムの世界に身を置いていた研究者たちの文化的イベントだったといっても過言ではないでしょう。

戦後の民俗学の出発に当たり一九五八年に刊行が開始された『日本民俗学大系』全十三巻（平凡社、一九五八―一九六〇）も、その編集は当時の主要な民俗学関係者と自他ともに認めた研究者によるものでしたが、その実は柳田の学問への理解が十分でない民族学の岡正雄たちが当たっており（新谷尚紀『民俗学とは何か　柳田・折口・渋沢に学び直す』吉川弘文館、二〇一一）、執筆者のほとんどは専門が民族学・文化人類学、社会学、地理学、歴史学、宗教学などで、柳田門下であっても柳田の学問の独創性を提示できる者はいませんでした。ですから、柳田の視点と方法のもっともだいじであった、民間伝承に対する歴史的な変遷と伝承の動態を追跡するという視点と、その方法である比較研究法についての理解のほとんどない文章ばかりでした。つまり、日本民俗学とはいっても柳田の創唱した民俗学についてではなく、イギリス発信のフォークロア folklore とその日本でのありかたについて、既成の隣接科学の立場から自分流に読み込んで解釈し解説したものなのでした。

■柳田の嘆き

「願いのかなえられないのを悲願という。日本では昔から思いが残れば幽霊になって出るという。このあたりに民俗学研究所があったと云われるようにならぬものでもない」

これは、昭和三十年（一九五五）十二月二十五日、成城の民俗学研究所での談話会の席上、民俗学の将来を案じた柳田の口から出た言葉でした。柳田が言いたかったのは、「民俗学は、文化人類学の中に位置づけるべきではない、舶来のものばかり尚ぶのは問題である、広い意味での歴史学の中に位置づけるべきである、しかし、いまの歴史学は本当にいけない、国史はもっと具体的なものにして、平民のものにすべきである」ということでした。「インフェリオール・コンプレックス」と、金切り声で反駁する柳田は、「事実だけを大事にしている学者を大事にしなければならない」とも強調していました。この日の柳田はどうかしているとしか思えない雰囲気で、そのあまりの語気の激しさに、みんな自分が叱られているようで、息詰まる空気の中、顔をあげることができなかったといいます（今井冨士雄「柳田國男の民俗学」『成城文藝』第一一九号、一九八七）。

新しい学問の開拓者、創始者であった柳田は、その最晩年、「惜しいことをした。昔話や方言などに熱を上げるんじゃなかった。もう時間が足りない」、というような愚痴をよくこぼしたといいます。女婿の宗教学者堀一郎は、「また口癖が出たな、と思いながらも、ありあまる問題点をかかえながら、刻々に迫ってくる死期と、気力の衰えを自覚せざるを得なかった最晩年の柳田に、鬼気に似た憂国の情をくみとって粛然とする思いであった」といっています（山本健吉「柳田学の中心の課題」『學燈』一九七五年七月号）。その堀一郎でさえ、柳田の比較研究を基本とする学問の独創性についての理解は十分ではなかったことは、『柳田国男伝』（一二〇七―一二一〇頁、杉本仁執筆、三一書房、一九八八）の記述からもわかります。

昭和三十五年（一九六〇）五月十三日に千葉市で開かれた房総民俗会主催の「柳田國男先生を囲む会」において、八十六歳になっていた柳田は、「日本民俗学の頽廃を悲しむ」という講演を行なっています。それについて、高齢化の中でその講演は内容がよくわからないものであったという語りもかつて聞かれたのですが、それは柳田の民俗学への理解が及ばない人たちの語りであり、決してそうではありませんでした。菱田忠義のノートによればその講演の冒頭で柳田は、「隠居老人のごとく、大分渡してしまって、あとどうなるか。猫も杓子も民俗学というが、そうでもなさそうなのがまじっている。で私の様に欲望のないのが現れて、苦労をしている」といい、柳田の学問の独創的な視点と方法論とが理解されず継承もされていない当時の状況を深く悲しんでいたことがわかります。

■柳田の方法論否定の論調

その柳田の没後、一九八〇年代の柳田否定の論調を広め、進めたのは、隣接諸学からではなく他ならぬ民俗学の内部からでした。戦後の日本民俗学の学術的な構築が大学アカデミズムの中で試みられた場所の一つが、和歌森太郎を中心とする東京教育大学文学部に設けられた新たな講座「史学方法論教室」でした。しかし、そこでは柳田國男の方法論が正確に教授されたとは言い難く、また折口信夫や渋沢敬三についてはまったく教授されなかったというのが実情であったことが当時若手の教員であった宮田登や初期の学生たちの証言からわかっています。

そして、その学生の中から柳田の方法論、つまり方言周圏論や重出立証法と呼ばれた民俗資料情報に対する比較研究法という基本的な方法に対して、それを全否定する主張が現れてきました。福田アジオによる「民俗学における比較の役割」「民俗学にとって何が明晰か」

「柳田国男の方法と地方史研究」という、昭和四十九年（一九七四）に書かれた三本の論文が収められた論著、『日本民俗学方法序説』が刊行されたのが一九八四年でした。そうして、難解な柳田の文章を読むことも十分でないままに、柳田はもう古い、柳田を乗り越えることが日本民俗学の再生、再出発だなどという言説が広まり、柳田の提唱した独創的な基軸を失ったままという残念な歴史を日本民俗学は歩むこととなったのでした（新谷尚紀「日本民俗学の戦中戦後史から現代史へ」『講座日本民俗学　方法と課題1』朝倉書店、二〇二〇）。

■岩本由輝『もう一つの遠野物語』

そうした柳田批判の時代潮流の中で、経済史研究の立場から著されたのが一九八〇年代の岩本由輝の『もう一つの遠野物語』でした。したがって、この本には柳田がめざした民俗学という新しい学問の視点と方法についての共感的な理解へという接近の姿勢はなく、自らマルクス経済学の立場に立つといって、柳田の常民という概念には疑念があり肯定できないという立場を明示してその論を進めています。

それは柳田への直接的な理解へ向かうというのではなく、いわばからめ手から、よい意味での懐疑論的な立場から冷静に、論理的に柳田の『遠野物語』の世界をより深く理解するための接近を試みています。とくに、柳田に佐々木喜善を紹介した水野葉舟についての追跡は貴重です。その遠野と佐々木喜善から発信されている「もう一つの遠野物語」があるというこの著の視点は、重要でした。しかし、それは柳田の『遠野物語』を正面から読み解こうとしたものではありませんでした。

■三浦佑之『村落伝承論『遠野物語』から』

村落伝承論という書名ですが、著者によれば、本書は民俗学的な村落論ではなく、社会学的な村人論でもなく、説話学からの村落論・村人論であるといい、『遠野物語』が魅力的な素材だから取り上げるのだといっています。そして、『遠野物語』論をここで展開してゆくというのではなく、その中の一つ一つの伝承を通して浮かびあがってくる普遍的な村落の伝承のありようを考えてゆきたいのだと述べています。

内容をみればたしかに、『遠野物語』の中のいくつかの話は使われていますが、『遠野物語拾遺』の中の話も多く、古典の『古事記』や『日本書紀』の神話や『風土記』や『日本霊異記』などの説話、また日本各地の昔話や伝説や地誌類の記事などが、縦横に活用されて、著者の説話学からの読み解きが綴られています。

たとえば、『遠野物語』の一五のオクナイサマの話からでも、『日本伝説集』に収める傲慢な長者の田植えとその没落譚へ、そして『日本霊異記』(中巻一四話)の吉祥天女の像への帰敬と現報の説話へ、さらには愛欲を生じた優婆塞《うばそく》の話(同中巻一三話)、その他の三つの説話、また『梁塵秘抄』の今様へと、夢や見仏体験の話題につなげていき、ふたたび『遠野物語』の中の三・一〇〇・九四話へと戻ってきて話題を連ねてくる叙述がみられます。そこからは、著者なりの興味深い発想が読み取れますが、つまりは、『遠野物語』を論じるのではなく、それと同時に、『遠野物語』をむしろ素材として論じている説話学の著作ということになります。

著者自身がのべているように、この本は『遠野物語』を論じたというのではなく、『遠野物語』の世界とその価値を、説話学の観点から広く社会に広めていったという意味では貴重な論著となっているといってよいでしょう。

■遠野での活動の開花

一九九〇年代は『遠野物語』に関する論著があいついで出版された時期です。後藤総一郎がリードして一九八七年に発足した遠野常民大学の活動が、さまざまなかたちで実を結んでいきました。佐藤誠輔『口語訳 遠野物語』や後藤監修『注釈 遠野物語』は、遠野の現地での関係者による熱心な活動の中で生み出された貴重な成果です。それらによって『遠野物語』の世界がより身近に、そして時代の変化の中にじっくりと味わえるようになりました。

■赤坂憲雄『遠野／物語考』

この論著は物語考とその書名にあるように、『遠野物語』を材料として著者の考えを述べたものです。物語考、白神考、境界考、色彩考、黄昏考という章立てとなっていますが、書き下ろしが第二章、第四章、前著作からの編入が第一章、第三章、第五章です。前提として著者は『遠野物語』は「閉ざされたテクストとしては疾《と》うに読み尽くされてしまった」「すでに一九八〇年代にはいる前にひとつの臨界点に達していたのではないか」「『遠野物語』は解読し尽くされ、あたらしい読み方など出てくる可能性はないのでしょうか」、というところから出発しています。

歴史的な事実としては、読み解きも解読も尽くされてはいなかったはずですが、本書ではそのような立場をとって叙述に入っています。そして、『遠野物語』を柳田国男という巨大な名前の手かせ足枷から解き放ち、豊かな可能性へと開いてゆく、いまが最大の、そして最後のチャンスだとわたしは思います」といっています。

しかし、本書の文章は、たとえば物語考では、「もしかすると」「かもしれません」「はずです」などの表現が目立っており、それに共感する読者にとってはそれでいいのかもしれませんが、著者の世界に入っていけない読者はそれこそ困惑してしまうでしょう。そして、「いわゆるオシラ神祭文についても、わたし自身はこんな思いつきめいた想像をしています。ひとつの仮説にすぎませんが、たとえばオシラ神祭文は、生産力の象徴である馬＝異類と処女が交わることで、共同体に超自然的な外部の力を導きいれる呪術的な語りの装置であり、オシラ遊びはそれを祭祀として女たちが共同的に演じたものであったのかもしれません」と述べています。

しかし、その読み方がはたして『遠野物語』を柳田の手から解き放ち、豊かな可能性を開いてゆく読み方となっているといえるかどうかは微妙です。一方また、境界考や色彩考では、逆に断定的な言葉遣いとなっています。そうした独特の叙述の仕方が共感的な読者にはむしろ受けていったのかもしれません。本書も柳田と『遠野物語』を読み解いたものではなく、柳田と『遠野物語』を素材と話題にして、著者の思考の世界を主張したもの、と位置づけられます。ただその巧みな文章表現によって、『遠野物語』を広く社会に紹介していったという意味では、それなりに貴重な論著となっているといってよいでしょう。

■石井正己『遠野物語の誕生』

この本には『遠野物語』が現在みられるような刊行本になるまでの過程について詳細に追跡した貴重な成果が収められています。

後藤総一郎は、佐々木喜善から聞いた「メモ」をもとにそれを毛筆で書いた「初稿本」、それをペン書きにした「再稿本」、さらにそれを刊行本にするために朱入れを施した「校正本」、というかたちで整理して、それらを「初稿本三部作」と呼んでいました。それに対して本書では、より正確に「草稿本」「清書本」「初校本」と呼んで、それらを「『遠野物語』の資料」と呼び直して、それらがどのように位置づけられ、初版本の成立へとつながったのか、その書誌的な研究の成果を整理しています。

その過程での書き入れや、書き直しの箇所についてのていねいな追跡により、『遠野物語』の誕生の様相が明らかにされています。たとえば、その中で一つ注目されるのは、河童の子を孕んだ女性の話の五五話の末尾で○○○○と伏字にしてあるのは、柳田の最後の判断であったことを指摘している部分などです。草稿本にあった白岩市兵衛という固有名詞をあえて柳田が伏字にしたことについて追跡しています。それらの要点は、石井が編集に携わった一九九七年刊『柳田國男全集』第二巻（筑摩書房）の「解題」にも記されており、重要な情報が提供されています。

その「解題」ではさらに、初版本についてだけでなく、昭和十年（一九三五）に『遠野物語拾遺』も加えた『遠野物語　増補版』の成立と刊行についても解説がなされており貴重です。他の多くの研究書のように『遠野物語』を材料に使って自分の見解を論じるという姿勢ではなく、『遠野物語』という基本的な対象を正面に据えて、テキストとしての分析がなされており貴重なしごとといってよいでしょう。

■二〇〇〇年代の遠野市立博物館の活動と成果

二〇〇〇年代は、日本初の民俗専門博物館として一九八〇年に開館した遠野市立博物館が、いよいよその活動を活発化してきた時期でした。

二〇〇〇年『オシラ神の発見』、二〇〇六年『遠野、この郷の記憶　写真家・浦田穂一の世界』、二〇一〇年『遠野物語の100年　その誕生と評価』、二〇一二年『柳田國男の生涯『遠野物語』から『海上の道』へ』、二〇一八年『遠野物語と河童』、二〇一九年『遠野物語と神々　家の神・里の神・山の神』の各展示とそれぞれの図録は、いずれも貴重な文字情報と写真資料が満載されており、これらによって柳田國男と佐々木喜善と『遠野物語』の世界が学術的にも深く理解されるものとなっています。

また、遠野文化研究センター編の遠野学叢書一二『遠野の河童』、同一三『遠野のザシキワラシ』も貴重なものです。今後もこのような遠野の現地からの知の発信がなされていくことと期待されます。そして、そのような試みが、遠野の地だけでなく、これから日本の各地からも地域の博物館活動などを通してなされていくことが広く待望されているといってよいでしょう。

■民俗学の原点・原典として

以上のような研究史を確認してみると、実に多くの研究者が『遠野物語』に注目してきたことがわかります。そして、『遠野物語』が柳田國男の代表的な著作であり、日本民俗学の出発点であったという言い方はよくなされてきたのに、肝心の民俗学の分野からの『遠野物語』への論及がほとんどない、というのがその特徴だといってよいでしょう。

そこで、筆者の前著『遠野物語と柳田國男　日本人のルーツをさぐる』（吉川弘文館、二〇二二）は、その点についての反省と自覚をもとに、柳田の民俗学つまり民間伝承学・民俗伝承学の立場から、その原点であり原典である『遠野物語』を読み解いてみようとしたものでした。

ただし、それは『遠野物語』の要点に着目して分析を加えたもので、その全文を対象として読み解いたものではありませんでした。そこで、本書は『遠野物語』の全文を、原文と訳文とで整理して紹介してみたものです。

二〇二二年八月十六日

新谷尚紀

KODANSHA

本書は訳し下ろしです。

柳田國男（やなぎた　くにお）
1875–1962年。兵庫県生まれ。日本民俗学の創始者。『遠野物語』『山の人生』『木綿以前の事』『海上の道』など著書多数。

新谷尚紀（しんたに　たかのり）
1948年広島県生まれ。早稲田大学大学院文学研究科博士後期課程単位取得。国立総合研究大学院大学・国立歴史民俗博物館名誉教授。社会学博士。『伊勢神宮と出雲大社』『遠野物語と柳田國男』など著書多数。

講談社学術文庫

定価はカバーに表示してあります。

遠《とお》野《の》物語《ものがたり》 全訳注《ぜんやくちゅう》

柳《やなぎ》田《た》國《くに》男《お》

新谷尚紀《しんたにたかのり》 訳

2023年8月8日　第1刷発行
2024年7月17日　第3刷発行

発行者　森田浩章
発行所　株式会社講談社
　　　　東京都文京区音羽2-12-21 〒112-8001
　　　　電話　編集（03）5395-3512
　　　　　　　販売（03）5395-5817
　　　　　　　業務（03）5395-3615
装　幀　蟹江征治
印　刷　株式会社ＫＰＳプロダクツ
製　本　株式会社国宝社
本文データ制作　講談社デジタル製作

ISBN978-4-06-532531-5

「講談社学術文庫」の刊行に当たって

これは、学術をポケットに入れることをモットーとして生まれた文庫である。学術は少年の心を養い、成年の心を満たす。その学術がポケットにはいる形で、万人のものになることは、生涯教育をうたう現代の理想である。

こうした考え方は、学術を巨大な城のように見る世間の常識に反するかもしれない。また、一部の人たちからは、学術の権威をおとすものと非難されるかもしれない。しかし、それはいずれも学術の新しい在り方を解しないものといわざるをえない。

学術は、まず魔術への挑戦から始まった。やがて、いわゆる常識をつぎつぎに改めていった。学術の権威は、幾百年、幾千年にわたる、苦しい戦いの成果である。こうしてきずきあげられた城が、一見して近づきがたいものにうつるのは、そのためである。しかし、学術の権威を、その形の上だけで判断してはならない。その生成のあとをかえりみれば、その根は常に人々の生活の中にあった。学術が大きな力たりうるのはそのためであって、生活をはなれた学術は、どこにもない。

開かれた社会といわれる現代にとって、これはまったく自明である。生活と学術との間に、もし距離があるとすれば、何をおいてもこれを埋めねばならない。もしこの距離が形の上の迷信からきているとすれば、その迷信をうち破らねばならぬ。

学術文庫は、内外の迷信を打破し、学術のために新しい天地をひらく意図をもって生まれた。文庫という小さい形と、学術という壮大な城とが、完全に両立するためには、なおいくらかの時を必要とするであろう。しかし、学術をポケットにした社会が、人間の生活にとってより豊かな社会であることは、たしかである。そうした社会の実現のために、文庫の世界に新しいジャンルを加えることができれば幸いである。

一九七六年六月

野間省一